高等教育学前教育专业实践应用型系列教材

学前教育科学研究方法

主　编　龚冬梅

副主编　刘　磊

参　编　王志彦　龚冬梅　张春梅
郭雨鑫　高俊霞　秦姜艳
王馨桐　樊俊杰　刘　磊
刘玥彤　赵　茜

东南大学出版社

·南京·

内容简介

本书是编者根据教学经验并在借鉴国内外同行研究成果的基础上编写而成的，基于学生是学习的主体的立场，对学前教育科学研究方法的基本知识、观点以及在现实教育研究中的应用进行了阐释。本书主要内容如下：第一章，学前教育科学研究概述；第二章，学前教育科学研究的选题与设计；第三章，文献检索；第四章，教育观察法；第五章，个案研究法；第六章，调查法；第七章，教育实验研究法；第八章，作品分析法；第九章，教育叙事研究；第十章，教育行动研究；第十一章，学前教育科学研究的成果表述和评价。

本书既可作为高师院校学前教育专业本、专科生的教材，也可以作为基层幼儿教育科研人员的自学参考书和幼儿园教师的继续教育教材和科研参考用书。

图书在版编目(CIP)数据

学前教育科学研究方法／龚冬梅主编. —南京：东南大学出版社，2017.4(2023.2 重印)

ISBN 978-7-5641-7103-2

Ⅰ.①学… Ⅱ.①龚… Ⅲ.①学前教育—科学研究—研究方法—师范大学—教材 Ⅳ.①G610-3

中国版本图书馆 CIP 数据核字(2017)第 074630 号

学前教育科学研究方法

出版发行	东南大学出版社
社　　址	南京市四牌楼 2 号　　**邮编**　210096
出 版 人	江建中
网　　址	http://www.seupress.com
电子邮箱	press@seupress.com
经　　销	全国各地新华书店
印　　刷	南京工大印务有限公司
开　　本	787mm×1092mm　1/16
印　　张	18.5
字　　数	427 千
版　　次	2017 年 4 月第 1 版
印　　次	**2023 年 2 月第 3 次印刷**
书　　号	ISBN 978-7-5641-7103-2
定　　价	52.00 元

本社图书若有印装质量问题，请直接与营销部联系。电话(传真)：025-83791830

前　言

2010年,国家先后颁布了《国家中长期教育改革和发展规划纲要(2010—2020年)》和《国务院关于当前发展学前教育的若干意见》,指明了学前教育改革与发展的路径。只有重视教育科研,才能更好地推动学前教育改革的全面深入。本书是为学前教育专业的师范生而编写的,主要目的是帮助他(她)们了解学前教育科学研究的基本观点与主张,学会用专业的思维方式来思考问题,为他(她)们未来走向工作岗位从事教育科学研究打下良好的基础。

由此,在让学生了解学前教育科学研究方法的整体理论框架、理解并掌握教育研究方法的基础知识和基本原理的基础上,加强对学前教育科学研究方法在实践中的应用的阐述。本书突出以下几个特点:①针对性。从师范生自身的学习特点和职业需求出发,舍弃大而全的教育科研理论,把立足点放在幼儿园,为学习者提供更多的理论和实践指导。②实践性。从"教材"转向"学材"是教材编写的取向。第一,在编写体例上打破全篇叙述式的死板模式,增加了学习目标、核心概念、本章导读等栏目,便于学习者自学;第二,在内容上引用实践案例,为学习者提供学习的思路。③互动性。教材内容根据幼儿教师培养不同于其他人才培养的特点,增加了互动教学模块设计,强调理论与实践相结合,增加了师生之间、生生之间的互动,有利于授课教师从知识传授者的角色转变为学习过程的组织者、指导者的角色。④可持续性。为了使学习者了解更多的信息,增加了拓展阅读栏目,选用本专业领域前沿成果和实用知识,将课堂无限延伸,使学生拓宽视野,获取最大知识信息量,提升创新能力。

本书是高等师范院校学前教育专业"学前教育科学研究方法"课程的教材,也可作为幼儿园教师继续教育进修的教学用书,还可作为基层幼儿教育科研人员和幼儿园教师从事教育科研的参考书。

本书是多所学校(院)的高校教师和来自幼儿园的一线教师集体合作的成果。由吉林师范大学教育科学学院龚冬梅老师担任主编,哈尔滨剑桥学院教育学院的刘磊老师担任副主编。各章的具体撰稿人分别为:吉林师范大学教育科学学院王志彦(第一章、第七章)、龚冬梅(第二章、第十章)、张春梅和郭雨鑫(第六章);唐山师范学院教育学院高俊霞(第三章、第十一章);青岛滨海学院教育学部秦姜艳(第四章);抚顺师范高等专科学校学前教育系王馨桐(第五章);长春市人民政府机关第一幼儿园樊俊杰和南京市第二幼儿园赵茜(第八章);哈尔滨剑桥学院教育学院刘磊和北京市棉花胡同幼儿园回龙观园刘玥彤(第九章)。本书的出版得到了东南大学出版社的编辑以及相关工作人员的大力支持,在此表示衷心的感谢!

在本书的写作过程中,我们参考和借鉴了国内外学者和研究机构的相关研究成果,在此致以诚挚的谢意。由于时间仓促,加上编者水平有限,疏漏之处在所难免,敬请广大读者和同行朋友们批评指正。

目　录

作为研究方法，科学方法不是根据直觉进行描述的，而是根据实证程序和控制现象的影响因素来进行描述的。

——约翰·肖内西

第一章 学前教育科学研究概述

学习目标

- 了解学前教育科学研究的概念、特征、类型及学前教育科学研究方法体系
- 掌握学前教育科学研究的伦理原则、学前教育科学研究的操作原则、学前教育科学研究的程序
- 理解学前教育科学研究的意义、学前教育科学研究的任务
- 根据学前教育科学研究的程序，能够初步进行科学研究的整体设计

核心概念

科学；学前教育科学研究；学前教育科学研究的基本原则；学前教育科学研究的程序

本章导读

学前教育科学研究概述是对学习学前教育科学研究方法所需要的准备性知识进行的描述，是学习其他章节的基础。本章以科学及科学研究特征作为逻辑出发点，抽丝剥茧般地对学前教育科学研究的概念、特征、类型进行分析，并从研究过程角度阐述了学前教育科学研究的伦理原则、操作原则以及学前教育科学研究的程序，引导学生理解学前教育科学研究的意义及任务。

引导案例

探求真实的路径

真实是很诡谲的。也许你们已经怀疑你们所知道的不是“真实”，问题是如何真正知道何者为真？

科学就是在寻求解答过程中发展出的一种答案。科学既可以切入约定俗成的真实，也可以进入经验的真实。对于非亲身经验的事情，科学家通过很多标准做评断，才会把这些事物视为真实。大体而言，一个论点必须有逻辑和实证两方面的支持：必须言之成理，必须符合人们对世界的观察。

通过上述话语，我们将会思考如下问题：

1. 科学研究具有什么样的特征呢？
2. 科学研究过程中遵循的原则有哪些？
3. 怎样理解学前教育科学研究的程序呢？

第一节　学前教育科学研究的基本概念

一、科学与科学研究

（一）什么是科学

现实中，有人认为科学就是尖端技术；还有人认为科学就是数学、物理等现有学科。这些看法虽然有道理，但是都有片面性。科学促进了技术的发展，但科学不等同于技术，那些创造发明，如宇宙飞船、计算机、人造卫星等只是科学的部分成果，而不是科学本身。科学也不能以现有的学科来界定，因为有些学科并不具备科学的特征。

那什么是科学呢？科学是从确定研究对象的性质和规律这一目的出发，通过观察、调查和实验而得到的系统的知识。这个定义道出了科学的目的、方法和特征。科学的基本特征表现为，它是人的有目的的活动与客观的、可证实的知识体系的结合。也就是说，科学是科学研究与科学知识这两种形式的结合。任何一个科学研究者都了解，科学工作包括两个方面，一方面是开展研究活动，发现新知识，开拓新领域；另一方面是掌握和推广现有的知识体系。缺乏科学知识就很难从事科学研究。科学研究就是科学知识的来源，科学知识体系是依靠研究成果来建立、充实和完善的。

（二）怎样理解科学知识

科学知识是系统的知识，是组织在具有逻辑性的理论系统中，它们以论文和专著的形式发表，并在教科书、百科全书、词典以及各种普及读物中得到推广。科学知识可应用于各种目的、各个领域，它是教育的主体，是文化的资源，也是人类社会化的重要内容。科学知识说明的是那些具有普遍性的事物，而不是某个具体现象或特殊事件。科学要排除各种偶然因素，它力求通过对一个个具体事物的研究来找出事物的共性，发现普遍的因果规律。科学知识体系是开放的，它是通过不断地补充新知识，删除被实践证明是错误的旧知识来逐渐积累和发展的。

（三）科学研究的定义及其特征

科学研究是指人们在科学信仰的支配下，采用一定的方法，遵循一定的规范，探究事物的性质和规律，以发现新事物、获取新知识的活动。科学研究是人类获取科学知识的主要途径，在人类社会生活中占有重要的地位。

科学研究活动作为人类探索真理的一种创造性劳动，它与人类其他活动相比，具有如下特征：

1. 客观性

科学研究的方法和规则要尽可能地排除研究者主观因素的影响，客观地反映客观事物的本质。客观性主要表现为资料来源客观、研究过程客观、研究结果客观。

2. 创造性

科学研究是指向未知的系统探究活动，研究的价值就体现在创新上，如果研究结果只是简单地重复他人的劳动，研究结果没有新的发现将是毫无价值的。

3. 继承性

科学研究探究的虽然是新问题，但是它必须要在前人或他人研究的基础上进行；即使是那些填补空白的项目，也要借鉴他人的理论、方法、资料，在此基础上进行综合加工，没有他人的科研成果不可能产生新的科学研究结果。

4. 系统性

科学研究的系统性表现在研究的方法是系统的，研究通常是由一个明确的问题开始，直至获取结论为止。每一个问题都是按照一定的步骤有秩序地进行。此外，科学研究工作者对课题的选择、研究对象的确定、变量的处理、测量工具的选取、资料的收集整理与分析以及研究报告的撰写等规定有详细的程序。依据程序进行研究活动，是科学研究系统性的一种表现。

5. 控制性

科学研究过程中必须有严格的设计方案，明确研究对象的定义，尤其是操作性定义，排除无关因素的干扰，严格地实施研究方案科学地进行定性定量分析，以使研究结果可信、有效。不对研究的各环节进行严格控制，就无法判断研究结果的真伪。

二、学前教育科学研究

学前教育科学研究是一种认识过程，是以学前教育现象和学前教育问题为研究对象，采用一定的方法进行系统探究，从而达到深化认识、推动学前教育教学改革、提高学前教育教学质量的目的的创造性活动。

(一) 学前教育科学研究的特征

学前教育科学研究既有科学研究活动的一般特征，又具有其特定的特征。

1. 研究对象的复杂性和异质性

学前教育科学研究对象不仅有学前教育制度、学前教育课程等客观因素，还有教育者、受教育者等人的主观心理因素，而且学前教育诸现象之间的因果关系也比较复杂。

学前教育现象与问题的异质性也给研究造成较大的困难。自然科学家可以从一滴水或一个物体的研究中概括出普遍的定律,而学前教育研究工作者则不能通过一个人或一个幼儿园的研究得到普遍的结论。这就意味着,学前教育科学研究需要抽取更多的样本,它的研究结论的概括范围较小。

2. 研究方式的人文性

学前教育科学研究所涉及的是活生生的人,研究的目的是为了更好地遵循教育规律,实现受教育者的全面发展。进行学前教育科学研究必须满足一定的伦理道德要求。当研究者以儿童作为研究对象时,这一点显得尤为紧要,因为无论是从生理上还是从心理上来讲,儿童都比成人更脆弱,更容易受到伤害。

3. 研究主体的复合性

学前教育科学研究的主体有两部分,一部分是专业研究人员,一部分是来自实践一线的学前教育管理人员和幼儿教师。这两部分研究者相互依赖,相互促进。专业研究人员无论从事基础性研究,还是从事应用性研究,都需要接触实践、了解实践;来自实践一线的学前教育管理者或幼儿教师,也有从事学前教育研究的必要性和可能性。“教育实践人员不像生产线上的工人,只要能读懂图纸,掌握操作工序和技能就能完成生产任务,因为再具体的教育理论,也不能代替教师对进行中的教育活动的主动判断和策略选择。正是教育实践的生成性,要求教师工作富有创造性。成功教师的实践和其中所包含的对教育的理解与创造,是教育理论的重要资源。”①当代社会,对学前教育实践者参与教育研究给予了高度认可,这既是提高学前教师职业专业化水平的内在要求,也是学前教师享有内在尊严的客观依据。

4. 研究的偶然性与独特性

当代社会中,学前教育现象中的不确定性因素越来越多,这导致学前教育研究中存在较多的偶然性和独特性。这是因为,在人类社会中不存在永恒的、普适的社会规律,社会规律只适用于一定的历史时期和一定的社会条件;因此,社会科学理论的适用期较短,使用范围也有限。②

5. 研究视角的多维性

由于学前教育科学研究对象的复杂性和异质性,因此学前教育科学研究需要根据研究对象的不同性质采用不同的视角和方法进行研究。例如,关于教育目的的假设可从伦理学方面给予研究论证;对于儿童本性的假设,可从心理学和社会学方面给予研究论证;对于有关知识和方法的假设,可从哲学(认识论)以及心理学方面进行论证。

(二) 学前教育科学研究的类型

依据的标准不同,划分的学前教育科学研究类型也是不同。对学前教育科学研究进

---

① 叶澜.教育研究方法论初探[M].上海:上海教育出版社,1999:335.

② 波普尔.猜想与反驳[M].傅季重,纪树立,周昌忠,等,译.上海:上海译文出版社,1986:485.

行分类，有助于我们从不同角度、不同水平去全面认识学前教育科学研究。

1. 根据研究的目的可划分为基础研究和应用研究

基础研究属于纯科学研究或学术研究，又称作基本理论研究。学前教育科学基础研究的目的在于探索学前教育领域中未知的东西，发现普遍规律，形成和发展学前教育基本理论。基础研究虽然不必考虑自己的研究结果能在什么地方付诸实践，它不一定会产生直接有用的结果，但是它能够对学前教育实际工作提供带有普遍意义的指导。例如，科尔伯格的“儿童道德发展认知理论”，就是儿童品德心理发展基本理论的研究。

学前教育科学应用研究主要是将学前教育理论研究所揭示的法则或规律运用于学前教育实践活动，其目的是直接指导或改进学前教育实践活动，提高学前教育实践活动的有效性与合理性。

基础研究和应用研究的区分是相对的，常常互为补充。基础研究提供解决教育问题的理论，应用研究提供事实材料去支持和完善理论，或者促进新理论的产生。在应用研究过程中，往往需要基础理论研究补充现有知识的缺陷。

课堂讨论 1-1

有人认为，基础研究和应用研究的划分方法已经过时，这种划分常常被用来贬低应用科学研究，请同学们结合所学内容谈谈自己的看法。

2. 根据研究分析的范式可划分为定性研究和定量研究

定性研究通常是从质的方面进行分析，主要是运用综合、比较和归类、归纳与演绎等分析方法，对研究所获取的资料进行思维加工，从而认识研究对象的本质特征，揭示其发生发展的规律。定性研究通常具有如下特点：(1)定性研究是把自然情境作为资料的直接来源，其中研究者起关键作用；(2)定性研究是描述性的；(3)定性研究在关心结果的同时，更加关心过程；(4)定性研究倾向于对资料进行归纳分析；(5)定性研究方法关心的最基本的事情是人们对事物的理解。

定量研究是指研究者事先建立假设并确定具有因果关系的各种变量，然后使用某些经过检测的工具对这些变量进行测量和分析，从而验证预定的假设。定量研究通常是从量的方面分析，主要是运用统计分析的技术和方法，对所收集的量化资料和数据进行统计处理、检验和解释。实验研究就是一种典型的定量研究。

定量研究具有如下特点：(1)理论基础是实证主义哲学，主要采用实证主义看法，认为无论是自然或社会现象，其背后的原理均可简化为单一的客观实在，不因个人的情感或信念有所不同；(2)强调通过变量的严格而精确的操作，探讨影响被研究者行为与有关变量间必然性的因果关系或固定性的相关关系；(3)强调在经过严密控制的情境下展开研究活动，需要研究者预先对研究环境进行控制与安排，一般采用假设演绎方式，研究时必须遵循预先设定的程序进行；(4)强调采用实验、调查、访谈、观察等方法获取资料，企图使研究的结果对同类问题作广泛推论。

定性研究和定量研究各有特点和适用范围，但是定性研究与定量研究并不互相排斥，而是互为补充的，定性研究为定量研究提供框架，而定量研究又为进一步的定性研究提供条件。进行定量研究前，研究者应借助定性研究确定所要研究问题的性质，在研究过程中又需要借助定性研究来确定研究问题发生质变的数量界限和引起质变的原因。定性研究是定量研究的前提和基础。同时，进行定性研究时如果运用定量研究，就能在精确定量的基础上更加准确地定性。

3. 根据教育研究的范围可划分为宏观研究、中观研究、微观研究

把教育视为社会系统中的构成要素，并对教育与其他要素之间的关系进行深入研究，这种研究就是宏观研究。它是在教育与社会关系最一般的意义上所做的全面论述。由宏观研究得出来的结论具有抽象性、普遍性、可重复性的特点。

中观层面研究把教育活动看作是在某种机构（如幼儿园）进行的活动，在这些机构里进行的所有有关教育、教学、管理方面的活动，成为中观研究的内容。

把教育活动看成是人与人交往的一种特殊形式，有关这方面的研究属于微观研究。

中观研究与微观研究并没有明显的界限，往往是你中有我，我中有你。

4. 根据研究开展的地点、资料搜集的主要方式可分为书斋式研究和现场研究

书斋式研究是指研究主要通过查阅文献获得资料，并通过自己的思维加工而取得研究成果，又称为文献研究。这种研究适合于对教育基本理论问题的研究。在书斋式研究中，研究者与教育实践活动不是直接接触的，而是实践的旁观者和思考者。

现场研究是指在实践活动发生的现场进行的研究活动。现场研究适合于了解和解决教育实践问题方面的课题研究。在现场研究中，研究者与实践的接触是直接的，可以看到事物发生、发展的真相。

5. 其他的分类形式

学前教育研究还可以按照其他标准作进一步的分类：按照研究的功能取向可分为描述研究、探索研究、评价研究和预测研究等；按照研究所用具体方法不同可分为观察研究、调查研究、实验研究等；按照研究的时间取向可分为纵向研究、横向研究；按照研究对象的领域可分为个性研究、认知研究、语言研究、课程研究、教法研究等；按照研究对象的数量可分为个案研究、成组研究。

三、学前教育科学研究方法体系

学前教育科学研究方法同其他社会科学研究方法一样，可分为三个层次：方法论、研究方式或研究方法、具体方法与技术。

（一）方法论

方法论主要探讨研究的基本假设、逻辑、原则、规则、程序等问题，是指导研究的一般

思想方法或哲学。唯物辩证法就是学前教育科学研究的方法论之一。

研究必须以一定的理论和方法论为指导，但是方法论并非是统一的。方法论是与一定的哲学观点和学科理论相联系的。不同的理论学派有不同的方法论。例如，实证主义学派主张采用自然科学的实证方法解释客观的“教育事实”，并用精确的数量分析来发现教育现象之间的因果规律；人文主义学派否认社会规律的存在，他们主张用阐释或理解等主观方法来说明具体的社会历史事件。马克思主义者强调要以辩证的、历史的、发展的、相互联系的观点来分析教育现象，揭示教育发展的一般规律。

在学前教育科学研究中应遵循何种方法论，是一种实践的问题，因为研究教育现象有各种可供选择的方法论、研究途径和判断标准，这就要对具体现象作具体分析。有些教育现象，如人口与教育发展的关系，是适于用自然科学的数理化方法分析的；而有些教育现象，如教育规范的形成与演变，则适于用历史、哲学或人类学的方法加以研究。因此，在做具体研究时，研究者一般是根据研究问题的性质来选择更适合于这一问题的方法论和学科理论作为指导，或者是根据自己在理论、方法论方面的专业特长来选择适当的研究问题。

(二) 研究方式

研究方式是指贯穿于研究全过程的程序和操作方式，它表明研究的主要手段和步骤。研究方式包括研究方法和研究设计类型。

各门学科常用的研究方法可能有所不同，如自然科学多采用实验法，历史学则主要运用文献考据法，这是由于研究对象不同所致。在学前教育科学研究中有四种主要的研究方法：统计调查研究、实地研究、实验研究、间接研究。前两种属于调查研究法，目前在学前教育科学研究中，它们是比较常用的研究方法。

研究设计是对研究类型、研究程序和具体方法加以选择并制定详细的研究方案。不同的研究类型和不同的设计方案也决定了不同的研究方式。

在学前教育科学研究中，研究设计的任务还包括确定抽样方案和测量方法。抽样是依据统计学原理从研究总体中抽取出适当的样本；测量是制定操作化方案对所要研究的概念加以有效计量。

(三) 具体方法与技术

研究的各个阶段使用的具体方法技术主要包括资料收集方法、资料分析方法和其他技术手段或工具。

学前教育科学研究的主要资料来源有：访谈记录、观察记录、统计数据、文献资料等。与此相应的资料收集方法有：问卷法、访谈法、观察法、实验法、文献法等。其中实验法和文献法是非调查法，它们不是在实际的教育环境中收集资料，而是收集可控的实验数据或第二手资料。学前教育科学研究的资料可分为数据资料和文字资料两大类。分析数据资料的主要方法是统计方法、数理方法和模拟法；分析文字资料的一般方法是比较法和构造类型法。此外，学前教育科学研究还要运用各种特定的理论分析方法，如功能分析、结构分析、历史分析、阶层分析等等。任何研究都离不开理论分析或定性分析，但具体采用哪些分析方法，是由研究对象和研究目的决定的。

研究的具体技术包括问卷及观察记录表格的制作技术、调查指标的设计、观测仪器、录音录像设备、实验设备、计算机技术、资料整理的方法与技术等等。

学前教育科学研究方法的三个层次是相互联系的，一般来说，方法论观点影响研究者对研究方式的选择，而一定的研究方式又规定了一套与其相适应的具体方法和技术。例如，实证论者常采用统计调查研究或实验研究，这类研究是像自然科学那样建立研究假设，收集精确的数据资料，然后进行统计分析和检验；人文学者则趋向于运用实地研究或间接研究的方法。他们多利用访谈、观察和文献法收集资料，并依靠主观的理解和定性分析。对于从事学前教育科学研究的人来说，了解各种可供选择的方法论和研究方法是必要的，这不仅有助于在实际研究中有效地应用某种特定的方法，而且还能认清各种方法的特点、局限性及互补性。

第二节　学前教育科学研究的意义和任务

一、学前教育科学研究的意义

学前教育科学研究对探索学前教育规律、解决学前教育问题、促进学前教育改革、提高学前教育质量、推动学前教育事业的发展具有重要意义。从某种意义上说，学前教育领域中的任何进步都应归功于学前教育科学研究。没有研究便无所谓进步。研究为教育的发展提供方向、依据，是教育发展的基础。学前教育科学研究的重要意义具体体现在以下几个方面。

（一）提高学前保教质量

保教是指在托儿所、社会福利机构及其他保育机构中，对婴幼儿进行保健、养育和教育。要全面提高学前保教质量，就必须按学前教育规律进行教育教学与管理。而人们对学前教育规律的每一点认识，学前教育实践水平的每一次提高，往往都是先来自于教育研究。事实表明，离开教育研究去抓教育质量，往往劳而无功，甚至事与愿违。教育研究是揭示教育规律的重要途径，有了对教育规律的认识就可以更好地改善教育实践，避免学前教育工作者违背规律的现象发生，减少盲目性，增强教育工作的有效性，从而全面地提高学前保教质量。

（二）促进学前教育改革和发展

学前教育改革的目的是为了使学前教育事业更符合教育发展的规律，适应我国经济和社会发展的需要。而学前教育改革必须以学前教育科学研究成果为指导，换言之，学前教育科学研究是推动学前教育改革和发展的直接动力。只有建立在科学研究基础上的学前教育改革方案，才能得到有效的实施与推广，促进学前教育的发展。

（三）提高学前教育决策的科学化水平

从教育管理的角度分析，教育研究是教育决策的基础，它为教育决策的科学化、民主化提供理论、信息和依据。“没有调查就没有发言权”，在教育实践中，特别是处于教育教学改革阶段时，需要解决和探讨的问题呈现增多趋势，要对这些问题做出科学的判断，提出合理有效的解决措施，仅凭经验显然是靠不住的，必须依靠教育研究。正常的顺序应该是研究在先、决策在后，而不是先做决策，再为决策的合理性寻找依据。

（四）提高学前教师自身素质

学前教育科学研究的过程是教师学习和提高能力的过程。在研究中，教师要查阅大量的文献资料，学习新的教育理论、先进的教育思想和观点，不断更新知识。在教育科学研究中，教师需要正确的研究方法论指导，并积极去探索，不断去创新，这有助于教师自身的科学素养和能力的提高，而且这也是对一位优秀教师的素质要求。事实上，优秀的教师无一不是在教育教学的同时积极开展教育教学研究，使自己从经验型教师逐渐成长为智慧型、专家型教师的。

（五）发展和完善学前教育科学理论

巴甫洛夫曾指出：“科学随着方法学上获得的成就而不断跃进，方法学每前进一步，我们便仿佛上升了一个阶梯，于是，我们就展开了更广阔的眼界，看见从未见过的事物。”学前教育发展的历史表明，学前教育科学理论也是随着学前教育科学研究的不断深入而逐步完善和发展的。通过开展学前教育科学研究，系统地总结提升广大学前教育工作者宝贵的实践经验，整理借鉴我国古代及国外优秀教育思想和实践，以科学的研究成果不断充实学前教育理论宝库，发展和完善学前教育科学理论体系。

（六）扩大学前教育对外开放的渠道

在学前教育科学研究中，一方面离不开借鉴世界各国先进的学前教育理论成果以及发展、管理学前教育的经验，从而开阔我国学前教育研究的视野；另一方面，也可以通过合作开展跨文化研究工作，或参加国际学前教育的交流活动，向世界宣传我国学前教育改革发展的成功经验，让世界了解中国学前教育，以促进我国学前教育对外开放。

二、学前教育科学研究的任务

学前教育科学研究的基本任务是研究学前教育领域内存在或出现的理论问题和现实问题，揭示学前教育发展的客观规律，探讨学前教育教学艺术及价值观基础，更好地指导学前教育实践。

（一）总结教育的历史经验

教育历史遗产丰富异常。历代的教育家，如我国古代的孔子、孟子、颜之推等，现代的陶行知、陈鹤琴等；国外的柏拉图、卢梭、福禄贝尔、蒙台梭利、杜威等，他们的教育思想和教育实践都需要我们去整理、分析和研究，从中总结出成功的经验和失败的教训，为今天的学前教育发展服务。

（二）研究当代学前教育的发展

对当代学前教育发展的研究是学前教育研究的重点。总结历史经验，这是从历史的纵向角度探讨学前教育的内在发展规律，要促进当代学前教育的发展，还必须对当代学前教育所出现的种种新问题加强研究，以使学前教育不断适应现代社会的发展。研究当代学前教育的发展，一是要大力开展学前教育现状的调查，以了解我国学前教育的基本国情；二是深入探讨目前在学前教育改革中提出的重大理论问题和实际问题（如学前教育管理、幼儿教师培养培训等问题），要将基础理论问题研究与实际问题的研究紧密地结合起来。

（三）预测学前教育的未来趋势

教育是面向未来的事业，要为未来培养全面发展的一代新人。已经在许多国家受到广泛关注的教育未来学，就是教育研究超前性的功能及其所担负的任务的体现。通过教育研究预测教育的未来，向教育决策者提供有关未来的社会人口、人才需求、教育体制、教育内容和教育形式等方面的资料和种种可行性方案，为教育领导机构制定短期、中期和长期的教育发展规划和政策服务。同时，它还要根据教育发展过程的新趋势、新课题、新要求来预测未来教育的影响，从而使教育工作者及时修正教育的要求、内容和方式，培养出适应未来要求的全面发展的一代新人。

（四）进行国内外学前教育的比较

将国内外的学前教育实践和理论进行比较分析，有利于揭示各国学前教育发展的共性和个性特征，从中找出学前教育发展的共同规律和趋势，并且通过这样的比较研究，汲取各国学前教育之长，为我国学前教育决策和学前教育改革提供借鉴。通过比较，也可以研究不同文化背景下学前教育的共同规律和差异性，可以开阔视野，形成新的学前教育的观点和理论。

（五）推动学前教育科学发展

学前教育科学要在学前教育改革中发挥其应有的作用，必须加强自身的学科建设。学前教育研究的重大任务就是要通过研究去获得教育新认识，产生学前教育新思想，建立学前教育新理论，把学前教育科学不断地向前推进，为构建有中国特色的社会主义学前教育科学的理论体系作贡献。

第三节 学前教育科学研究的基本原则

学前教育科学研究的基本原则，既是人类认识的基本规律在学前教育科学研究中的具体运用，同时也是人们在学前教育科学研究中积累的经验总结和高度概括，是对学前教育科学研究规律的正确反映。

一、学前教育科学研究的伦理原则

学前教育科学研究的内容主要涉及学生、教师、学生家长和其他相关人员的一些行为、思想等方面。在了解这些人的各种特征时，某些研究可能会对他们产生一些影响，其中包括一些负面影响。为此，研究者必须遵循教育研究的伦理原则。

(一) 尊重被研究者和参与研究者的权利

学前教育科学研究经常需要选取一些学生、教师、学生家长和其他人员作为研究对象或参与研究的人员。因而在开展研究过程中，研究者首先要考虑上述人员所拥有的若干权利，不能侵犯法律赋予公民的各项权利。在此方面，他们的主要权利有：(1)私人不参加协作权；(2)保持不署名权；(3)保密权；(4)要求实验者承担责任权。①

研究者应自觉尊重被研究者的这些权利，因为有些被研究者可能没有清晰地认识到自己拥有这些权利。一旦研究者要求这些人参与研究活动，就可视为研究者已经承诺尊重他们的权利。为此，应该让被研究者或参与研究的人员了解将要研究的内容对于他们来说意味着什么，包括使他们正确理解研究意图、研究内容与他们的关系，他们需要付出的时间和需要作出的努力以及他们可能要承担的压力。

(二) 审慎解释研究成果

研究者在获得研究结果后，需要向公众作出合理的解释；有时候还需要向被研究者或合作者作出解释，以免造成误解。

通常情况下，公众对科研工作者经过认真努力工作而形成的研究成果有一种信任感，也乐于成为这些成果的使用者。越是这样，科研工作者就越应该本着高度的责任感，审慎地解释研究成果或结论。因此，研究者应详尽解释研究成果有效性的条件和范围，不能因为私利或其他原因曲解研究成果，骗取公众信赖；教育行政部门或教师，在推广某项成果前，应以科学的验证为依据，并以对自己所在地区、学校和师生实际情况的正确分析为基础；传媒在宣传介绍研究成果时，也应实事求是，不能为追求新闻效应而夸大其辞。

---

① 郝德元，周谦. 教育科学研究法[M]. 北京：教育科学出版社，1990：16.

(三) 避免给被研究者造成伤害

在搜集资料或实施某些研究措施时,要避免对研究对象造成人身的、社会的、心理的伤害,包括让他们承担不利的压力和负担。为此,研究者要多从对方角度考虑相关的影响,并注意如下事项:(1)研究中所涉及的活动或任务不能与日常教育中所倡导的行为规范相悖,避免与正面教育结果相矛盾;(2)采用对照研究时,不能为显示实验组的效果而剥夺对照组儿童基本的教育环境与条件,或者加重实验组儿童及家长的负担;(3)充分考虑到研究可能带来的不良后果并做好消除及补救工作。

阅读资料 1-1

对研究对象无害

社会研究最首要的伦理规则,就是必须对研究对象无害。虽然社会研究通常不想伤害人,但如果不小心也会因疏忽而造成伤害。如果你们披露了与受访对象相关的负面信息,就触犯了这条规则。

当然,原则上没有人会反对这条规则。但是,你们会发现有时候很难绝对地遵守。譬如,你们在访问人们的宗教观时,启发了他对自己信仰的怀疑;或者针对妇女人权的研究,导致某些妇女开始对她们的工作及婚姻产生不满。

你们将发现,这个看似简单的规则要求你们永远提高警惕。当你们进行研究设计时,应该不断地自问是否会对研究对象造成伤害。既然在生活中所做的每一件事都有可能伤害到他人,就必须衡量研究活动的重要性以及相对的危害性。

资料来源:[美]艾尔·巴比(Babbie E.).社会研究方法(上册)[M].北京:华夏出版社,2000:52.

二、学前教育科学研究的操作原则

(一) 客观性原则

客观性原则是指研究者在研究中必须尊重客观事实,反映客观事实,以客观事实为依据。坚持客观性原则,要求研究者在研究过程中要注意如下三点:(1)丰富的研究资料来源于研究对象的真实情况,而非研究者的主观臆测;(2)所运用的研究方法科学规范,并以实事求是的态度收集、整理和分析资料,概括结论,不能想当然,或以偏见先入为主;(3)研究应考虑“三角校正”准则,注意从多方面、多角度入手,对同一问题或方面做多维立体的考察研究,尽可能获取全面翔实的研究资料,避免草率做出结论。

(二) 公共性原则

研究者在研究过程中要用公认的、确切的文化符号清楚地表达研究工作的目标、程序、方法和成果。这样做一是可以保证同行专家了解整个研究过程,便于同行间的相互交流;二是可以保证一般读者能够了解研究的真实意图。

（三）操作性原则

在研究中所使用的概念术语要有明确的可操作的语义规定，这不仅是为满足教育研究所必需的，而且也是确定如何测量研究变量所必需的。由于一个概念的操作性定义不可能只有一个，因此对概念进行操作性语义规定，可以使研究者确认同样题目和问题研究间的相似点和差异。研究中遵循操作性原则可以使研究具有可重复性，并且能提高研究结果的可解释性。

（四）检验性原则

同行、专家在相同的研究条件下，复制被公开的研究程序进行研究，应能得到相同或相近的结果。为了检验教育研究成果，研究者应该尽量全面而清楚地交代所在情境的关键特征。

（五）创新性原则

学前教育科学研究同其他科学研究一样，所要探讨的是人所未知的东西。科学研究的价值在于创新，简单地重复别人的研究是一种浪费。坚持创新性原则，这就要求研究者要加强情报研究，了解有关领域的已有研究成果，把握研究动态，使自己站在所研究领域的前沿；研究者还要注意从新角度、新内容、新方法、新手段等方面开展研究活动。

（六）解释性原则

学前教育科学研究不仅方法多种多样，而且研究的类型各不相同。一方面，不同类型的研究对于研究结果的解释应有不同的要求。如，观察研究和调查研究主要以获得事实为目的，重点是如实描述观察的事物之间的因果联系和相关特征，并作出中肯的解释。一些改革性和建设性的实验研究，除了要说明因果关系外，还应以此为基础，陈述其效用和产生的条件。另一方面，在解释的方式上，不应仅强调精确的定量描述，应允许以具有一定模糊性的概率描述和定性分析来表述研究结论。

（七）系统性原则

在学前教育科学研究中，一方面要有中心概念和可以为实证性材料检验的命题，另一方面还要有能够将这些分离的命题联系起来的理论结构，以便使各项研究成果逐渐积累成为一个知识系统，获得对研究对象的整体认识。

阅读资料 1-2

科学共同体的规范

1. 普遍主义　不论做研究的是谁（老的、少的、男的、女的），也不论研究是在哪里（在美国、法国、哈佛还是哪所不知名的大学）进行，研究只根据科学价值加以判断。

2. 组织化的怀疑论　科学家不应该漫不经心地或毫不批判地就接受新的观念或证据。他们应当挑战与质疑每项研究所有的证据和主题，并对其进行严密的审查。批判的目的不在于人身攻击，而在于确保研究经得起细致和严格的检验。

3. 无偏见　科学家必须中立、公正、敏锐，广纳所有非预期的观察或新的观念。科学家不应该僵化地与某个特殊的概念或观点结合。他们应该接受甚至找寻与他们立场相反的证据，并且应该诚实地接受所有高质量研究的发现。

4. 共享主义　科学知识必须与他人分享，它属于每个人。创造科学知识是项公开的行动，研究发现是公有财产，开放给所有的人使用。执行研究的方式必须给予详尽的描述。新的知识在它被其他的研究者审查过，并且以一种专门的形式与文体公开发表之前，是不会被正式接受的。

5. 诚实　这是一个一般性的文化规范，但是科学研究特别强调，科学家要求诚实做所有的研究，不诚实或欺骗是科学研究的一项主要禁忌。

资料来源：[美]劳伦斯·纽曼(W. Lawrence Neuman). 社会研究方法(第五版)[M]. 郝大海，译. 北京：中国人民大学出版社，2007：15.

第四节　学前教育科学研究的程序

学前教育科学研究是一种可靠的求知方式，它并没有什么神秘之处。进行学前教育科学研究就需要掌握研究程序或步骤。

一、科学环

社会学家华莱士(W. Wallace)1971 年提出了社会研究的逻辑模型，人们称之为“科学环”。

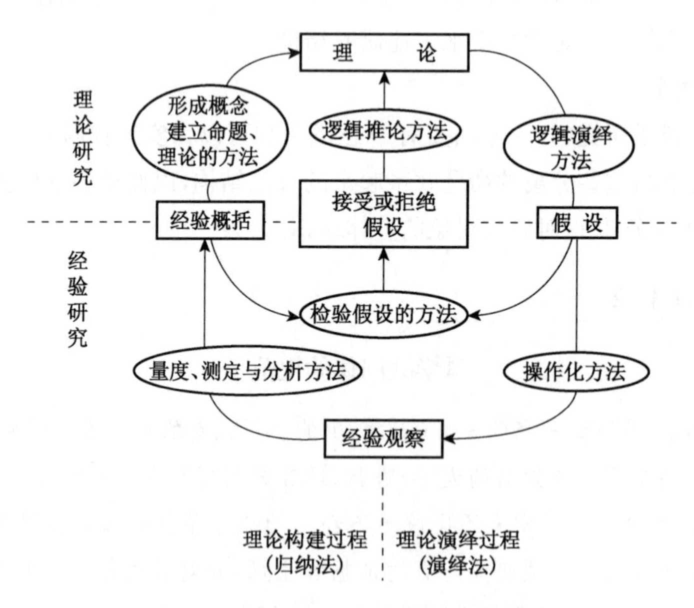

图 1-1　“科学环”——社会研究的逻辑模型①

① 袁方. 社会研究方法教程[M]. 北京：北京大学出版社，1997：93.

在这个模型中，华莱士用方框表示5个知识部分：(1)理论；(2)假设；(3)经验观察；(4)经验概括；(5)接受或拒绝假设。用椭圆表示研究各阶段中使用的6套方法：(1)逻辑演绎方法；(2)操作化方法，它包括研究设计，概念的具体化和操作化，测量方法、抽样方法和调查方法，等等；(3)量度、测定与分析方法，它主要指观察记录、资料的整理、分类、评定、统计及分析的方法；(4)检验假设的方法，如统计检验；(5)逻辑推论方法，如统计推论；(6)形成概念，建立命题、理论的方法。各个知识部分通过各种方法转换为其他形式。箭头表示知识形式转换的阶段。中心线的右边是理论演绎的过程，即把理论应用到现实中，在这一过程中是运用演绎法。中心线的左边是理论建构的过程，它首先是运用归纳法由经验观察概括出研究结论，然后再上升到抽象的概念和理论。在横剖线的上方属于理论研究，它们属于抽象层次。横剖线的下方则属于经验研究。

这个模型表明了科学研究是从理论→假设→观察→概括或检验→新的理论……这样一个周而复始、无限循环的过程。它的优点在于没有起点也没有终点，研究工作可从任何一点开始。例如，有的研究可能是从观察开始，直接进行实地调查，然后由感性认识上升到理性认识；有的研究仅仅是在抽象层次探讨理论性问题或致力于构造概念和理论体系；还有一些研究甚至根本不涉及任何理论，而仅仅是对观察到的现象进行描述或仅仅提供一些调查资料和统计数据。

华莱士的逻辑模型虽然是针对社会研究提出的，但是它也对学前教育科学研究的程序具有指导意义，它可以使我们了解各种研究方式在整个科学研究过程中的位置和作用。

二、学前教育科学研究的程序

学前教育科学研究可以说是由一连串有因果关系的步骤构成的。虽然学者们对科学研究的步骤或程序有着不同的划分，但是典型的划分通常有6个步骤。这6个步骤分别是：选择研究课题；提出假设；设计研究方案；收集、整理和分析数据资料；推导出结论；表述研究成果。

(一) 选择研究课题

每一项科学研究都是从课题的选择开始的。对于很多要进行学前教育科研的教师来说，需要从课题本身的价值和科学性等方面来分析课题是否值得研究。在选择课题时要注意其是否具备实用性、科学性、创造性和可行性。研究者要选择有利于提高学前教育质量和促进学生发展和教师自我发展的课题，要选择有一定理论基础和事实依据的课题，要选择有新意、有其独到之处的课题。在选题时还要选择自己力所能及的课题。一般说来，初从事学前教育科学研究的人应选择那些范围较窄而且比较具体的课题，至于大的研究课题则适合由具有较强研究能力的人去研究或者组织有关人员共同研究。

(二) 提出假设

研究者确定研究问题后，需要回顾过去对这个主题或问题所做过的研究，并据此发展出一些可能的答案,这就是提出假设。所谓假设,就是指依据一定的科学知识和事实,对所研究的问题的规律或原因做出的一种推测性论断和假定性说明,是在研究之前的预先设想的、暂时的理论。也就是说,假设是教育研究课题选定后,根据事实和已有资料对研究课题设想出的一种或几种可能答案或结论。

(三) 设计研究方案

研究者需要根据已有的科学方法摸索出一种可以证实假设的有效方法,并要决定如何去测量或界定假设中涉及的现象,选择什么样的人或人群作为研究对象,如何控制或排除无关因素的干扰,研究实施的时间安排、物质条件,等等。总之,研究者必须全面考虑研究中的各种问题,设计出一个具有系统性的研究方案才能保证研究的顺利进行。

一般来说,研究计划的内容包括:(1)课题名称;(2)课题研究人员的构成及分工、课题负责人;(3)课题提出(包括课题来源及选题意义、所选课题在国内外的研究历史及现状、研究范围、研究的假设及目的、对研究现实性和可行性的简要分析等);(4)研究目标及主要内容;(5)本课题中关键性概念的定义;(6)研究对象及其选择方法;(7)研究方法及实施要点;(8)研究进程的安排;(9)预期研究成果构成。

 **案例 1-1**

幼儿园职初教师研训样式研究的过程

(一) 准备阶段(2010.3—2010.8)

1. 成立由园长领衔,教研、科研、培训多方成员组成的课题组。

2. 查阅与本课题研究相关的情报资料,了解研究现状,把握研究动态。

3. 设计研究方案,制订具体的研究计划和措施。

4. 设计幼儿园职初教师知识现状及研训需求的调查问卷。

5. 开展幼儿园职初教师专业知识结构及研训需求的现状调查,以获取第一手资料,并撰写调查报告,为构建职初教师研训样式提供现实依据。

(二) 实施阶段(2010.9—2012.6)

1. 开展知识管理背景下的幼儿园职初教师研训样式的行动研究。

2. 对 6 所基地园的园长和 30 名研究对象作“课题方案”介绍;对 30 名研究对象作“知识管理”“职初教师成长手册”的撰写等相关培训。

3. “工作坊式”“课题驱动式”“网络助学式”“闲暇交流式”四个研究小组制订阶段实施计划,在职初教师中开展行动研究。

4. 在行动研究中,既有四个研究小组的分组研讨,又有对共性问题进行的大组交流,使研训样式日趋完善。

5. 初步形成“知识管理背景下幼儿园职初教师研训样式的实践研究”成果框架。

6. 围绕成果框架,实行边研究、边实践、边反馈、边调整的策略,并进一步归纳、提炼成比较系统的研究成果。

7. 对30名研究对象进行知识结构改善与优化的效果调查。

(三) 总结阶段(2012.7—2012.12)

1. 整理资料:幼儿园职初教师研训样式的案例、教师成长案例等。

2. 对职初教师的新课程教材知识的掌握、知识运用能力、实践操作能力、知识获取能力等进行定量描述比较。

3. 总结、提炼幼儿园职初教师研训样式的有效经验。

4. 修改、完善成果框架。

5. 撰写结题报告。

6. 出版《从职业适应走向专业胜任——知识管理背景下幼儿园职初教师研训样式的实践研究》一书。

资料来源:袁晓英.从职业适应走向专业胜任——知识管理背景下幼儿园职初教师研训样式的实践研究[M].上海:生活·读书·新知三联书店,2013:28.

(四) 收集、整理和分析数据资料

在搜集数据阶段,研究者根据研究设计中准备好的研究工具(如观察记录表、问卷、量表等),采用相应的研究方法(如观察法、问卷法、访谈法、实验研究法等)采集研究所需要的数据。采集数据过程中要遵循实事求是的基本要求,避免主观及偏见的影响。

在整理和分析资料阶段,研究者需要对原始资料进行整理和分类,使之系统化和简约化。

(五) 推导出结论

以对数据资料的整理和分析为基础,探究其中是否出现某种模式。模式可以帮助研究者赋予资料以意义,或对数据资料进行解释;模式的概括要具有普遍意义。

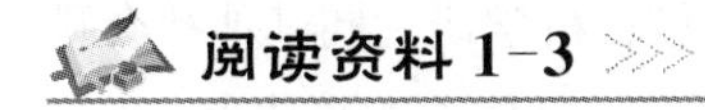

阅读资料1-3

因果关系的标准

双变量因果关系的第一个必要条件是,在时序上,先有因后有果。在科学上,如果原因在后,就根本说不通。子弹离开枪管根本不是火药引爆的原因;事实正好相反。

虽然这项标准看起来简单明白,但在分析社会科学资料时,我们会发现数不清的问题。通常,两个变量的时序关系并不是很清楚。先有哪一个,威权主义还是偏见?即使时序很明显,也常常会有例外。譬如,一般我们假定父母的受教育水平影响到子女受教育水平的高低。但有些父母会因为子女的受教育程度较高而又回到学校进修。

因果关系的第二个必要条件是,两个变量之间具有实证相关性。如果观察到的真实情况是,子弹并不是在火药爆炸后才离开枪管的,而我们还要说火药爆炸使得子弹脱离枪管,那就站不住脚了。

再说一遍，这些看似明显的必要条件对于社会科学研究而言始终是一个难题……因此我们要问：实证相关达到何种程度才被认为是因果关系？

因果关系的第三个必要条件是，两个变量间的实证相关不因为第三个变量的存在而存在。例如，冰淇淋的销售量和淹死的人数呈正相关：冰淇淋卖得越好，淹死的人就越多，反之亦然。在此，第三个变量是季节或者温度。大多数溺水事故发生在夏季高温季节——这正是冰淇淋销售旺季。冰淇淋销售和淹死人数并没有直接的关联。

资料来源：[美]艾尔·巴比(Babbie E.). 社会研究方法(上册)[M]. 北京：华夏出版社，2000：98-99.

(六) 表述研究成果

教育科学研究的一个重要目的是将取得的研究成果应用于教育教学实践，以此来推动教育事业的发展。研究成果的表述，不仅是为了科学地总结自己的研究工作，更重要的是向教育界以至社会提供教育科学研究信息，以丰富教育理论宝库和推动教育实际工作。因此，研究成果的表述是一个认真总结、缜密思考的过程。研究者必须针对课题研究的目标、内容、措施等，对获取的第一手资料进行定性分析和定量分析，通过思维加工，上升为理性，然后用语言文字加以反映，形成相应的研究成果。要保证教育科学研究成果表述的质量，表述科学研究成果必须做到：表述严谨科学，有独到的视角和新颖的观点，行文规范，语言简洁，理论观点的阐述和材料相结合。研究成果的表述形式有论文、研究报告等。

本章小结

1. 本章讲述了科学的内涵，分析了科学研究的特点。以此为基础，进一步分析了学前教育科学研究的特征及类型。

2. 介绍并分析了学前教育科学研究方法体系，阐明学前教育科学研究同其他社会科学研究方法一样，可分为三个层次：方法论、研究方式或研究方法、具体方法与技术。

3. 描述了学前教育科学研究的意义和任务。

4. 阐述了学前教育科学研究的基本原则，包括学前教育科学研究的伦理原则、学前教育科学研究的操作原则两个方面。

5. 明确了学前教育科学研究的程序。

拓展阅读

1. 张华，王永政. 中小学教育科学研究的理念与尺度[J]. 西南民族大学学报(人文社科版)，2005(2)：385-388.

2. 张宝臣，李兰芳. 学前教育科学研究方法(第2版)[M]. 上海：复旦大学出版社,2012.

3. 刘燕楠.教育研究与教育科学研究辨析[J].中国教育学刊,2014(9):35-37.

4. 童安,钱源伟.上海市学前教育研究的现状与进展——基于上海市教育科学研究项目的计量分析[J].上海教育科研,2014(9):47-50.

5. 桑国元.教育科学研究重要吗?——中小幼教师对教育研究价值认识的调查[J].教师教育研究,2016(3):43-49.

思考与探索

1. 学前教育科学研究具有哪些特征?
2. 学前教育科学研究的基本原则是什么?
3. 进行一项学前教育课题的基本程序是怎样的?
4. 为什么要进行学前教育科学研究?
5. 学前教育科学研究的任务是什么?

课题的形成和选择，无论作为外部的经济技术要求，抑或作为科学本身的要求，都是研究中最复杂的一个阶段。一般来说，提出课题比解决课题更困难……所以评价和选择课题便成为研究战略的起点。

——贝尔纳（J. D. Bernal）

第二章　学前教育科学研究的选题与设计

学习目标

- 了解学前教育科学研究课题的选择及意义
- 理解学前教育科学研究假设的形成
- 学会独立完成学前教育科学研究课题的申报

核心概念

学前教育科研课题；假设；简单随机抽样；系统随机抽样

本章导读

学前教育科学研究的第一步也是关键的一步是选题。它决定了整个教育科学研究的方向和水平，在教育科学研究过程中具有重要的战略地位。本章首先从课题的含义、选题意义、选题原则、课题来源、选题的思维策略五个方面阐述了学前教育科学研究课题的选择，最后介绍了学前教育科学研究课题申报书的填写。

引导案例

李老师的科研困惑

李老师从师范大学学前教育专业毕业后已经在学校的附属幼儿园工作四年了。她工作的幼儿园科研氛围比较浓厚，有的同事经常在专业的学前教育期刊中发表教育科研方面的论文，有的同事已经在园里、区里甚至省里成功申报科研项目，而她至今还没有任何教育科研成果和项目，幼儿园主管科研的副园长和园长都曾经鼓励她要兼顾教学与科研。园长多次和李老师以及其他青年教师谈话，鼓励她们成为研究型教师，并告诉她们学校会为她们提供相应的支持和帮助。李老师在羡慕其他同事的同时，也希望努力成为一名研究型教师。但是，每次当她开始着手准备教育研究时，却不知道研究什么。李老师在与幼儿接触中也认识到有不少问题值得思考和探索，但是如果让她自己做研究，就有点茫然不知所措，不知道自己到底该研究什么问题，什么样的问题适合自己研究。为此，她很苦恼。

学前教育工作者该如何进行选题呢？问题、课题和选题是一回事吗？通过本章的学习，相信你能从中找到答案，或许也能帮助李老师解除苦恼。

第一节 学前教育科学研究课题的选择

任何科学研究都始于问题。没有问题，就没有必要进行科学研究。选题，即选定要研究的中心问题。教育科学研究的选题，就是确定研究什么教育问题的过程。选题是进行教育科学研究的第一步，而且是甚为关键的一步。它决定了整个教育科学研究的方向和水平，在教育科学研究过程中具有重要的战略地位。因此，要有效地开展教育科学研究，必须首先学会如何选题。

一、学前教育科学研究课题的含义

开展学前教育科学研究工作的前提之一是选择好研究课题，研究课题的选择对于实施整个研究过程和组织管理教育活动都有十分重要的意义。选择课题的前提是了解课题的含义。有的人认为课题就是问题，这种认识是错误的。

（一）问题的含义

所谓问题是人们在理论学习和工作实践中遇到的疑难和矛盾，它反映了人们对客观事物的认识不足。正是各种各样的问题激发了人们的思考和探索，推动了科学研究活动的开展。在学前教育领域中，无论是理论还是实践，人们尚未认识或认识不够深入的现象和规律仍然不少，有着许多的问题。如作为一名幼儿教师，在教育实践活动中可能遇到“如何让不同依恋关系的幼儿适应幼儿园”“如何让幼儿主动表达自己的需求”等问题；作为一名幼儿园园长，在管理工作中可能会遇到“如何提高教师的专业素养”“如何科学地评价教师的工作质量”等问题。这些问题推动了学前教育研究活动向纵深发展。

（二）学前教育科研课题的含义

所谓学前教育科研课题是依据教育研究目的，通过对研究对象的主客观条件进行分析而确立的研究问题。在学前教育科研过程中，一项教育科研课题一旦确定下来，就意味着整个教育研究的任务及方向也随之确定。

从广义上讲，选题包括两方面含义，一是确定科学研究的方向，二是选择进行研究的问题。选择研究课题是进行教育研究的第一步，它不仅决定研究者现在和今后科研工作的方向、目标与内容，而且在一定程度上规定了科学研究应采取的方法与途径。因此，选定研究课题对于所要进行的学前教育科学研究工作具有重要的战略意义，研究者必须认真对待。

（三）学前教育问题与学前教育科学研究课题的区别

学前教育科学研究课题来源于学前教育问题，问题的发现和提出是课题选择的前提条件。但是教育问题却不等于教育科研课题，两者存在着一定的差别。

首先，教育问题作为人们在理论学习中遇到的疑难或在实践工作中碰到的困境，往往反映的是个人认识上的局限性，而不是他人尚未认识和解决的问题。对那些他人已经认识和解决的问题，就不必通过教育科研去回答。而学前教育科研课题则必须是从人们发现并尚未被认识和解决的问题中产生，因此学前教育科研课题应反映人们在某个领域中或某个事物上认识的局限性，只有这样，课题的研究才具有认识上的价值。

其次，就一般来说，人们发现和提出的问题往往反映了其对某种事物思考和怀疑的大致内容，甚至只是一个思考的方向，较为笼统和概括，对此可以在一个较广的范围中进行讨论，如前面列举的几个问题都有这种特点。而教育科研课题则应是明确而具体的，在表述上相对要确切，用语要严谨，并符合专业规范。

课堂讨论 2-1

"如何让不同依恋关系的幼儿适应幼儿园"这一问题相关的科研课题，可以表述为"不同依恋关系的幼儿入园适应研究"。

二、学前教育科学研究课题选择的意义

所有的研究都是从问题开始的。教育研究就是一个不断提出问题和解决问题的过程，在这个过程中，提出问题往往是研究的出发点。关于提出问题的重要性，爱因斯坦曾有一段精辟的话。他说："提出一个问题往往比解决一个问题更重要，因为解决一个问题，也许仅仅是一个数学上或实验上的技能而已。而提出新的问题，新的可能性，从新的角度去看旧的问题，却需要有创造性，有想象力，而且标志着科学的真正进步。"爱因斯坦把提出问题看作研究过程中最重要、最复杂、最关键的一环，看作是具有决定性作用的一步。在提出问题前，研究者的前面是未知，他的背后是已知。提出问题则意味着向前跨出去，意味着向无知挑战。提不出问题，没有问题就意味着原地不动。在科学研究中这是最糟糕的。当没有明确问题时，研究者的任务是去发现问题。

随着人们认识水平的提高，教育过程中要解决的问题层出不穷，但并非所有的问题都可以作为研究课题，就问题本身而言，有大小、主次、轻重、缓急之分，当面临许多问题

时，研究者的任务是从中选择合适的问题。选择课题就是按照一定的标准和条件，在可供选择的问题中确定所要研究的问题。选择课题是教育研究的第一步。

具体来看，教育选题具有如下意义。

（一）选题决定了研究成果的价值

选择了研究的课题也就是确定了自己一个阶段内所研究的教育问题。同时，也就规定了自己的研究性质、研究任务和研究目标，规定了研究的方法。这在客观上也决定了课题研究成果的价值大小。如果研究者提出的研究课题能敏锐地抓住一些新产生的问题开展研究，其研究成果就会具有新意。如"农村0～3岁婴幼儿教育资源开发和整合的实践研究"，抓住了当前的热点问题，也是我们学前教育工作者对当前的新问题进行研究，其成果就会有新意。如果能抓住关键性的问题进行研究，其研究成果就会具有理论与实践的意义。例如，"幼儿教师个性化发展的评价研究"这一课题，就抓住了当前形势下如何对学前教育教师进行评价、最终促进教师个性化发展等关键问题。因为如何对学前教育教师进行评价是管理者碰到的一个比较棘手的问题，我们知道教师中有新教师，有熟练教师，也有更高层次的专家型教师，对不同的教师应有不同的评价指标。良好的评价体系能促进不同层次教师的专业成长。因此，这是一个比较关键的问题，其成果一定会有较高的价值。如果能抓住一些共同的、带倾向性的问题进行研究，其研究成果就会具有很大的推广价值。

（二）选题引领着教育研究的方向

所谓研究方向，就是研究者在学前教育科学领域中经过长期的研究与实践认定的必须着手解决的某些方面的问题，并在这些方面开创自己的研究领域，形成稳定、明确的主攻目标和研究线索。好的选题会对学前教育实践和学前教育科学研究带来很强的推动作用，从而揭示一个时期内学前教育实践和理论发展的方向。

课题还影响着整个研究过程的方向。课题是对研究对象、研究范畴、研究主题的界定，整个研究工作均由此展开，并围绕其进行。整个研究方案的设计、实施、成果鉴定都紧紧围绕课题进行。如果选题明确了，整个研究活动的方向就明确了。

（三）选题对整个研究工作起制约作用

选择课题是教育研究活动的开端。选题恰当与否，对能否顺利进行研究具有重要意义。课题一旦选定，在某种程度上也就决定了整个研究的目的、意义、对象、范围、方法，以及研究可能的成果和成果的价值。大量研究表明，课题选得好，研究往往事半功倍，能迅速取得成果。相反，课题选得不好，研究往往事倍功半，甚至半途而废。由于选题不当而导致研究失败是科研中最常见的原因。可以说，正确地选择课题往往是科研成功的一半。

（四）选题是衡量科学工作者研究水平的重要标志

正确选题是教育研究工作者进行科学研究的基本功。研究者必须善于对理论本身、理论与实际间、现状与社会发展需要之间的种种矛盾进行透彻分析，才能发现、提出和形成一个有意义、有创见的问题。所以，研究课题的确定综合反映了科研人员的洞察力、对形势的判断力和胆识。

课题的选择不仅对课题本身和研究者具有重要意义，而且对整个学前教育研究均有着重要的影响。学前教育科研要解决学前教育中的理论或者实际问题，学前教育实践是学前教育科研课题的源泉，选择什么样的课题往往都受到教育现实发展的制约。只有符合学前教育的实际才能切实解决学前教育实际中的问题，这样的研究才有价值。因而，课题如果选择得好，对学前教育的改革和发展均会有积极的促进作用。

三、学前教育科学研究课题选择的原则

学前教育科学研究的课题范围虽然广泛，但是要选择一个既有较高的研究价值，又适合研究者实际操作，并且能取得研究成果的课题也很难。

在学前教育科学研究课题选择上，经常出现的偏差可以概括为以下几个方面：一是针对性不强，研究目标不明确；二是范围太大，易陷入空谈；三是经验之谈，缺乏创新；四是主客观条件不具备，研究难以开展。

实践证明，正确的选题需要学前教育研究这一教育科学理论为指导，从实际出发，掌握所从事的研究领域的资料，科学地选题。因此，我们认为，学前教育科学研究课题的选择必须坚持以下原则：

（一）价值性原则

教育科学研究选题的第一条原则是研究选择的课题要有价值，这包括三个方面。一是具有理论价值（理论意义）。这是指所确定的课题应符合学前教育科学本身发展的需要，有利于检验、修正和发展学前教育理论，有利于建立科学的学前教育理论体系。这类课题要求在学前教育理论上有所突破或者有重要的补充和完善。二是应用价值（实践意义）。这是指所确定的研究课题应符合社会和教育事业发展的需要，有利于提高学前教育质量，有利于儿童的发展；应有助于解决学前教育发展过程中出现的各种问题，研究成果对教育改革与发展有直接的指导意义，如"学前教育办园标准和幼儿园准入制度研究""探索型主题活动与幼儿教师专业发展的研究"。三是选题要有利于提高学前教育的质量，要从教育发展的实际出发，选择被大家普遍关注的问题，如"幼儿园保教质量评估监管体系研究"。

判断选题有无研究价值，可以从三个方面来衡量。一是方向性，方向性是指选题要符合国家有关教育方针政策，符合教育教学的基本规律和发展方向。课题研究要全面贯彻教育方针，全面提高学生素质，引导教师转变教育教学思想，改革教育内容和方法，优化教育教学过程，提高教育教学效率。促进教育教学发展和质量的提高，产生有益的价值。二是针对性，针对性指教育教研课题应该根据教育教学实践和教育科学发展的需要

来选择课题。实践表明:教育科研工作者和广大教师,应该优先选择当前教育教学改革中最迫切、最亟待解决、最关键性的问题,作为课题来研究。三是普遍性,普遍性是指选择的课题要考虑其研究成果是否具有客观规律性和推广的普遍性。

(二)科学性原则

选题的科学性表现在选题要有明确的指导思想和研究目的,使选题的立论根据充分、合理。选题的科学性具体表现在以下几个方面:一是选题要在充分占有资料的基础上形成。研究者应当充分研究和分析现有的资料,了解与研究课题有关的研究成果,在综合分析这些研究成果的基础上,提出研究问题思路和重点,明确所要解决的主要问题。对某一方面的研究资料有一个比较全面的掌握,才有可能在现有的基础上提出新的研究方向,或把某一个研究扩展到不同的情境或不同的研究对象上去,这样才能使研究的课题具有一定的新意。二是选题要以教育科学基本原理为依据,这是选题的理论基础。教育科学理论将对选题起到定向、规范、选择和解释作用。没有一定的科学理论依据,选定的课题必然起点低、盲目性大。三是选题要有事实依据,这是选题的实践基础。研究课题应具有很强的针对性,以教育改革实践为基础。实践经验为课题的形成提供一定的依据,在较强的实践经验的支持下,可以保证课题选择的科学性。

(三)创新性原则

研究问题要有创新性。这对于理论性的研究课题来说,要求有新发现、新观点、新见解;对于应用性的研究课题来说,要求有新内容,有解决问题的新途径、新方法。

创新性是科学研究的重要属性,选定研究问题应是前人未曾解决或尚未完全解决的问题,研究应有所创新,具有新意和时代感。要做到这一点,就要把研究课题的选择放在总结和发展过去有关学科领域的理论和实践成果的基础上,没有这个基础,任何新发展、新突破都是不可能的。科学上的任何重大成果,几乎都是科学工作者在前人或别人工作成就基础上一步步取得的,即使是被人认为非常新的,第一次开辟的新领域,也仍然是因同时代的人的工作提供了条件。因此,要通过广泛深入地查阅文献资料和调查,搞清所要研究课题在当前国内外已达到的水平和已取得的成果,了解是否有人已经、正在或者将要研究类似的问题。如果要选择同一问题作为研究课题,这就要对已有工作进行认真审视,从理论本身的完备性、从研究方法的科学性方面高度进行评判性分析,在此基础上,重新确定自己研究的着眼点。只有在原有研究成果基础上的突破和创新,才具有研究的意义。

由于实际情况不同,课题的创新要求一般可分以下三个层次:

第一,独创性。这是高层次的创新课题,它要求提出没有人提过的新问题,开辟无人涉及的研究领域,创立新的理论体系、教学流派和教学模式等。

第二,再创性。这是中层次的创新课题,其中有的是将别人的研究课题加以组装、分解和改造后再生出的新课题;有的是将已有的研究课题运用到新的领域、情境、学科等实践中，又在某方面有所创新。

第三，自创性。这是低层次的创新课题，它只要求对自己是前所未有的，对自我发展是有利的，但并不要求对社会对别人有什么创新价值。

创新性是科研工作的根本特点，是科研工作的灵魂。创新性的具体体现为：一是概念和理论上的创新；二是方法上的创新；三是应用上的创新，包括解决新的实际问题和开拓新的应用领域。

（四）可行性原则

研究问题的可行性是指研究者具备顺利地进行这一课题研究的条件。问题研究的可行性包含以下三方面的条件。

一是客观条件。研究的客观条件包括与课题相关的资料、设备、时间、经费、测试工具与手段、技术、人力、理论准备、指导等方面的条件，同时也包括进行课题研究的科学上的可能性。选择要具有充分的科学依据，而不是盲目的不具备研究可能性的问题。客观条件应考虑以下几个问题：一是课题研究所必需的文献资料，通常须在占有资料基础上选题；二是完成科研必需的物质条件，有的课题需要实验设备和技术手段；三是要有一定的科研经费，有些重点课题，会得到一定的经费资助，有的课题须自筹经费。除此之外，研究基地、协作条件及领导的关注、家庭成员的支持、相关学科的影响和社会环境等等也是重要的客观条件。

二是主观条件。研究者若想顺利开展课题研究，必须掌握相关的理论和方法；必须保证拥有所需要的时间和精力，必须要有必要的经验积累。研究者本人要有知识、能力、基础、经验、专长，所掌握的有关这个课题的材料以及对此课题的兴趣。也就是说，要权衡自己的条件寻找结合点，选择能发挥自己优势特长的课题。第一线的教育工作者具有丰富的经验，适合于进行实践性较强的研究，而对理论性强的基础性研究问题就不一定合适。而擅长于理论思维的工作者，就可能选择理论性较强的问题进行研究。当然在现实的教育改革背景下，更需要不同背景和不同知识结构的人进行合作研究，集体攻关，共同解决较复杂的和综合性的问题。对于刚起步的年轻人，最好选择那些本人考虑长久、兴趣最大的课题，而在教育第一线从事实践工作的教师，最好选择与自己的实践工作有密切联系的问题。

三是研究时机。选题必须抓住关键性时期，什么时候提出具体的研究课题要看有关理论、研究工具及条件的发展成熟程度，提出过早，问题会攻不下来，而错过时机，好的问题也有可能失之交臂。

四、学前教育科学研究课题的来源

学前教育科学研究的课题来源，即研究课题产生的途径，是十分广泛的，可以概括为以下四个方面：

（一）从教育教学实践中寻找课题

任何科研课题归根到底，都是从教育实践中来最后再回到教育实践中去的。归纳或反思自身的教育教学实践进行选题，这是广大教育研究者，特别是一线教育工作者（幼儿园教师）最重要的选题方法与途径。在学前教育改革实践中，存在着许多值得研究的问题，对这些问题进行适当的筛选、提炼，就可能成为很好的研究课题。从实践中寻找研究课题的范围很广，可以是某一学科教学的具体问题，如幼儿数学操作性学习及其教学策略研究；也可以是与幼儿在教育教学过程中的各种表现的有关的问题。比如，想象性游戏对幼儿心理发展的影响，3岁入园幼儿的过度家庭依恋感的研究等；还可以是教育投入的经济效益和教育效益的问题，如信息技术应用的合理性研究；主题墙布置的经济投入与教育价值挖掘的研究；等等。

（二）从教育理论文献中寻找课题

理论学习不仅可以丰富知识，而且也是寻找和发现研究课题的来源。任何一门理论知识都不是尽善尽美的，都存在一些需要完善、充实和发展的地方。因此，人们在学习某一学科的理论或阅读一些研究成果的过程中，就可以受到启发，发现值得进一步研究和思考的问题。对这些问题进行分析和提炼，就可能作为研究的课题。报纸杂志上发表的研究论文是对新问题的研究成果，反映了某个学科研究的方向和进展，但往往并没有解决问题所涉及的全部内容。因此，在阅读研究论文时，既抱着学习的态度，又进行批判性的评价，便可以从中发现某些不足或值得进一步探索的问题。有些研究论文本身在后面就提出了一些值得研究的问题。如《我国学前教育研究20年发展状况分析》是2011年发表在《教育研究》杂志上的一篇论文。该研究运用内容分析法，通过对20年（1987—2007）里被列为全国教育科学规划课题的学前教育课题以及中国学前教育研究会自行设立的课题所做的多重分析发现，我国学前教育的发展具体表现在研究数量大幅度增加，研究者的职业类别与所处地域明显扩宽，研究领域不断拓展，研究内容不断丰富，越来越注重实践研究，研究成果的应用性与实效性明显增强等方面。但我国学前教育研究也存在着科研规范性欠缺、“跟风”式重复研究等问题。

（三）从教育改革和发展中出现的理论及政策问题中寻找课题

教育改革和发展呼唤着学前教育科学研究。研究当代学前教育发展和改革中亟待解决的问题，是整个学前教育科学研究的主旋律。近年来，国务院连续发布了《国家中长期教育改革和发展规划纲要（2010—2020年）》和《关于当前发展学前教育的若干意见》，确定了我国学前教育改革与发展的大政方针，学前教育事业迎来了发展的大好形势。学前教育科学体系有许多重大问题急需研究解决，如“学前教育公共财政投入机制及政策影响研究”“示范性幼儿园在‘广覆盖保基本’的公共学前教育体系中的位置与作用”“农村学前教育师资队伍建设的策略研究”等。这些课题的研究对教育改革与发展有极强的导向性。

（四）从当前教育学和其他有关学科关系中提出问题

在现代科学综合发展的大趋势下，各学科之间的交叉领域涌现出大量的值得开拓的新问题，仅以学前教育学为例，学前教育与哲学、人文科学、社会科学、自然科学等领域渗透交叉中而产生的诸如学前教育控制论、学前教育生态学、学前教学生理学、学前教育评价学等新学科研究领域，以学前教育作为共同的研究对象，运用多种学科理论和方法，使研究得到了有效的深化。

（五）从讨论和交往中发现问题

一个人的智慧是有限的，一个人所想的问题往往也比较狭窄。在科学研究的过程中，人们有时可以通过某种形式的交往获得一些信息。因此，各种形式的交往也是发现问题的一种途径。在讨论和交往中，一个人说的一件事情，可能会启发另一个人的思考，进而想出新的问题。在实际生活中常会遇到这样的例子，听一次学术报告，参加一次讨论会，甚至同学同事在一起随便聊天，都可能会促使人们想到一些新的问题，拓宽新的思路。我们现在经常举行的各种研讨会、学术沙龙、习明纳（主题讨论会）、交流会都是获得信息，认识新领域、提出新问题的途径。

（六）从他人的研究成果中提出问题

如果一时找不到新的、适合我们研究的题目，也可以从别人的研究成果中提出问题，对别人研究过的课题进行重复性的研究。同一个课题的重复研究不是简单地重复别人的劳动。社会科学研究对于不同的样本、不同的地域、不同的文化背景进行同一个课题的研究也是同样有意义的。在教育研究中设计一个操作性很强的研究课题，并不是一件容易的事情，如果选择一项重要的实验课题进行重复性研究，就会省去许多前期的工作，使研究能够顺利地进行。但不是随便找一个课题就可以进行重复研究，可进行重复研究的课题需要考虑以下几个方面的问题：

一是验证一个典型的研究所发现的结果。有一些重要的研究问题，研究者宣称取得了显著成果，但这项成果的可信度和可靠性如何，我们可以通过验证对其研究过程的科学性进行检验，为了得到进一步的证实，也可以用同样的方法进行重复研究。

二是通过不同样本检验研究结果的效度。许多典型的有成效的教育研究是在小样本中进行的，也就是说实验对象的取样数量很小。因此，不进行重复研究就很难确定研究成果能否推广到其他的群体中去。这时，用重复研究来验证研究结果在其他更大的样本中的效果是十分必要的，当然这种重复研究要具有一定的创造性。

三是检验同一个研究在不同时间的发展趋势或变化情况。许多研究成果都是在特定的时间、特定的环境下进行的。这样的研究在不同时间，不同的环境下是否也会产生同样的效果，就需要做进一步的研究和论证。例如，同一个调查所得到的情况，在几年以后再进行研究，就可能出现不同的结果。

（七）直接从各级教育科学规划课题指南中进行选题

随着科教兴国战略的实施，作为科学研究“龙头”的选题，必然引起各级（国家、省、地市机关）教育行政部门、教育科研机构、学术团体以及教育期刊的高度重视。为了更好地指导教育科学研究工作，提高教育科学研究水平及其成效，行政部门、机构团体、期刊往往定期或不定期地制定一定的教育科研课题指南。由于这些课题大多是一般意义上的，带有导向性，范围相对较大，学校与教师应该根据自己的实际能力加以修正，从大处着眼、小处着手。

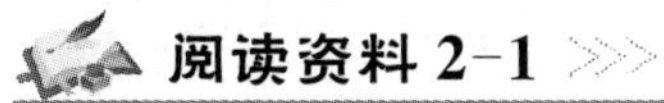

阅读资料 2-1

中国学前教育研究会“十三五”课题指南（节选）

（二）学前儿童发展与教育

本方向涉及学前儿童身体、认知、情感和社会性等方面的发展，以及各种有利于学前儿童发展的培养策略的研究。

1. 幼儿科学探索能力与学习方式的研究
2. 幼儿科学领域的“核心经验”及其获得方式研究
3. 幼儿数学学习策略研究
4. 幼儿想象力发展的支持性策略研究
5. 幼儿审美能力与创造力发展的实践研究
6. 幼儿园汉语和少数民族语言双语教学研究
7. 幼儿学习品质的培养研究
8. 婴幼儿情感情绪表现及教师回应策略的研究
9. 幼儿行为观察与分析研究
10. 幼儿对于规则的理解与执行力研究
11. 幼儿交往与合作能力的发展与培养研究

（三）幼儿园健康与安全教育

本方向涉及幼儿园卫生保健制度建设、运动能力促进、良好习惯养成以及安全教育与健康保障等方面的研究。

1. 幼儿园安全制度建设现状与对策研究
2. 幼儿园保育保健质量评估体系研究
3. 幼儿健康行为与健康教育研究
4. 0～3岁幼儿的健康教育研究
5. 农村幼儿的健康现状与教育研究
6. 幼儿户外运动场地、设施的规划研究
7. 幼儿园保健老师的专业发展研究

8. 幼儿园安全教育中的问题研究

9. 因地制宜开展体育活动实践研究

10. 幼儿园户外活动的现状调查

11. 幼儿运动能力与身体素质的调查研究

(四) 幼儿园的课程

本方向涉及幼儿园课程的现状与问题,幼儿园课程的改革和发展,幼儿园教育活动的组织形式与方法策略,幼儿园课程资源的挖掘与利用,幼儿园教育环境的创设与利用等研究。

1. 幼儿园课程方案的审议与监管研究

2. 幼儿园课程领导力研究

3. 幼儿入学准备期教育的研究

4. 幼儿园混龄教育的课程研究

5. 幼儿园课程资源开发与利用研究

6. 幼儿园活动区活动的现状、问题与对策研究

7. 幼儿园课程游戏化研究

8. 各领域教育实施的有效途径和整合方法研究

9. 幼儿园课程环境的合理创设和有效利用研究

10. 基于保教融合的幼儿园一日生活的研究

(五) 游戏与玩具研究

幼儿园游戏的现状与问题,幼儿园游戏的创新与发展,游戏材料的开发与利用,幼儿园教玩具的开发与利用等研究。

1. 幼儿园玩教具基本配置的研究

2. 有特殊需要儿童的支持性游戏研究

3. 不同年龄段幼儿游戏特点及指导策略的研究

4. 游戏中的幼儿学习、发展评估与支持研究

5. 插塑游戏与积木游戏中的幼儿行为比较研究

6. 沙水游戏的辅助材料投放与幼儿行为关系的研究

7. 幼儿园区域活动的材料投放研究

8. 幼儿文学作品鉴赏与表演游戏的开展研究

9. 益智区材料的投放方式与幼儿行为的关系

10. 幼儿合作游戏的年龄特点及其促进研究

11. 农村大班额背景下游戏活动的开展研究

12. 幼儿混龄游戏中的同伴关系研究

资料来源:中国学前研究会. 中国学前教育研究会“十三五”课题指南[EB/OL]http://www.cnsece.com/KindTemplate/MsgDetail/40091 2016-06

五、学前教育课题选择的思维策略

所谓选题,就是要发现值得研究的新问题。这是研究者进行创造性思维的过程,需要掌握一定的思维策略。所谓选择课题的思维策略,就是帮助人们正确选择课题采取的总体思路。下面介绍几种常用的思维策略①。

(一) 质疑

质疑是对已有结论、常规、习惯、行为方式的合理性做出并非绝对肯定或否定的判断。质疑必然引起人们对事物的重新审度,会在原来没有问题的地方发现新问题。

质疑并不是随心所欲地胡乱猜疑,毫无根据的猜疑是不可能提出有研究价值的新问题的。质疑的依据主要有两个:一是事实和经验,二是逻辑。

(二) 转换

转换就是变换思考角度,从与得出原有结论不同的角度或层次来认识原有的研究对象,以形成关于对象的新认识。因为人们对问题的认识不可能一下子达到全面、深入和完善,变换思考角度能发现许多新问题。

思考角度的变换有多种类型。一类是在同一层次上的转换,从思考问题的一个方面转向另一方面,如从重视教师的教到重视学生的学,从重视继承学习到重视创新学习等,通过这一系列的思考角度转换,我们可以发现一些新的问题。另一类是两个不同层次间的转换,如原来对学生学习兴趣进行研究都是用定性思维的方法,而现在可用定量方法把学生的兴趣水平测量出来,这就是从定性到定量的转换;又如,从具体教学方法研究转移到如何优化选择教学方法,则是从具体到抽象的转换。第三种转换角度的类型是把研究的重点放到事物与事物之间、同一事物不同发展阶段之间的结合部(转换点)。同一事物的不同发展阶段有着不同的规律和特点,不同阶段间的转换点必然存在着矛盾和冲突,这是我们发现问题的源泉,如幼儿园和小学的数学衔接问题。此外,还有不同事物之间的联系问题,等等。

(三) 比较

比较就是根据一定的标准,把彼此相关的事物联系起来进行考察,确定其异同,找出其内在联系和共同规律,以把握研究对象所特有的质的规定性。有比较才有鉴别,有鉴别才有认识,比较是发现新问题的常用策略。比较分纵向比较和横向比较、同类比较和异类比较。同类比较的目的在于“同中求同”“同中求异”。“同中求同”即同类的相同点比较,可揭示事物发生发展的特殊性。将两个相对立的事物放在一起比较,常会发现许多新的问题。如被动性学习和主动性学习、继承性学习和创新性学习,等等。

---

① 陈晓萍.中学科学类课题研究与论文写作[M].杭州:浙江大学出版社,2008:7-9.

(四) 类比

类比就是通过与其他学科研究对象类比和借用其他学科的思维方式，来发现本学科研究的新问题。例如，把概率论与数理统计、模糊数学、灰色理论的方法运用于课堂教学评价、学生学业成绩测验等教学领域研究，使教育教学研究由定性研究逐步过渡到定性研究与定量研究相结合。

(五) 扩展

扩展就是善于运用发散思维，从不同角度、不同方面来对选题进行横向扩展，以发现新的选题。对同一选题，我们要善于从不同角度去发现问题。例如，基础教育课程改革，可以从改革“教”和“学”的角度，而“教”又可以从教学目标、教学方法、教学评价的角度，还可以从教师角色的转换角度考虑，等等。

(六) 延伸

如果说扩展强调的是选题的横向扩展，那么延伸强调的就是选题的纵向深化。延伸就是对一个问题由浅入深、由表及里地进行思考，从而发现新的问题。

(七) 探究

探究就是直接面对教育现象，从对现象本身的思考中提出新问题。对于一些司空见惯的现象，我们要深究其背后的实质。研究者面对大量的教育现象，要多问几个为什么，如“为什么幼儿会产生入园焦虑”“幼儿的创造性和哪些因素有关”等。

阅读资料 2-2

从问题产生方式发现问题

问题的产生有不同的方式，把握这些方式也可以发现有价值的研究问题。

(1) 思维转向出问题

常规思维往往不太容易看出问题，因为习以为常了，就会视而不见，听而不闻。只有调整思维的方向，才可能从熟悉的事物中发现原来看不到的问题。在选择课题时，多运用发散思维、逆向思维、质疑思维等思维方式，有助于发现问题。

(2) 视角转换出问题

不同的视角看同一事物，可以看出不同的问题。转换视角就是把事物放到一个更大的或新的参照系中进行思考。转换视角就是更换参照系统，进行换位思维。比如，教师的专业发展、教师的角色扮演、教师的技能发展、教师的教学风格等等。在这些研究中，教师一般是作为教育教学的主体出现的，现在转换一下视角，把教师看作是课程资源，研究“作为课题资源的教师”“教师课程资源的开发与利用”等课题，这就与以往的研究有些不同了。

(3) 学科交叉出问题

今天很多问题的解决需要借助其他学科的力量，而且需要多学科合力解决。从学科交叉的角度思考看待事物，往往能够发现一些新的、有价值的问题，这就为寻找和发现新的问题提供了可能的空间。学科交叉型问题在两个学科的交叉处，需要同时兼顾两个学科的内容才能够寻找到。因此，需要教师在本学科之外，要多学习其他学科的知识，以便于在学科交叉中发现问题。

(4) 两相比较出问题

对事物进行比较可以更加清楚地看清事物的本质。在比较中，往往可以发现有价值的问题。比如传统教材内容与当前教材内容的比较，从比较中可以发现编辑思想、教材内容选择、教材编排等很多方面的问题。通过比较分析可以使人更好地理解传统教材与当前教材，从而有助于教育教学的实施。比较有异同比较、纵横比较等不同的方式，可以运用这些比较方式提出问题。通过异同比较、纵横比较等，可以发现一些有价值的问题。

(5) 专题聚焦出问题

当把具有相似性质的事物归为一类时，就会发现它们之间有很多共同之处，这时就可以从中提炼概括出一些具有普遍性的东西，问题就隐藏其中。这些共同的东西是什么呢？怎样才能把它们提炼出来呢？当然，事物之间的差异仍然存在，为什么在具有共同性质的同时，还具有这些差异呢？问题就产生了。

(6) 理论运用出问题

当把理论运用于具体的教育教学实践时，会产生理论运用上的问题。比如，该理论是否能够运用到教学中？适切性怎样？会遇到哪些困难？如何解决这些问题呢？问题就这样伴随着理论运用而产生。选择其中有价值的、需要迫切解决的，就可以生成课题了。

资料来源：李冲锋. 教学科研选题：从问题到课题[J]. 当代教育科学，2012(14)：52.

第二节 学前教育科学研究的设计

学前教育科学研究是一项复杂的、系统的科学探索活动。学前教育科学研究要取得预期的成果，就必须事前进行谋划、构思，绘制研究工作的蓝图，为学前教育科学研究活动制订比较详细的工作计划。“凡事预则立，不预则废”，研究者通过制订研究计划，使研究的目标、范围、步骤、方法等更加明晰，使研究课题进一步具体化、操作化。研究人员在研究过程中以研究计划为指针，按照研究计划有序地进行研究，可在一定程度上保证研究活动的顺利进行，取得比较理想的研究成果。

学前教育科学研究设计是教育科学研究活动过程的一个相对独立的重要环节。当研究者确定了研究课题，并进行了文献回顾之后，就应当进行研究设计，为课题研究的后续进行制订活动方案。如果说“确定研究课题”回答了“研究什么”的问题的话，那么“研究设计”就是要回答“如何研究、怎么研究”的问题。学前教育科学研究设计是指为了保证研究的质量,通过对研究变量进行界定,建立研究假说,确定抽样方法,选择研究方式,确定研究工具等一系列思维构思活动,形成研究方案的过程。研究方案的优劣决定着研究的质量。

一、形成假设

(一) 假设的含义

假设是研究者在确定研究问题后,根据已有的事实和理论对研究问题的答案所作出的估计和推测。假设具有理论的特征,它是一种预先设想的、暂定的、待验证的理论。

选定课题后,要根据一定的科学知识对研究课题设想一种或几种可能的答案、结论,这就是研究假设。研究假设是一种理性猜测,是对一个有意义问题所作的尝试性回答。研究假设是建立在前人的研究或一定的理论基础上的“证实”或“证伪”工作。

假设不但是一种带有方向性的有待验证的想象,而且影响着研究活动的组织过程和途径。假设能帮助研究者明确研究的内容和方向,并按确定目标选择研究方法来搜集资料,指导教育研究的深入发展,避免研究的盲目性。因此,假设是学前教育科学研究探索的必经阶段,是准确把握教育规律的正确途径和有效手段。

(二) 好的研究假设的标准

一般说来,好的教育科学研究假设必须符合以下几个标准:

一是要具有科学性。假设是以经验和理论为基础的,假设有待验证。但假设必须要有一定的事实和理论依据,应符合逻辑,理由充分,能解释与假设有关的事物与现象。假设应尽可能用量化的形式表达,这样可以提高假设的客观性。假设应与现有的知识相协调。

二是陈述具有明确性,即假设要以清晰、简明、准确的陈述方式说明两个变量间的期望关系,切忌宽泛、冗长、模糊。请看下面这个假设:“聪明的学生品德好。”这个假设虽然表述简洁,但是“聪明”“品德”“好”这些词太宽泛、太笼统,不能明确表示研究中的具体问题,人们会继续追问:怎样的学生是聪明的?品德具体指哪些方面?好的具体指标有哪些?这些问题不解决,研究假设就无法检验。而以下假设则可行:“幼儿的计算能力,随着年龄的增长和受教育水平的提高而提高。”“教师注重范读,可提高学生阅读的准确性。”这里“计算能力”“年龄”“受教育的水平”“范读”“阅读的准确性”都是可以测量和检验的。此外,假设命题本身在逻辑上要无矛盾。如“我是男性,我又不是男性”,这一描述就犯了自相矛盾的错误。

三是推测性。假设是在不完全或不充分的经验事实基础上推导出来的,有待实践证实,因而具有推测性。

四是具有可检验性。假设涉及的概念、变量应是可以操纵、测量的,具有被证实或被证伪的可能性。如“幼儿的创造性与其遗传基因有关”这样的假设,已具备研究假设的形式，但能否通过收集事实和数据来验证就值得考虑了。因为从这个假设中，我们不清楚幼儿的创造性具体指什么，如何去操作，遗传基因如何去测量等。这些问题不解决，这个假设就无法得到验证。每一个假设都要接受检验，能被验证的假设肯定要比不能被验证的假设要好，已被证实的假设肯定要比一个未被证实的假设要好。

(三) 假设的基本类型

1. 按假设的形成划分

按假设的形成划分可分为归纳假设和演绎假设两种。

归纳假设，即把在特殊情况、个别情况下已被证明无误的认识或规律，提高为一般的认识或规律。它是基于观察基础上的概括，是人们通过对一些个别经验事实材料的观察，得到启示，进而概括、推论出的经验定律。如黎世法对六课型单元教学法的研究，通过对 10 000 万多名中学生的学习方法的调查，尤其是 300 多名优秀中学生的学习方法特点的深入研究，将学生的八环节系统学习方法从心理活动的层面上概括出 10 条学习心理规律，并将八环节学习和 10 条心理规律作为中学生学习的本质学情。以此为依据，将现成教材分成若干单元，每单元按照自学课—启发课—复习课—作业课—改错课—小结课等 6 种前后紧密联系的课型进行教学，以提高教学质量，达到优化教学的效果。

演绎假设是从教育科学的某一理论或一般性陈述出发推出的新结论，是根据不可直接观察的事物现象或属性之间的某种普遍性联系，通过理论综合和逻辑推演而提出的理论定律和原理。演绎假设是从教育科学的某一理论或一般性陈述出发，推出新结论，推论出某种特定的假设，或者演绎出具有创造性的程序性知识。如根据“人的主体能力只能在主体性活动中发展”这一陈述，推出“综合实践活动有利于学生主体能力的培养”或“探究性学习有利于学生创造能力的培养”。再如，我们可以从社会建构主义学习理论演绎出这样的假设：“合作学习与传统的教学模式相比，更有利于学生对知识的掌握；合作学习在培养学生社会合作能力方面，优于传统的教学模式。”演绎假设遵循的是由抽象理论到相对具体的理论，再到具体的操作程序的逻辑。演绎假设形成的逻辑其实也是研究者发现研究问题和形成研究假设的一条重要途径。研究者在平常学习教育教学理论时，要善于将抽象的理论进行演绎推理，看看是否能够产生新的研究假设。

2. 按假设中所预测的变量间有无相关及相关的特点来划分

按假设中所预测的变量间有无相关及相关的特点来划分可以把研究假设分为定向假设、非定向假设和零假设。

定向假设和非定向假设都是在假定变量间存在相关的情况下作出的。其中定向假设指出了相关或差异的趋向。例如，“教师的口头警告次数越多，儿童的注意力越分散”“采用新方法教大班学生，他们的识字量超过用传统方法教的”，就是定向假设；非定向假设则没有表明这种相关或差异的趋向，而只是指出在变量间可能存在差异和相关。例如“男生和女生的推理能力有差异”是一个非定向假设。零假设是一种假定变量间无差异或无关系的假设。例如,“运用方法A教4岁幼儿4个月后幼儿的汉字识字增加量等于运用方法B教4岁幼儿4个月后幼儿汉字识字增加量”就是一个零假设。

研究假设到底是采用定向的形式还是采用非定向的形式?采用不同的形式是否会产生差别?这取决于前期理论研究的结果。如果研究领域的文献表明,在所研究的问题上我们可以期望一个有方向的结果,我们应采用定向假设;而当我们对所研究对象的内在关系不甚了解,凭借已有知识经验只能肯定研究对象内在诸变量之间有相关,但不能肯定是何种相关时,则应采用非定向假设。

3. 按性质和复杂程度划分

按性质和复杂程度划分,假设可分为描述性假设、解释性假设和预测性假设。

描述性假设,处于教育科学研究的最初阶段,主要是描述认识对象的结构,向人们提供关于事物的外部联系和大致的数量关系的推测,是关于对象的大致轮廓的外部表象的一种描述。

解释性假设,是揭示事物的内部联系,指出现象质的方面,说明事物原因与结果的一种更复杂、更重要的假设。这是比描述性假设高一级的形式。

预测性假设,是对事物未来发展趋势的科学推测。它是在深入、全面了解现实事物的基础上提出的更复杂、更困难的一种假设。预测性假设主要用于对未来事情大范围的发展趋势的科学推测,在教育科学研究中,采用预测性假设不是太多。

(四)假设表述的规范性要求

1. 假设要说明两个变量间的期望关系

一般来说,一个假设只能涉及两个变量,如果涉及两个以上变量之间的关系,可以将变量一一对应地分成几组假设。比如,要研究教师的行为方式和职业道德与幼儿行为习惯的关系,就涉及几个变量:教师的行为习惯、教师的职业道德和幼儿的行为习惯。我们不能将研究假设表述为“教师的行为习惯和职业道德与幼儿的行为习惯呈正相关”,因为教师的行为习惯和职业道德这两个变量混在一起,难以验证幼儿的行为习惯究竟是教师的行为方式单独起作用,还是教师的职业道德单独起作用,还是两者共同起作用。

2. 假设是一种推测

假设是在不完全或不充分的经验事实基础上推导出来的,是有待实践来证实的,因而与经过论证的理论不同,它是对一定的行为、现象、事件的出现作实验性的合理性解释,具有一定的预测性。

3. 变量之间的关系必须是可检验的

研究假设必须是可检验的,无法检验的假设不能作为研究的假设。假设必须能提示变量之间的关系和变量的测量方法,作为检验假设及判断事实的基础。由于学前教育研究的假设是对教育事实或现象之间的关系所作的推测性假定,要使假定变成理论,关键在于它预定的事实能够为研究及以后的实践所证实。所以,可检验性是科学假设的必要条件。

4. 假设必须是陈述句，不能是疑问句

研究假设不能用疑问句。因为假设是研究者对研究结果预先赋予的答案，是一种可能的解释和说明，而不是问题。诸如“幼儿的阅读兴趣与家长的文化程度有没有关系”这种假设是没有意义的，因为研究者没有对这个问题的结果做出预测。这个问题应当是由研究者来回答，而不是交由他人来回答。

另外，假设的表述要尽可能明确具体，概念要简单，语义要清楚。结构要规范，尽可能避免使用含义模糊的词语，假设本身要符合逻辑。

案例 2-1

全国教育科学“十一五”规划教育部重点课题

——我国青少年情感素质现状、发展及培养的假设

1. 从心理层面来讲，情感素质与认知素质一样，具有特定的心理品质和发展规律，是一个有具体指向性的心理研究领域和概念体系，具有其特定的概念特征、内涵和结构

2. 虽然情感素质的结构及其心理成分错综复杂，但心理研究的进展使从心理测量学的角度对其进行科学的测量具备可行性

3. 多种因素对青少年情感素质的综合影响具有一定的规律性，可以对其从心理机制的层面给予论证和揭示

4. 青少年情感素质的发展可以通过适当的教育进行优化

5. 优化青少年情感素质的教育系统具有自身的特征和机制，可以通过教学模式和教学测量进行阐明和规定

资料来源：卢家楣. 教育科学研究方法[M]. 上海：上海教育出版社，2012：58.

（五）教育科学研究假设的形成

1. 研究假设的形成及其步骤

科学研究假设的形成是从观察发现到理论发现的中间环节，是由特殊发现到普遍发现的过渡阶段，一般需要经过以下几个步骤：首先，在搜集一定数量的事实、资料基础上，提炼出科学问题并寻求理论支持；其次，形成初步假设充分运用各种有关的科学知识，灵活地展开各种思维活动，形成解答问题的基本观点，可将这种观点表述为新的科学概念，并以此构成假设的核心；最后，要推演各相关现象的理论性陈述，使假设具有严谨的系统和稳定的结构。

2. 研究假设形成的基本条件

（1）进行科学观察和经验归纳。要有目的、有系统地研究、整理有关教育教学的各种资料和经验并积极参与教育教学实践。具体地说，它涉及以下内容：把握社会发展的需要和时代的走向；洞察社会现实所存在的弊端，了解相关领域在国内外的研究进展及研究成果。对上述问题了解得越全面、越深刻,就越有可能形成有价值的研究假设。

(2) 运用科学的思想方法论。要以辩证唯物主义与历史唯物主义观点为指导。描述性的经验代替不了科学规律。以描述性的经验规律为出发点,运用逻辑工具,导出假设命题,如果得到实践验证,那么经验就上升为理论。也就是说,假设是在科学观察和经验归纳基础上所做的合乎逻辑的某种命题或命题体系。因此,假设可以通过类比、归纳、演绎等方法获得,关键在于是否掌握科学的思想方法论。

(3) 具备相当的背景知识。包括研究者的哲学、教育学、心理学、伦理学、社会学、美学等学科知识,以及研究者对与研究课题有关的材料的掌握程度等。研究者要在研究过程中不断完善研究假设,充分发挥假设在教育研究中的作用。

二、选择研究样本

在选择研究样本时,我们要厘清几个与之相关的概念:总体、样本、抽样。总体,即研究对象的全体,是在某一相同性质上结合起来的许多个别事物的集体。当它成为统计研究对象时,就叫作"总体",它是一定时空范围内研究对象的全部总和。样本,是从总体中抽取的、对总体有一定代表性的部分个体,它是能够代表总体的一定数量的基本观测单位。样本中所包含的个体数量称为样本容量。抽样,是遵循一定的规则,从一个总体中抽取有代表性的部分个体的过程。通过样本得出关于这一总体的信息及一般性结论。从样本的特征去推断总体,从而对对应的研究做出结论。

(一) 选择样本的基本要求

1. 确定研究总体范围

通常情况下,研究课题和研究目的决定了总体的范围。如"长春市区 4 岁儿童识字量的调查",这个课题的总体就是"长春市区全体 4 岁儿童",既不包括郊县的 4 岁儿童,也不包括市区其他年龄段的儿童。如果总体范围不清楚,在抽样前应对总体下一个操作性定义,将抽象的概念转换成可观测、可检验的项目,否则,会对抽样和研究结果的推断造成困难。

2. 抽样的随机性

随机性原则是抽样的基本原则,它能保证总体中的每个个体入选的机会均等。抽样必须是随机的,这样可避免研究者由于主观倾向或人为因素造成的偏差。

随机是指总体中的每一个个体被选入样本的概率不为零。也就是说,总体中的每一个个体都有入选的可能。像抽签、摇号等方法就是根据抽样的随机性原理设计的。

3. 样本的代表性

样本的代表性是指样本应具备总体的性质或特征,能在较大程度上代表总体。样本研究的关键在于抽样和推论,抽样是推论的先决条件,样本的代表性会影响研究结论的可靠性及推断程度。代表性越高的样本,其研究结果的普遍性就越大;反之,如果样本没有代表性则会导致研究的失败。样本代表性的最大威胁是抽样的偏差。

4. 合理的样本容量

合理的样本容量是指抽样样本的具体数量。样本数量的多少,是研究设计中必须慎重考虑的一环。样本容量既要符合研究的目的、内容,满足教育统计的要求,又要考虑抽样的可能性,并使误差减少到最低程度。一般来说,样本数越多,代表性越好,但是无限地增加样本,势必增加研究成本和难度,造成不必要的浪费;如果样本数过小,则抽样误差会增大,样本的代表性也较差,不利于统计分析。

在研究过程中,样本大小取决于以下一些因素:

一是研究的类型、范围。如果研究是定量研究,研究范围较广,样本数量可以适当多一些;反之,如果研究是定性研究,研究范围较狭窄,样本数量可以适当少一些。

二是统计分析的精确程度。当研究需要有较高的统计显著程度和可信程度时,样本数量可多一些;反之,则可少一些。

三是允许误差的大小。当研究允许的误差值小、要求的可信度高时,所需要的样本容量就相应要大;反之,则可以小些。

四是总体的同质性。当总体的变异性比较大、变量的相关程度比较低、研究的条件控制不严格时,样本数量可适当增加一些;反之,当总体的同质性比较好、变量的相关程度比较高、研究条件控制比较严格时,则样本数量可以少些。比如,幼儿的能力变异性比较大,因此抽样样本就需要大一些。

五是测量工具的可靠程度。当测量工具的可靠程度比较低时,测量的误差就比较大,这时就需要增加样本的容量;反之,则可适当减少样本的容量。一般而言,有关学习能力和成绩的测量工具可靠性程度相对较好。而有关人格特征、自我概念和态度等方面的测量工具,其可靠程度相对要低一些。

六是研究的成本。研究的成本包括经费、时间、人力、物力。抽样的数量要控制在研究成本允许的范围内。为此,确定样本容量时,必须仔细分析研究的条件,量体裁衣。

为便于开展研究,我们根据实际经验提供一些可供研究者参考的数据。比如,调查研究的样本数量一般不少于 100;全国性的调查样本数量一般在 1 500～2 500 之间;地区性的调查样本数量一般在 500～1 000 之间;相关研究的样本数量一般不少于 50;实验研究中每组样本数量一般不少于 30。另外,可以用公式计算出总体数量与样本数量的参照数据,见下表 2-1。

表 2-1 有限总体数与样本数量关系表

总体数 N	10	20	50	100	200	500	1 000	2 000	10 000	50 000	100 000
样本数 n	10	19	44	80	133	217	278	322	370	382	384

说明:可信度 95%,允许误差 5%。

资料来源:陶保平.学前教育科研方法[M].上海:华东师范大学出版社,1999:51.

（二）抽样的基本方法

1. 简单随机抽样

（1）简单随机抽样的含义。简单随机抽样是以随机性原则为依据的最基本的抽样方法。按照概率论的原理，抽样时要尽可能使总体中的每一个基本观测单位都有均等的被可能抽中的机会，即总体中每个成员被选入样本的概率都不为零。

简单随机抽样可以保证全部标识的代表性，能够确定抽样误差的理论值，简便易行。它适用于总体异质性不是很大的情况。但是当样本规模偏小时，样本的代表性就比较差。

（2）简单随机抽样的基本方法

① 抽签法。简单随机取样主要通过以下两种方式来实现：一是抽签，首先给总体中的每个个体编上号并做成签，然后将全部的签充分混合后，从中随机抽取所需的样本数，被抽到的签对应的个体就组成了所需的样本。

抽签法简单易行，适用于个数不多的总体。当总体中的个数较多时，将总体签“搅拌均匀”就比较困难，用抽签法产生的样本代表性可能比较差。

② 随机数法。随机抽样中，另一个经常被采用的方法是随机数法，即利用随机数表、随机数骰子或计算机产生的随机数进行抽样。

比如，有一项研究需要从800名幼儿中抽取150名作为研究对象。首先把800名幼儿按照1～800进行编号排列．然后从随机数表中任意一行、任意一列的任意数字开始，按任意方向依次取三位数，凡遇到的1～800范围内的数字即为选中的号，直至取足150个号为止。这150个号码所对应的幼儿就是该项研究的对象。

2. 系统随机抽样

系统随机抽样也称为等距抽样、机械抽样。其操作方法是先将总体各个观测单位按某一特定顺序排列编号并分成数量相等的组，使组数与抽样数相同，然后在每组中依事先规定的机械次序抽取对象。例如，某校有2 500名学生，先要抽取100名进行课外阅读情况调查。调查者将学生总体按姓氏笔画排列，把总体划分为$K=2\ 500/100=25$个相等间隔，如随机抽取第1名为第10序列，那么依次抽取35、60、85、110……直到100名学生为止，这种抽样方法是系统随机抽样。

系统随机抽样的优点是样本在总体中的分布比较均匀，具有较高的代表性；抽样误差小于简单随机抽样，而且比较简单易行，只要确定了第一个样本单位，整个样本也就确定了；更适合大样本的使用。缺点是调查总体的单位不能太多，而且要有完整的登记注册，否则难以进行。但是，如果总体具有某一种周期性变化，则等距抽样的代表性远不如简单随机抽样。

例如，为研究幼儿身体发育状况，从某幼儿园大班150人中抽取30人为研究对象。首先，把全体大班幼儿按照身高顺序进行编号，然后求出抽样的固定间隔为$150/30=5$，即每5个号为一组，共30个组，再随机决定每组中第几号为抽取对象。假定每组中第2个号为抽取对象，那么编号2、7、12、17、22……147这30个号就组成了系统随机抽样的样本。

3. 分层随机抽样

分层随机抽样是指按某些特征，先将总体分成若干层次或类别（即子总体），然后根据事先确定的样本大小及其各层在总体中所占的比例，从每个子总体中独立抽取子样本的方法。

分层随机抽样能有效地降低抽样误差。同时，分层随机抽样允许研究人员对抽样进行更多地控制，以自己的研究意图来确定每一层大约需要多少人。但分层随机抽样要求研究人员对总体中各层的情况有较多的了解，否则就难以进行科学分析。

分层随机抽样的主要特点是分层按比例抽样。主要适用于总体中的个体有着明显差异的情况，其共同点是每个个体被抽到的概率都相等（N/M）。

例如，某一项研究需对某幼儿园600名学前班幼儿的汉字识字量进行调查，拟按照20%的比例抽取幼儿共120人作为样本。首先按照评定标准把幼儿分成优、良、中、差四个等级，优120人，良240人，中180人，差60人，然后用简单随机抽样在四层中按比例分别抽取样本。从优等中抽取120×2/10=24人，从良等中抽取240×2/10=48人，从中等中抽取180×2/10=36人，从差等中抽取60×2/10=12人。这120人组成了分层抽样的样本。

4. 整群随机抽样

整群随机抽样又叫聚类随机抽样或集体随机抽样，先将总体各单位按一定标准分成许多群体，并将每一个群体看成一个抽样单位；然后，按照随机原则从这些群体中抽出若干群体作为样本；最后对样本群体中的每个单位逐个进行调查。

例如，某幼儿园有600个学生，分为小、中、大三个年级30个班。采取整群随机抽样方法调查该校学生健康状况。可随机从中抽取6个班调查，被抽中的班每个学生都参与调查。

整群随机抽样的优点是样本单位比较集中，调查工作比较方便，可以节省人力、物力、财力和时间；缺点是样本分布不均匀、代表性差，与上述几种抽样方法相比较，在样本数量相同的情况下抽样误差较大。

三、决定研究变量

（一）研究变量的含义

研究变量是指在质或量上可以变化的概念或属性，或可以测量、操纵的因素。作为研究理论具体化的研究假设，正是由变量与变量间的关系所构成的，研究结果也正是基于对变量资料的分析而得出的。假设涉及的变量主要有自变量、因变量和无关变量。

(二) 自变量、因变量和无关变量

1. 自变量

自变量又叫“实验变量”“刺激变量”或“输入变量”。它是实验前假定存在的因果联系中的原因变量,也就是研究者施加于被试的可以操纵的因素,通过它的变化来引起其他变量发生变化。一项具体的研究可能只包含一个自变量,也可能包含两个或两个以上的自变量;一个自变量可以影响一个或多个因变量。在实际的教育实验中,自变量往往就是那些有关教学的改革措施,如教学方法、教学环境、教材内容、保教水平等。

2. 因变量

因变量也称为“效果变量”“结果变量”或“输出变量”。它是实验前假定存在的因果联系中的结果变量,是通过自变量的作用而产生变化的结果因素,如幼儿人际交往能力、幼儿创造力、幼儿合作意识等。在教育实验中,因变量一般表现为幼儿的发展,是经过自变量的作用后产生变化的知识、能力、态度、兴趣、情感、意志等各种素质的综合表现。

3. 无关变量

无关变量有时也称控制变量,是指与特定研究目标无关的非研究变量,即除了研究者操纵的自变量和需要测定的因变量之外的一切变量,是研究者不想研究,但会影响研究进程的,需要加以控制的变量。如“学生的智力水平与学习成绩呈正相关”,其中可能涉及的无关变量有“情感因素”“家庭环境”“测验”等。

四、下操作性定义

(一) 操作性定义的含义

操作性定义直接关系到研究的可重复性、结果的可检验性及研究结果的普遍适用性。使用操作性定义明确地表述研究指标,可以保证变量被观察、测量和重复操作。

在教育研究中,对研究变量做出明确定义有两种方式:一是概念性定义,指对研究变量或指标本质进行概括,以揭示其内涵,并将其与其他变量或指标区别开来;概念性定义无法作为测量或操纵研究变量进行调查问卷设计和实验研究的设计的依据,且没有操作性,不利于开展实验活动,不能重复实验以验证实验结果,不便于量化研究。二是操作性定义,指用可感知、可度量的事物、事件、现象和方法对变量或指标做出具体的界定、说明。操作性定义的最大特征就是它的可观测性,描述操作性定义的过程就是将变量或指标的抽象陈述转化为具体的操作陈述的过程。如在“幼儿的学习态度对学习效果的影响”研究中,学习态度和学习效果都可以用概念性定义去描述。但是要落实具体操作,就需要借助测验分数、学习态度问卷等对什么是幼儿的学习态度、什么是学习效果做出明确的操作性说明。

(二) 操作性定义和概念性定义的区别

在定义的内容上,操作性定义是用具体的事物、现象或方法来说明变量或概念,而概

念性定义则是采用概念、同义语来说明。

在定义的方法上，操作性定义是采用经验的方法，即可直接感知度量的方法，而概念性定义使用的是逻辑的方法。

在定义的重点上，操作性定义着重于界定变量或指标的外延或操作过程，而概念性定义则着重于揭示变量或指标的内涵和本质。

(三) 操作性定义的分类①

操作性定义有两种，一种是测量的操作性定义，另一种是实验的操作性定义。

测量的操作性定义是根据如何测量和观察研究变量而下的一种定义。如"学习成绩"界定为"某种标准化考试所测得的分数"。这里指明，学习成绩可通过标准化考试去测量("可测量")，衡量学生成绩优劣可观察考试的分数("可观察")。此外，具体描述"学习成绩"的若干项指标，也属测量的操作性定义。实验的操作性定义是根据如何操作研究变量而下的一种定义。它描述操作研究变量的详细过程或活动。例如，"强化"界定为"学生的某种行为出现时，教师加以称赞或对之微笑"；"协同教学"界定为"两个或两个以上的教师共同设计教学方案，并实际从事同一班学生的教学的一种教学活动"。对某项教育管理措施或某种教学方法的界定，常用实验的操作性定义，它表现为一定的活动程序。

操作性定义用具体的事件、现象、方法或能够直接感知的东西来界定研究变量，多采用经验方法。它着重界定变量的外延或操作项目、过程和步骤。

(四) 写操作定义的方法②

给一个研究变量写出操作性定义的方法是：(1)做出该变量的概念性定义。(2)分析变量的内涵，找出变量的本质特征。(3)将变量的本质特征具体化为若干可操纵的要点，如，运用"阐释—发现教学法"的具体步骤，考察"家庭教育"的若干指标，等等；或具体化为可观察、可测量的事物。(4)将各要点按一定的逻辑顺序和语法规则进行文字修整，形成操作性定义。

阅读资料 2-3

概念性定义与操作性定义的联结使用

概念性定义是操作性定义的前提和依据；操作性定义则是概念性定义的延续和发展。概念性定义属理论层面的定义，是抽象的、理念的；操作性定义属操作层面的定义，是具体的、行动的，更加接近现实(实践)。两种定义应联结使用。

A [文献法 / 观察法 / 访谈法] —— [概念性定义] → [类目和分析单元] → [现实]

① 李方. 教育研究的概念性定义和操作性定义[J]. 教育导刊，2009(9)：14.
② 李方. 教育研究的概念性定义和操作性定义[J]. 教育导刊，2009(9)：14.

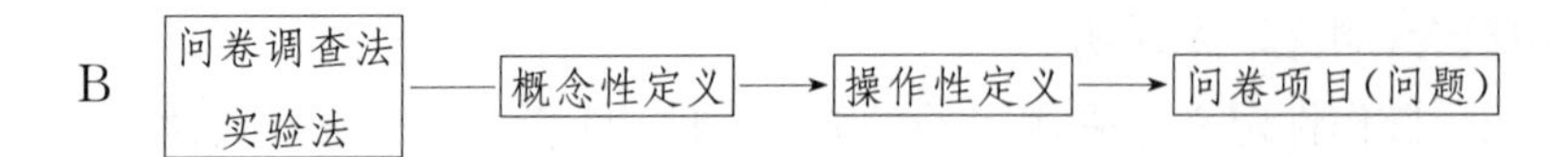

资料来源:李方.教育研究的概念性定义和操作性定义[J].教育导刊,2009(9):14.

第三节　学前教育科学研究课题申报书的填写

填写课题申报书是课题研究的一项重要任务和必经程序,申报书可以为专家评审提供依据。

阅读资料 2-4

科研课题申报书的特点

申请性　科研课题申报书从实质上讲,就是提交给科研管理机构或有关部门,希望其对自己选择的研究课题进行立项和提供经费等支持的申请书,其申请理由就是自己所选研究课题的研究价值。

说明性　科研课题写作最终要达到的目的是获得立项,因此,其主体部分要将选题的目的与针对性、本课题研究将解决的实际问题以及自己在本课题研究方面所具备的实力等进行详尽、具体地说明,使课题评审者感到本选题确实值得研究,并且确信你有能力进行本课题的研究,这样,选题就容易被立项。

论证性　一个科研课题能否成功立项,在很大程度上取决于申报书的主体部分论证是否透彻,因此,论证性是科研课题申报书的一个重要特点。科研申报书中的论证主要包括以下几个方面:一是关于选题价值和研究意义的论证;二是关于课题研究可行性的论证;三是研究方案的论证;四是关于研究条件的论证。将这些问题论证透彻,给评委们一个十分清晰而深刻的印象,是选题立项获得成功的重要条件。

资料来源:宫淑瑰,黄高才.教育教学应用文一本全[M].南京:南京大学出版社,2012:89.

一般来说,课题申报书包括以下几个方面的内容:

一、课题名称

课题名称的表述必须简洁、规范、准确。在表述课题时要注意:课题的核心概念要明确、清晰;课题的研究对象明确;课题的研究范围恰当;使用陈述句。

二、研究的目的和意义

在阐述研究目的和意义时,首先要阐述课题研究的背景,即根据什么、受什么启发而进行这项研究的。因为任何课题研究不是凭空来的,都有一定的背景和思路。其次,要阐述此项研究的目的和意义,即为什么要研究,研究的价值是什么,解决什么问题。如课题“社会幼儿特长班办班热缘由的研究”，问题对社会幼儿特长班办班现象火爆，其人才、就业竞争在当今社会越演越烈的背景以及各类专门人才为迎合家长“不要让孩子输在起跑线上”的心理，为自己创造赚钱机会而大办特长班的问题产生的情形就有充分、明晰的表述。① 对这一内容的阐述要避免空泛。如史大胜在“美国儿童早期阅读教学研究——以康州大哈特福德地区为个案”的课题研究的目的和意义里提出了五个方面：“(1)解析美国儿童早期阅读教学理论方法的发展和变化；(2)透视美国早期阅读教学的具体环节；(3)为研究美国早期阅读教学提供个案；(4)关注早期阅读教学的国际化走向；(5)为我国早期阅读教育的改革与发展提供借鉴。”每个方面都紧密结合与课题相关的理论发展和实践变革中的问题进行了具体而严密的分析。

三、研究现状和趋势

这一部分要求课题申请人大量阅读与课题研究相关的文献，然后写出文献综述。在写文献综述中梳理出如下信息：关于此课题，哪些学者取得了哪些研究成果？这些成果所表达出来的观点是否一致？这方面的研究正在向什么方向发展？对这些内容的分析一方面可以论证本课题研究的地位和价值，体现本课题研究的特色或突破点。另一方面能够说明课题研究人员对本课题的研究是否有较好的把握，是否具有一定的研究基础，同时也有利于课题的评审和成果的评定。

阅读资料 2-5

容易与文献综述混淆的四项内容

内容＼项目	研究缘起	研究可行性	概念界定	参考文献
内涵	课题研究的背景，是触动研究者进行研究的原因	研究者具备保证研究顺利进行的各种条件	对研究中的关键概念作出说明，准确定位研究的焦点，是一种可操作性的定义	学术研究过程中，参考过的相关文献资料
写作要点	研究的问题从何而来、为什么要进行这项研究	研究者的个人能力、团队的能力及分工，幼儿园或主管部门给予的政策与物质帮助等	对研究的基本问题进行具体化处理，即打算从哪几个角度去收集资料	在申报书的最后按照一定格式列出文中参考的文献资料
作用	对研究作基本的说明	向评委表明进行研究的能力与条件	便于研究资料的收集与处理	对他人成果的尊重；便于读者查阅有关资料

资料来源：石建伟，林素华，谢翌．课题申报书中文献综述的写法刍议——基于对江苏N市2013年度116份幼儿园教师课题申报书的文本分析[J]．幼儿教育(教育科学)，2013(12)：37.

---

① 张宝臣，李志军．学前教育科学研究方法[M]．上海：复旦大学出版社，2007：53.

四、研究目标

研究目标是课题要解决的具体问题和最后要达到的具体目的，它是研究者在研究过程中根据课题并依据前期准备过程中所收集到的资料和事实，根据自己的经验和知识，对要探索、解决的问题进行综合性思考后，所提出的设想或结论。

例如，"师幼互动中的教师情绪"中的研究目标主要包括以下两个方面：第一，深入幼儿园教育教学活动现场，以情绪的外显表现为切入点聚焦师幼互动过程中的教师情绪，从类型、表现形式、产生和发展的过程等方面对师幼互动中的教师情绪进行细致全面的分析。第二，运用相关理论对师幼互动中的教师情绪进行深入分析，探讨教师情绪在教育教学活动中的角色、作用及影响，并在此基础上尝试提出维护教师情绪健康，改善师幼互动中教师情绪表现的途径与策略。①

五、研究内容

课题研究内容指的是课题研究包含哪些部分，即从几个方面开展研究。课题研究内容受研究目标的制约，并为达到研究目标服务。相对于研究目标来说，研究内容要更具体和明确。

例如，"师幼互动中的教师情绪研究"基于对研究目标的把握及对幼儿园生活的初步观察，研究的主要内容被分解成了四个方面：第一，在师幼互动的过程中，幼儿教师具有怎样的情绪表现？幼儿教师通过怎样的方式表达自己的情绪？第二，师幼互动中教师情绪产生与发展的过程是怎样的？教师不同的情绪是由哪些事件诱发的？为什么这些事件会诱发教师不同的情绪反应？教师的情绪状态在互动过程中怎样变化？第三，怎样理解教师情绪在师幼互动中的角色定位？师幼互动中的教师情绪表达具有怎样的功能？第四，可以从哪些方面着手维护教师的情绪健康，并改善当前师幼互动中教师情绪表现中的问题？

六、研究方法

在课题申报中必须明确研究所选用的基本或总体方法。研究方法本身没有好坏之分，各有其特点和适用对象和范围。在研究过程中需要根据课题的研究目标、不同阶段的研究任务以及研究对象的特点及研究人员的自身素养进行选择。

七、研究团队

课题研究需要依靠科研团队的智慧和合作才能完成。组建研究团队需要注意以下

---

① 许倩倩. 师幼互动中的教师情绪研究[D]. 南京：南京师范大学，2013：26.

几点：一是人员数量要和课题的大小、难度相匹配，课题组成员并不是人员越多越好；二是任务明确，分工清楚，每项研究任务要落实到个人，确保团队的每一个人都要承担某一方面的任务；三是分布合理，成员承担的课题任务和工作量要与承担者的年龄、职称、学历、专业能力相适应。

八、研究步骤和进度安排

要根据课题的难度、研究条件、研究目标来确定课题的研究步骤和进度安排。但是要考虑到课题的开展受主客观条件的制约，一定要留出机动时间，防止因为人员变动或者条件不完善而耽误研究。研究一般分成前中后三期。前期主要是开题，要完善课题论证和方案，撰写开题报告，并把任务落实到人，组织相关人员进行学习和培训。中期主要是具体实施各项研究措施，搜集、整理资料。后期研究的主要工作是分析和统计研究资料、完成预期研究任务、撰写研究报告、结题、推广应用。

九、预期成果及形式

成果是课题任务完成的主要标志。研究的成果形式主要有研究报告、论文、专著、教材等，也可以是方法设计、方案、教具、教学仪器、教学软件(包括音像制品、计算机软件)、微课、网络课程等。研究周期较长的课题，还应该按照进度表要求列出阶段成果和最终成果。

十、保障措施

课题申请和课题研究必须有三个方面的保障：一是经费和物质保障，包括时间、场所、设施、图书资料等；二是机制保障，包括成立研究机构或者小组，学习和培训制度，研讨交流制度，监督考核机制等；三是课题负责人和课题组成员的研究基础与能力保障等。

本 章 小 结

1. 本章讲述了问题及学前教育科学研究课题的含义，并在此基础上分析了学前教育科学研究课题选择的意义、原则、思维策略和课题的来源。

2. 介绍并分析了学前教育科学研究的设计的主要环节即形成假设、选择研究样本、决定研究变量、下操作性定义。

3. 介绍了学前教育科学研究课题申报书的主要内容及填写要求。

拓 展 阅 读

1. 陈国庆，王有兰. 教育科研课题的选择与确立[J]. 江西教育科研，2003(8).

2. 桂诗章,杨晓萍.教育科研选题的原则与途径[J].教学与管理,2007(1).

3. 郑金洲.学校教育科研的十个发展趋向[J].上海教育科研,2007(5).

4. 张宝臣,李兰芳.学前教育科学研究方法[M].上海:复旦大学出版社,2012.

5. 石建伟,林素华,谢翌.课题申报书中文献综述的写法刍议——基于对江苏N市2013年度116份幼儿园教师课题申报书的文本分析[J].幼儿教育(教育科学),2013(12).

6. 冯卫东.不抵半文,却决全局——谈规划课题选题[J].福建教育,2016(15).

思考与探索

1. 学前教育科学研究课题选择应该遵循哪些原则?

2. 调查5位学前教育研究工作者,了解他(她)们的研究课题是如何产生的。

3. 好的研究假设的标准是什么?请查找5个不规范的研究假设的课题名称并指出其不规范的地方。

4. 自选一个学前教育研究课题,并找到某省的教育规划课题申报书,规范地试填申报书。

在浩瀚的知识海洋中，成功的探索者既要能驾驭高速艇驶往预定目标，也要能划着小船从容搜寻；既要掌握最新的网络和电子资源的检索手段，也要学会用传统方法从纸本书刊中获得资源。

——葛剑雄

第三章 文献检索

学习目标

- 了解文献检索的作用，清楚文献检索的分类，并知晓文献来源
- 能够运用各种文献检索的方法和途径自己查找文献
- 清楚并理解文献检索的基本要求
- 掌握文献检索和分析的基本技术，能够进行文献综述的撰写

核心概念

研究文献；文献检索；文献综述

本章导读

本章主要阐述了文献检索的含义和作用，论述了学前教育文献的类型与来源，分析了学前教育文献检索的过程、工具和方法；最后讲解了文献的整理和分析以及文献综述的撰写要求。

引导案例

鲁迅论读书

鲁迅非常讲究读书方法。他提倡博采众家，说："书在手头，不管它是什么，总要拿来翻一下，或者看一遍序目，或者读几页内容。"读书有拓宽思路，增长知识等好处。对于较难懂的必读书，他的看法是硬着头皮读下去，直到读懂钻透为止。他还提倡在"泛览"的基础上，选择自己喜爱的书深入研究。在研究中，他主张要独立思考，注意观察与实践相

结合，用“自己的眼睛去读世间这一部活书”，“使所读的书活起来”。对看不懂的地方，他认为“若是碰到疑问而只看到那个地方，那无论看到多久都不会懂。所以跳过去，再向前进，于是连以前的地方也明白了”。鲁迅十分重视运用“剪报”积累材料，曾说，“无论什么事，如果陆续收集资料，积之十年，总可成一学者”。

资料来源：关继兵，秦慧娟，白玉文，赵会民．哲学基础[M]．北京：北京大学出版社，2013：29.

进行研究的初步是查找并阅读文献，要能够像鲁迅先生那样能够“硬着头皮读下去”，并逐渐积累，同时运用思考，结合教育专业知识，对相应文献进行把握和整理分析，为研究打下基础。也正如富斯德所言，“我们可以由读书搜集知识，但必须利用思考把糠和麦子分开”。

第一节　文献检索概述

文献检索是进行教育科学研究的一个重要环节，进行文献的搜集和整理分析是开展任何教育研究的前提和基础，有时文献法也可成为一种相对独立的研究方法。为保证教育研究的质量，必须要首先了解文献的类型和来源，然后从合理的途径、用适当的方法进行文献检索，再对其加以利用。进行学前教育科学研究的过程中，搜集有关学前教育的文献研究资料，对于了解与具体的学前教育课题研究相关的研究背景、研究的现状与前沿以及把握有关研究动态等具有非常重要的意义。因此，我们本章先从对教育文献的认识开始。

一、文献的含义及类型

（一）文献的含义

在人类社会发展中，文献的出现是人类对知识的记录、保存和传递的历史发展的必然结果，而当代社会文献的种类特别是数量上的飞速增长也是人类知识增长的必然的历史反映。对于文献的基本概念，在文献学中有多种说法。我们首先对此进行简单梳理。

“文献”一词在我国古代典籍中由两个词构成，即“文”和“献”。该词最早出现在《论语·八佾》中：“子曰：夏礼吾能言之，杞不足征也；殷礼吾能言之，宋不足征也。文献不足故也，足，则吾能徵之矣。”宋代朱熹对此进行注解：“文，典籍也；献，贤也。”意思是，前者主要指文章和书籍等典籍记录，后者指的是贤者及其学识。

在现代文献学的研究中，对文献的本质属性及其构成要素等有不同的认识，因此也产生了对其内涵和外延的不同观点。总体看，早期的文献多指典籍资料，后来文献被看作有一定历史价值的图书和文物。到了20世纪80年代，将文献看作知识载体的认识成为人们的普遍性共识。

简单地说，文献指的是用文字、符号或图形等多种方式记录各类知识的载体。随着社会的发展，文献作为知识载体的形式越来越多样化。现在的文献主要指的是记录知识的各种载体，包括书籍、报刊等印刷品，也包括文物、影片、录音录像等其他实物形态的各种材料，还有现代技术支持的各种电子书、数据资料库、光盘等等。

学前教育研究文献是记载了学前教育信息的各种载体，包括各种手稿、书籍、报刊、录音录像、光盘、网络资源等，体现了对学前教育研究成果的记录，是进行学前教育研究的主要信息来源，也是整体研究过程的重要组成部分。当前各个国家教育改革和发展变化迅速，承载学前教育信息的文献载体形式、来源情况、内容丰富性等越来越多样化和复杂化，要进行具体的研究工作，就必须在浩如烟海的文献中进行文献的搜索选择和整理分析，在了解文献来源特点和类型内容等基础上，对相关学前教育文献进行利用。

需要注意的是，不管进行哪个学科领域的研究工作，文献都是基础。而在当代信息传播技术的快速发展背景下，文献不再仅仅表现为静态的“物”的方面，也具有了动态的“过程”的特点，即随着网络文献、电子文献和数字图书馆的出现，将文献理解成动静兼具的知识信息记录、交流系统，意义更为重大①。因此，我们在进行教育研究时，更要关注作为使用者，与文献生产者与文献之间的合理互动关系。

（二）文献的类型

学前教育研究文献和其他文献一样具有不同的分类。从不同的角度对文献进行分类，其目的是为了更有效地对文献进行检索和利用。文献按照不同的标准可有不同的划分，在此仅介绍几种常见的文献类型。

1. 从文献的不同加工程度划分

文献产生后经由一定的传播媒介而至被应用，包括传播者、文献源和文献受众等基本要素。文献的获得接受者在利用文献的过程中，会对文献有不同的加工。根据对文献加工程度的不同，可以将文献分为以下三种：

（1）一次文献

一次文献就是我们平时所说的原始文献，是文献的产生者根据自己的研究成果或实践经验等撰写的文献。这类文献直接记录了研究者的成果，最重要的特点在于文献的内容具有创造性，对其他人进行相关研究的参考价值较大。从目前教育研究看，一次文献的表现形式主要有：学术期刊论文、学术会议论文、科技报告、学位论文、专利文献、教育专著等。

自20世纪90年代以来，随着Internet技术的快速发展，文献信息资源急剧膨胀，类型也越来越多样化。例如，仅中国数字图书馆就拥有6 000万页的数字化图书，并以每天20万页的速度增长，内容涉及社会科学、自然科学等所有类别。在文献类型方面，除了传

① 张联锋. 文献传播若干影响因素研究[D]. 郑州：郑州大学，2005：4.

统的印刷型文献以外，新型电子文献急剧增长，信息网络快速发展，改变了文献信息资源结构。如此数量庞大的文献，检索和利用起来就有一定难度。

(2) 二次文献

在海量的现代文献信息和快速传播发展背景下，为了能有效利用文献资源，文献工作者对一次文献按照一定的特征进行加工编辑，将内容进行提炼或压缩，从而形成书目、索引、文摘等的形式，为研究者提供一定的便利，我们把这种经过了编辑加工的文献称为二次文献。二次文献的摘编、分类清楚，由专业文献工作者进行编辑加工，使用起来比一次文献便利得多。文献的使用者在进行文献的查阅时，根据二次文献形成的线索可以很方便地进行检索，如按照题名、作者、来源等线索进行检索。

(3) 三次文献

三次文献顾名思义，是对一次文献和二次文献的再利用，指的是作为文献使用者的教育研究者按照一定的研究目的，对一定范围的相关文献进行整理，再综合分析、归纳，形成一定研究主题的综合性文献资料。如学生在做学位论文前对相关文献进行整理分析而撰写成的研究综述即是三次文献，另外还有专题述评、年鉴、学科年度总结、百科全书等形式。三次文献所承载的资料信息量较大，对进行研究有较大参考价值。

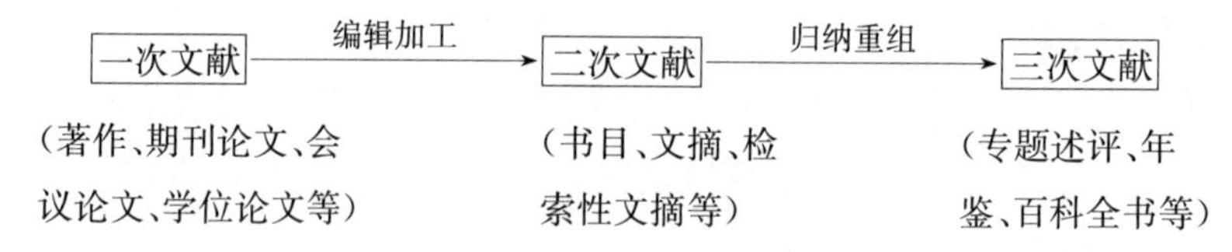

图 3-1　文献加工层次的分类及关系

2. 按照文献的载体形式划分

随着信息传播技术和媒介的发展，在文献载体的类型方面，除了基本的印刷类型以外，又发展了多种现代文献载体，因此文献类型也多样化。诸如，计算机阅读型(磁带、磁盘、光盘等)、视听型(录音带、录像带、胶片等)等。新型电子文献的急剧增长，信息网络的快速发展，从根本上改变了文献信息资源结构。简单说，从教育研究的角度看，文献的载体形式大致可以划分为以下几类。

(1) 印刷型文献

印刷型文献是比较传统的文献形式，主要是通过纸张印刷形成，是文献的主要表现形式。印刷术应用于文献传播，增加了文献的数量，也改变了文献传播的结构。在 19 世纪时印刷业的发展，使得文献发展、学术交流活动也活跃起来。此时，报纸、杂志、工具书等文献纷纷出现，印刷型文献广泛发展。

学前教育研究领域的印刷文献，比如学前教育的专著，一般有较为完整的知识框架，对学前教育领域的问题有较为全面的阐述。再如学术期刊，学前教育研究领域有多种期刊，期刊论文的内容较短小，但期刊比专著出版周期短，更新快，从内容上更易追踪学术前沿问题和焦点问题。另外还有报纸、年鉴、会议文集等出版物。

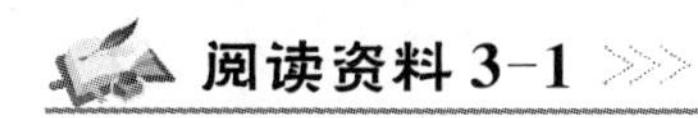

阅读资料 3-1

国内学前教育类的几种期刊：

《学前教育研究》，中国学前教育研究会主办

《当代学前教育》，湖北少年儿童出版社

《学前教育》，北京教育音像报刊总社主办

《幼教教育导读》，中国人民大学主办

《早期教育》，江苏教育报刊社主办

《幼儿教育》，浙江教育报刊总社主办

《幼教博览》，总参谋部政治部干部部主办

（2）电子型文献

随着高新技术的应用，文献的发展跨入电子化、网络化、综合化、多元化的发展时代。所谓电子型文献就是将文献资料存储在光盘等媒体形式中的机读文献，或者联网的电子资源，是高科技技术手段下的产物。如电子图书、电子期刊、各种联机信息库和光盘数据库产品等，这种文献比印刷型文献的承载量更为丰富，应用起来也更为便捷和高效。

在当今计算机技术和网络普及的社会发展中，印刷型文献和电子媒介相互结合和渗透，可以说两种文献综合地发挥着文献信息传播的功能。特别是技术手段的应用，为我们构建了一个高效和综合的信息网络，改变着不同学科领域的研究，也改变着人们的生存和生活方式，影响着价值观念。

（3）声像型文献

声像型文献即视听文献，是记载声音或图像信息的文献形式，如录像、录音材料，电视、电影材料等。单把此种文献列出来，是因为其特有的研究价值。在学前教育研究中，我们可以采用摄像录音等设备采集声像资料，以备研究和交流。这种途径得来的文献信息和纯文字型的文献相互配合，可以弥补文字型文献的不足，其记录手段的多元性、即时性、动态性特征，使得研究资料和背景的考察更为全面和生动。如开展各种幼儿教育活动的实况录像，对幼儿进行观察的实录，或是幼儿教师等相关人士的访谈的录音，等等。这种文献记录了具体情境，直观、真切，提供兼具视听效果的信息，这是印刷时代所不具备的，并可以进行多次观摩和研究。

（4）微缩型文献

微缩型文献就是利用照相复制的方法，把文献资料制成微缩胶卷、胶片或微缩卡片的形式，然后借助微缩阅读器进行阅读，一般在大型图书馆中都会有。这种文献将传统的印刷型文献做成微缩复制品，大大减少了储存空间，存储密度大。

阅读资料 3-2

各种类型载体形式

	载体阶段	承载物	出现时间	主要特点
1	自然载体	甲骨、玉、石等	夏代	笨重,存储量小,流通不便
2	人工载体	竹、帛、羊皮等	战国时期	书写自然,载体方便,笨重昂贵
3	纸质载体	纸张	东汉时期	书写方便,便于携带传阅,大量印刷
4	缩微载体	胶卷等	19世纪40年代	体积小,重量轻,易于保存和复制
5	音像载体	磁带等	19世纪40年代	图文并茂,形象生动
6	电子载体	磁、光、电等	20世纪60年代	体积小,容量大,编辑检索使用方便
7	网络载体	磁、光、电等	20世纪70年代	海量存储,传递便捷,编辑检索方便

资料来源:张联锋.文献传播若干影响因素研究[D].郑州:郑州大学,2005:13.

二、文献检索的含义及作用

(一) 文献检索的含义

所谓文献检索,主要是指利用各种手段和方法在大量的文献资源中,查找并获取相关的文献信息资源,以满足科学研究的需要。当前进行文献检索的技术手段除了手工检索方式,更多是应用计算机、网络等现代技术,检索包括电子信息和网络信息等各种形式的文献资源。

在飞速发展的社会背景下,每年的各类文献资源更新的速度非常快。据国外相关报导,全球出版界著作文献的出版量在大约在每秒 2 000 张,每小时出版 4 至 6 种新书,每小时新增各种文献期刊 3 种。① 面对日益增长的文献资源,如何通过一种有效的方法和途径,以最少的时间与精力来获取自己所要的信息,这就是文献检索所要解决的问题。现代教育发展中,学生的信息检索能力成为衡量学生专业素养的一个重要指标,各高校也纷纷开设信息检索类课程,以培养学生搜集、分析、整合及利用有效信息进行专业学习和科学研究的能力。

(二) 文献检索的作用

文献检索是利用技术手段获得文献资源的过程,是进行科研的基础和前提,也往往被人们喻为开启知识宝库的钥匙。教育文献是进行教育研究的基础,从研究课题的选定,到课题论证、制定研究方案,甚至研究成果的撰写,都离不开相关文献的搜集和利用。因此,搜集检索与研究课题相关文献,并进行整理分析和利用,影响着教育研究的过程和研究质量。具体来讲,我们从教育研究的过程讨论文献检索的作用,其作用表现在如下

① 陈世雷,张鹏.文献的网络信息检索简述[J].电子技术与软件工程,2015(5).

几个方面：

1. 有助于研究课题选择和方向确定

进行任何具体方向的教育研究都要有依据，而这个依据就来源于文献资料。研究者在选择研究课题时，通过查阅文献，了解某一特定教育领域的相关信息，对他人的研究成果、现有的研究动态和趋势进行分析，掌握相关研究达到的水平、研究的方法以及存在的不足或问题，等等。分析利用这些文献可以为研究者提供自己确定课题研究的突破点，如关于这一主题的研究已有什么研究成果，有哪些问题基本解决，什么方面还有待补充或深化，还可以从哪个角度切入研究，可采用何种与他人研究不同的研究方法等。这些信息都可以从相关文献中得来，从而帮助我们确立有研究价值的课题，并进一步明确研究的具体方向。

2. 有助于研究方案的设计

在初步确定了研究的方向并了解相关研究现状后，还需要全面把握和利用相关教育文献资料，对确定的研究课题进行全面的论证，并在此基础上设计制作研究方案，对研究的各个层面进行全面规划。因此，文献资料不仅给研究者提供了可供参考和依据的研究方向，也提供了可以切入的角度和研究方法。研究者对于文献的利用就好比站在巨人的肩膀上，充分认识到前人的研究成果，有助于自己课题研究的提高和突破。在研究方案设计中，依据相关文献，研究者可以从研究的最新动向、焦点问题、待完善的地方或新的研究方法的角度，形成自己的课题内容框架，突出创新之处，对研究设计进行科学论证。

3. 有助于研究成果的撰写

成果形成阶段仍然需要文献的检索和利用。学前教育研究成果主要以论文、研究报告等形式呈现，在形成最终研究成果时，研究者不仅要根据自己的研究所得数据、资料等，还要依据一定的教育理论、已经成形的前人或现时其他研究者的成果内容，在成果撰写中有理有据地进行阐述。因此，在研究成果的整理和撰写环节，仍然需要对相关的教育文献进行进一步的搜集整理和合理利用，用适当的引用、阐释等方式将已有的文献成果内容用到自己的成果撰写工作中，目的在于充实本研究和突出本研究的价值和意义。所以，一篇论文或研究报告等，必须要有参考的各种文献，注明所用的文献的类型和来源，以及发表的时间等信息。

4. 有助于避免重复劳动

若没有对于文献的搜集整理和分析利用，相关的研究工作可能会有重复性消耗。文献是对已有研究成果信息的体现，文献检索和分析可以帮助研究者了解相关研究成果、现状和趋势，能有效避免进行教育研究时的重复劳动。任何主题的教育研究都需要有一定的创新性，如果某方向的研究是别人已经做过的研究，在内容和方法上都没有突破，那么再进行重复研究就没有任何意义。因此，进行研究前必须做好文献检索和分析，全方位、多层面地占有文献资源，跟踪国内国外学前教育研究的新思想、新动态、新成就、新方法，以提出科学的、有研究价值、有一定创新性的教育研究课题。

三、教育文献的检索来源

对于在读的大学生而言，可以检索专业文献的一个重要地点是学校的图书馆。在专业学习中，学生要充分利用图书馆的各种教育资源，这些文献可以补充和丰富专业教材的内容体系，同时也有利于深入进行专业领域的研究。图书馆有传统的印刷型文献和期刊等连续出版物，也有新型电子文献等资源。

需要注意的是，有很多进行研究的初学者不太清楚到哪里能找到相关文献，很多刚刚学习教育研究方法的学生甚至只是通过上网到"百度"去搜索，认为这比去图书馆更方便。如果要利用网络搜索引擎，一定要注意资料来源的可靠性，按线索查找原始文献，有些未经验证的资料不要轻易使用，以免出现学习和研究中的误差。从事教育专业学习和研究，可以从如下来源查找和利用相关文献。

（一）图书馆

衡量大学的办学水平的标准之一是看其图书馆的藏书量和种类。可以说大学里的图书馆是学术文献资源的中心机构，一般按照学科领域等不同的标准将各种图书资料进行整理、分类和管理，并提供给学习者和研究者。师范院校图书馆中的教育资料应是种类繁多的，既有中外教育经典名著，也有大量的今人的学术专著、教材类资料，还包括各种教育工具性书籍、期刊报纸等文献资料。可以在图书馆不同的阅览室、书库中找到这些可以利用的资源。另外，现在的图书馆一般也会有现代化的机房或专门的计算机检索设备，可以对各种电子型文献加以检索和利用。

教育文献的搜集不受地域的限制，有的学校图书馆馆藏资源有限，有的幼儿园甚至没有图书室等结构，研究者或幼儿教师就需要到其他单位的图书馆查找资料，各大师范院校或综合性大学的图书馆均可以利用，另外如北京的国家图书馆等，教育类资料也较为丰富，是有价值的教育文献资源中心。

（二）其他教育研究机构资料室

除了大学的图书馆，进行教育科学研究的一些研究所等机构都会有教育方面的文献资料。如北京的中国教育科学研究院，地方一些教育机关的教育研究中心或市区教育局的教研室等，都会收藏有大量的教育方面的文献资料。

另外，有的教育研究可能会应用到一些档案资料等文献，这就需要到档案馆或博物馆去进行文献的搜集工作。档案馆会有一些其他途径搜集不到的教育史料等，博物馆则会有一些社会科学或文化类的实物等资料，可以为各种研究提供便利。

（三）教育学术会议

参加学术会议和研讨等教育学术性活动，是和同行、专家进行教育问题探讨和交流的极好机会，在学术会议上通常也会有不同形式的文献资料交流，彼此探讨教育科学研究中的进展，讨论新成果或新课题。学术会议往往会有会议发言、分组讨论，也有会议文集的编纂，这都是获得有价值的研究动态信息的良好来源途径。如参加各种教育年会、专门的学前教育研讨会，或者幼儿教育专题会议，或者进行专门的课题研讨活动，等等。

（四）网络

现在网络技术发展迅速，除了图书馆的各种电子文献资源，研究者或幼儿教师还可以从网上轻松获得有益的学前教育资源。比如，访问一些有学前教育专业的大学的网站、专门的学前教育门户网站、国外的一些大学和教育研究机构网站等，也可以通过谷歌学术、百度等搜索引擎查找专业文献资料。

第二节　如何进行文献检索

一、文献检索的过程

确定学前教育研究的具体课题方向后进行的文献检索是一个需要耐心和细心的过程，这不仅是相关的资料查找搜集的过程，也是不断进行分析、整理和研究的过程。

（一）明确目的：要查什么

“凡事预则立”，进行文献检索前要做好相应的准备。首先要分析研究课题，从而明确查阅检索文献的范围和内容。要在课题的题名中准确地找出关键性词语，关键词语往往会体现课题的研究方向，将其作为相关检索词进行文献检索。

在此基础上，确定进行文献检索的范围。一定要确定一个较为合适的时间范围。一般的研究都会对文献的产生周期有一定要求，因各学科领域的研究时常更新，所搜索的文献资料也不能太过陈旧，若是期刊资料，最好是本学科领域五年内的研究文献，若是著作则可放宽些时间要求。另外，明确查阅的文献的载体形式，这会影响到查到的文献的数量和质量。这些准备工作越明确和具体，文献检索查阅就会越有针对性。

例如，“幼儿教师职业倦怠研究”，这个研究以幼儿教师的职业倦怠问题为研究主题，首先确定“职业倦怠”这个关键词，课题主要针对幼儿教师中存在的这一类问题进行研究，力图寻求对策，因此可以将“教师职业倦怠”作为搜集文献资料的主题范围，并在这个资料范围内着重了解对幼儿教师职业倦怠的现状、问题等方面的分析和研究。明确了这个方向后，也要确定所要检索的文献的载体形式，可以在相关教育著作、教育期刊中查找相关文献资料，利用图书馆等信息资料机构的文本形式的检索途径，或者通过联机检索等电子文献检索途径进行文献的检索和资料收集均可。同时根据研究的需要和实际条件确定文献的时间跨度和地域范围，如近五年的期刊论文或学位论文，近十年的关于教师专业发展、教师心理健康调试等相关著作，国内的各种相关研究或是国外文献等。

(二) 确定手段:怎么去查

检索工具和方式可以帮助我们进行具体的检索操作。明确了需要什么范围和方向的研究文献后，就必须要考虑到什么地方、用什么方式进行文献检索和查阅利用，也就是文献检索查阅的资料来源和工具。师范大学的图书馆中各类教育资源都比较丰富，无论是传统的纸质印刷文献，还是现代的电子文献，均会按具体学科方向等进行分类，另外各相关系部或研究所的图书资料室也会有本专业的著作、期刊等可资利用。文献的使用者可以到这些文献信息的来源地，根据自身的主客观条件和便利性条件进行文献搜集，如可利用书目查阅书籍，通过索引、文摘等检索文献，也可以在网上通过中国知网门户检索报刊以及学位论文、会议论文等。对研究者来说，到图书馆借阅书籍报刊，通过知网检索各种论文，这是较为便利的文献检索途径。

在文献检索过程中，要注意根据文献的信息特征进行检索，并多方利用已知的文献。如关于教师职业倦怠的相关研究文献，其文献信息特征就是文献的作者、题名、来源如期刊名等，还包括文献的内容性特征，如文章的关键词，以及文献类别，等等。这些文献信息可以给文献查阅者提供更多的相关信息，帮助研究者对文献做进一步的深层次的利用。如某位作者研究方向较为固定，那就可能不仅仅有一篇相关主题的论文，因此就可以以作者姓名为进一步搜索的主题词来继续进行检索；如果某一个期刊有相应的常设栏目，有一批研究文章发表，就可以继续搜索这一期刊的其他期次。

(三) 合理利用:进行文献整理和加工

文献搜集之后研究者会获得一定数量的文献资料，怎么处理和利用这些资料关系着研究的进一步展开。因此，必须仔细进行文献整理分析，并对其进行一定加工。

首先进行初步的整理加工，就是研究者对文献进行阅读和筛选，将一些价值不大的文献剔除，去掉相互重复和比较陈旧的资料，将那些研究全面而深入的、有参考价值的文献挑选出来，保全这些文献的来源、类型等信息特征，然后将整理出的文献进行分类管理，保证应用时有条不紊。

其次认真阅读这些整理挑选出的文献，在解读文献的基础上，全面认识对相关主题研究的基本情况，提炼出不同层面、不同角度、不同方法的相关研究成果。这种整理分析是进行课题论证、写作文献综述的基础。整理加工过程中，可以采取摘要记录等具体的方式，并进行详细分析和把握，深度解读文献，最后写出文献综述。

根据文献检索的基本步骤，可以做出如下流程图：

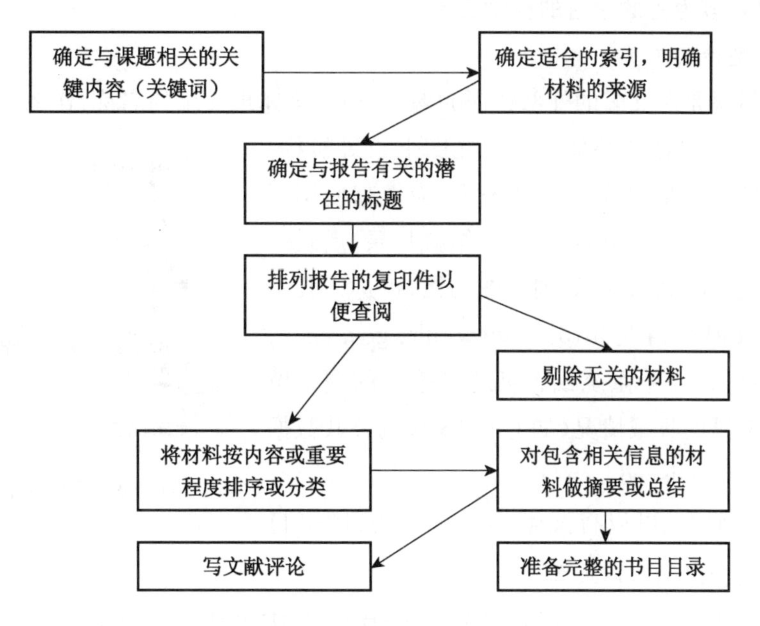

图 3-2 文献检索的流程图

资料来源:[美]威廉·威尔斯曼.教育研究方法导论[M].袁振国,等,译.北京:教育科学出版社,1997:67.

二、文献检索的工具

进行文献检索肯定要应用一定的检索工具或手段,我们可以依据其应用规则,按照一定的线索来查找、存储和利用相关文献。文献检索的工具有不同的类型划分,不同的检索工具各有特点,可以满足不同的信息检索的需求。

按加工文献和处理信息的手段不同,可将检索工具分为:手工检索工具、机械检索工具、计算机检索系统。

按照载体形式不同可分为:书本式检索工具,磁带式检索工具,卡片式、缩微式、胶卷式检索工具。

按照著录格式和内容的不同,可将检索工具分为:目录型检索工具、题录型检索工具、文摘型检索工具、索引型检索工具。

在进行检索的过程中,常用的检索工具随着时代的发展也在发生着变化。总体看:书本式检索工具出版周期较长,查阅不太方便;卡片式检索工具会占用一定空间而获得的信息量较小;缩微式检索工具需要专用阅读器,使用不方便。这几种载体形式的检索工具在当前的利用越来越少,逐渐被淘汰。机械检索中的网络检索工具利用率较高,它的优点在于可一次输入多次检索、检索速度快、质量高、编目自动化、利于集中统一编目,而且可以利用各种现代化通信设备形成检索网络,实现联机和网络检索。下面对著录内容为主的检索工具和计算机技术支撑的检索工具进行简单介绍。

(一) 以内容为主的常用的检索工具

1. 目录型检索工具

文献的目录是对文献的外部特征的揭示,通常会体现文献的名称、作者、其他出版信息等区别于具体内容的外部特征。在图书馆等机构,目录往往按照一定的分类方式来编排,为文献使用者提供相关检索信息。目录类型诸如,馆藏目录,反映一个图书馆的文献收藏情况(如国家图书馆,可进入其主页查看馆藏文献的情况 http://www.nlc.gov.cn/);联合目录,指的是一个系统或者某地区范围的图书馆等信息机构文献的收藏情况(如 CALIS 联机公共数据库 http://opac.calis.edu.cn/)。

题名 基础心理学
作者 陈彩琦 , 张明
分册号
分册名
出版地 长春
出版社 东北师大
出版时间 2002
页数 518页
开本 20cm
丛书名 教育学心理学研究生课程班系列教程
单 册:
中图分类号 B84:G44
科图分类号
主题词 心理学

图 3-3 卡片式书目信息

从出版类型看,可以将文献的目录分为:图书目录、期刊目录、会议论文目录等。

从物质形式看,可以将文献目录分为:卡片目录、书本目录、机读目录等。

当前图书馆的目录型检索往往应用联机检索的形式供文献使用者进行文献的查询,即 OPAC(Online Public Access Catalog),就是以计算机编码的形式在系统中进行存储,读者可以通过计算机终端设备进行联机检索文献的目录。目录检索是书目数据库的一种形式。

比较学前教育/李生兰著.-上海:华东师范大学出版社,2000407 页;21 cm

上海普通高校"九五"重点教材世界银行贷款资助项目 ISBN 7-5617-2217-6:CN Y20.00

内容简介:本书是以作者在华东师范大学学前教育与特殊教育学院学前教育学系讲授"比较学前教育"课程的讲稿为基础,查阅、上网搜索了国内外大量的资料,几经修改而成。本书共九章,本书具有以下特点:一、比较系统地论述了美洲、欧洲、亚洲学前教育发展与改革的状况,而且还辟有分章专门阐述大洋洲、非洲学前教育的特点;不仅较全面地阐述了世界主要国家学前教育发展的经验,而且还对一些中小国家的学前教育发展的历(更多)

目录 第一章 导论

第一节 比较学前教育的研究对象与基本特征

第二节 比较学前教育的研究内容与研究价值

第三节 比较学前教育的研究方法与研究媒体

第二章 美洲的学前教育

第一节 美国的学前教育

第二节 加拿大的学前教育

第三节 拉丁美洲国家的学前教育

(更多)

本书论述了比较学前教育的基本特点、研究内容、研究意义和研究手段,对世界五大洲的学前教育发展情况进行了比较,并将我国的学前教育与反映世界现代学前教育发展重要特点的国家进行了对比研究,论述了世界学前教育衍变的过程和发展的趋势等。

图 3-4 联机检索书目信息

2. 题录型检索工具

题录型检索工具是以单篇文献为基本著录单位来描述文献外表特征的文献记录，往往由一组著录项目构成一条文献记录，如文献题名、作者姓名、文献出处、出版时间等。题录往往无内容摘要，是快速报道文献信息的一类检索工具，从这个意义上看，其检索的信息量较小。题录与目录有区别也有联系。二者的主要区别在于著录的对象不同：目录著录的对象是单位出版物，题录的著录对象是单篇文献，如一篇文章、图书中的一部分等。

	题名	作者	来源	发表时间
1	以“全实践”理念引领幼儿教师的专业成长	秦金亮	教师教育研究	2005-09-15
2	幼儿园“师带徒”存在的问题及其对策研究	邱霜	东北师范大学	2009-05-01
3	园本教研促进幼儿教师专业成长的研究——以湖南大学南校区幼儿园为例	银小贵	湖南师范大学	2009-05-01
4	基于生态学转向的幼儿教师专业成长研究述评	汪娟	当代学前教育	2011-02-15
5	基于生态学转向的幼儿教师专业成长研究述评	汪娟	广州广播电视大学学报	2011-04-20
6	表现性评价及其在学前教育中的应用	周欣	学前教育研究	2009-12-01

图 3-5 题录型工具检索的文献

3. 文摘型检索工具

文摘就是将大量的、分散的相关文献的内容观点、结论等重要的部分进行摘录，形成简练的摘要，并按一定的方法组织排列起来的检索工具。文摘不仅包括文献的篇名、作者、来源、发表时间等，还包括文献的摘要内容，使得文献检索者能从中简单了解该研究文献主要观点是什么，是否可以加以利用，因此比某些资料索引仅提供题目等信息较为全面些。文摘的特点在于提供原文献的内容梗概，一般不加评论和解释补充，因此忠实于原文，同目录和题录相比，既包括文献的外部特征，也包括内容特征，因此在揭示文献的深度和检索功能方面较优。

按照文摘的编写者，可分为著者文摘和非著者文摘。著者文摘是指按原文著者编写的文摘；而非著者文摘是指由专门的熟悉本专业的文摘人员编写而成的文摘。

按照摘要的详略程度，可分为指示性文摘和报道性文摘两种。指示性文摘以最简短的语言写明文献题目、内容范围、研究目的和出处，实际上是题目的补充说明，一般在 100 字左右；报道性文摘以揭示原文论述的主题实质为宗旨，基本包括原文内容、讨论的范围和目的、采取的研究手段和方法、所得的结果或结论，同时也包括有关数据、公式，一般 500 字左右，重要文章可多达千字。

进行学前教育研究可以利用的文摘，例如《新华文摘》，通常编辑一些相关教育文献的摘要;《全国高等学校文科学报文摘》,这是专门的文摘类刊物;中国人大复印报刊资料的教育类期刊种类较多,其中《学前教育》是进行学前研究课题资料检索的专门性期刊,不仅有从众多学前教育杂志中精选出来的全文文献,也有一些文摘性的学前教育资料可以利用。

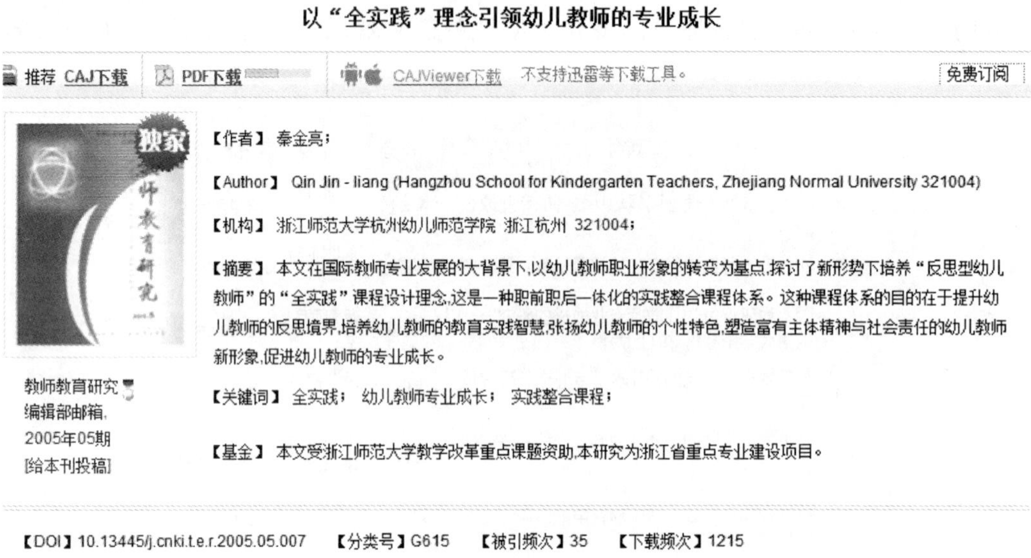

以“全实践”理念引领幼儿教师的专业成长

推荐 CAJ下载 PDF下载 CAJViewer下载 不支持迅雷等下载工具。 免费订阅

独家

教师教育研究
编辑部邮箱,
2005年05期
[给本刊投稿]

【作者】 秦金亮;

【Author】 Qin Jin - liang (Hangzhou School for Kindergarten Teachers, Zhejiang Normal University 321004)

【机构】 浙江师范大学杭州幼儿师范学院 浙江杭州 321004;

【摘要】 本文在国际教师专业发展的大背景下,以幼儿教师职业形象的转变为基点,探讨了新形势下培养“反思型幼儿教师”的“全实践”课程设计理念,这是一种职前职后一体化的实践整合课程体系。这种课程体系的目的在于提升幼儿教师的反思境界,培养幼儿教师的教育实践智慧,张扬幼儿教师的个性特色,塑造富有主体精神与社会责任的幼儿教师新形象,促进幼儿教师的专业成长。

【关键词】 全实践; 幼儿教师专业成长; 实践整合课程;

【基金】 本文受浙江师范大学教学改革重点课题资助,本研究为浙江省重点专业建设项目。

【DOI】10.13445/j.cnki.t.e.r.2005.05.007 【分类号】G615 【被引频次】35 【下载频次】1215

图 3-6 从中国知网获得的文摘型文献

4. 索引型检索工具

索引型检索工具是根据研究的需要,把特定范围内的某些重要文献中的有关条目或知识单元摘录出来,如书名、刊名、人名、分类号、主题词等,按照一定的顺序规则进行编排组织,为文献使用者提供文献线索的一种检索工具。索引的类型是多种多样的。

按照标引的语言分,常用的索引类型有:分类索引、主题索引、关键词索引、著者索引等。

按照文献的类型分,常用的有:期刊索引、图书索引标准索引、专利索引等。

按照索引的方式分,常用的有:手工编排索引、计算机编排索引等。

资料索引是由专门工作人员对一定时间内的各种文献进行汇集和分类汇编,进行检索时利用这一类索引工具不仅比较便捷,而且也为研究者查找特定的文献提供多种检索途径,同时也为全面了解某一领域的文献信息提供了现实可能的途径。其中,主题索引、分类索引和著者索引最为常用。

常见的索引有《中国索引综录》《全国报刊索引》《报刊资料索引》《人民日报索引》《国际期刊论文索引(IBZ)》,等等。进行学前教育研究可以利用的资料索引,如《全国报刊索引》(月刊)、《报刊资料索引》(年刊)的第四分册教育类、《中文报刊教育论文索引》(季刊)、《中国教育期刊索引》等。

(二) 计算机检索工具

现代社会计算机技术飞速发展，为图书馆的文献资源管理和利用提供了高技术支撑，这也使得文献检索越来越便利。计算机检索也称为电子文献检索，是利用计算机对存储的电子文献资料进行的检索，也包括通过网站的搜索引擎和教育网站进行的文献检索。

1. 图书馆馆藏资源的电子检索

利用图书馆的管理系统，进入其检索界面，输入书名、作者名、出版社等相关信息，就可以进行著作等文献的查找，按照其提供的索书号和中图分类号等线索，可以借阅相关书籍。另外，图书馆也往往会有一些数据库文献、电子书等电子资源以供使用，如人大复印资料光盘，这类资源和网络资源不同，是相对静态的数据库资源，可以利用计算机对光盘资料进行读取和检索，按照文献资源的篇名、作者、时间等相关线索进行查找。同传统的手工检索相比，计算机检索的速度较快，检索时涉及的范围大，可以同时检索多个数据库，很便利。

阅读资料 3-3

国内外主要的计算机检索工具

国内主要的计算机检索工具：

中国数字图书馆

中国(CNKI)学术文献总库平台

万方数据知识服务平台

超星电子图书平台

方正 Apabi 数字资源平台

OCLC 的 NetLibrary

国内大学图书馆书目检索系统

国外主要的计算机检索工具：

SSCI(社会科学引文索引)

PQDD(ProQuest Digital Dissertations 博硕士论文数据库)

Springer Link(德国施普林格的全文电子期刊)

SDOS(荷兰 Elsevier Science 公司的全文数据库)

EBSCOhost(由 EBSCO 公司提供的全文数据库，其中的 ASP 学术研究数据库有社会科学、人文科学、教育等学科的文献信息)

Encyclopedia、Yearbooks(百科全书、年鉴、手册)

2. 利用网络搜索引擎进行检索

搜索引擎是 web 上应用的软件系统，是查找文献资源的检索工具。它利用一定的计算机程序进行信息的搜集和处理，并产生不断更新的庞大的索引数据库，为文献使用者提供服务。

网络上有很多搜索引擎可以利用，以便查找学前教育研究的可资利用的资料，如分类搜索引擎中文雅虎，关键词搜索引擎百度、搜狗、google 等等。其实一些搜索引擎在信息覆盖范围方面也呈现出综合性的特点。文献搜集者可以利用这些搜索引擎从信息庞大的互联网中寻找所需要的任何文献。

需要注意的是，利用网络搜索引擎查到的资料，有的则随意性大，较为混乱，没有系统性；有的文献会标明初始文献的来源，如引自某一专业期刊，或是来源于某教育网站，或者是本网站原创文献，而有的网页上呈现的文献并不注明原始出处，甚至可能会有未经验证过的、虚假的文献信息。因此，在利用网络搜索的过程中，一定要认真阅读，慎重筛选，注意其最初来源，也注意其内容的表达逻辑性、专业内容的权威性。

3. 利用教育网站获取文献

各级教育的管理部门、相关教育研究机构、教育团体等一般都在网上建有自己的教育网站，以发布教育新闻、教育的研究信息等，而一些门户网站也都有教育类网页，这些都可以加以利用以搜集教育文献。如国家教育部网站、学前教育学会网站，还有各师范院校的网站等。在这些网站的主页上，可以根据其导航栏，点击相互链接的网页，查找有用的教育资源。

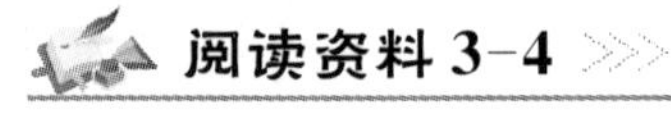

一些可以获取学前教育资源的网站

国家教育部网站 www. moe. edu. cn

人民教育出版社网站 www. pep. com. cn

中国教育在线 www. cernet. cn

首都图书馆 www. clcn. net. cn

中国人民大学书报资料中心 www. zlzx. org

中国学前教育网 www. preschool. net. cn

学前课程研究网 www. xqkc. com

幼儿学习网 www. jy135. com

中国幼儿教师网 www. yejs. com. cn

中国基础教育网 www. cbe21. com

中国早教网 www. zaojiao. com

北京学前教育网 www. bjchild. com

上海学前教育网 www. age06. com

山东学前教育网 www. sdchild. com

江苏幼儿教育网 www.jskid.com

美国教育部:http://www.ed.gov

美国教育资源信息中心 http://eric.ed.gov

4. 利用网上数据库检索文献

网上数据库由专门的信息情报机构建立,包含教育信息在内的各领域文献信息都比较丰富,无论是从内容还是种类看,其专业性强,信息涵盖量大。在进行学前教育研究时最常用的网上数据库文献,有万方数据库、中国知网、维普资讯等。

以中国知网(CNKI)为例,知网是一个应用非常广泛的资源传播和共享平台,也是进行学前教育研究时检索文献的优选对象。以前文提到的研究方向"幼儿教师职业生存状况研究"为例,说明如何在中国知网检索相关研究文献。

案例 3-1

在中国知网检索"幼儿教师职业生存状况研究"相关研究文献

首先,登录中国知网首页。根据网页提供的信息,选择"学术文献总库",进入中国知网的学术文献检索页面。其次,选择学科领域。在网页左侧有不同的学科领域的导航,教育学科属于其学科领域分类中的社会科学Ⅱ辑,在前面选择框中进行点击。再次,进行具体检索方式的选择。在检索对话框的上面有不同的检索标准:简单检索、标准检索、高级检索、专业检索、引文检索、学者检索等,根据研究需要进行选择,也可以选择默认的标准检索。在检索对话框中输入检索范围控制条件,如检索文献的发表时间、文献出版来源等,在本研究方向的文献检索中,我们选择发表时间为从 2008 年到 2016 年之间的这几年,文献来源类别选择模糊。接着再输入目标文献的内容特征,如主题、关键词、题名等作为检索条件,本研究检索我们选择以主题进行检索,主题词为"幼儿教师"并含"职业生存状况",选择"精确"检索而非"模糊"检索。在检索对话框下面列有各种文献数据库,可以根据检索需要在选定的文献数据库前点击打勾,根据本研究方向可选择中国学术期刊网络出版总库、中国博士学位论文全文数据库、中国硕士学位论文全文数据库。最后,执行检索,检索结果自动呈现。

"幼儿教师职业生存状况研究"的文献检索结果以题录形式出现,文献信息包括了篇名、作者、刊名、年/期、数据库、被引情况等各项信息。从呈现的检索文献结果中选择高度相关、相对权威的研究进行解读分析。现以其上述信息项标注形式列举如下:

1. 民办幼儿教师心理健康与其生存状态、职业倦怠的关系研究 左瑞勇 西南大学 2008-04-01 硕士 13

2. 民办园幼儿教师生存状态的调查研究——以荆州市为例 熊丽丽 长江大学 2013-04-01 硕士 1

3. 农村幼儿教师的生存状态与职业承诺、专业发展 孙彦 中国健康心理学杂志

2015-05-15 期刊 1

4. 教育均衡化背景下成都市民办幼儿教师生存状况调查报告 邓泽军;郭莉 教育与教学研究 2013-11-20 期刊

……

三、文献检索的方法

(一) 直接法

这是常用的文献检索的方法,其实就是前文所说的直接利用检索工具进行文献的搜集的方法。具体说来可以分为顺查法、倒查法、抽查法等。

顺查法就是按照时间顺序利用检索系统进行文献检索,即从某个研究的具体方向开始的时间进行查找文献,逐渐向近期的相关研究查找,这种检索方法可以搜集到较为全面的某一课题方向研究的系统文献,尤其是从时间跨度来看比较完善。

倒查法就是由近及远地检索文献的方法。具体就是从最近期的相关研究文献开始查找。和顺查法获得的文献不同,倒查法其特点在于可以较快地获得最新的相关研究文献资料。

抽查法是针对某一项研究的具体特点,选择文献信息可能最多的时间段进行重点检索的方法。其特点在于有选择有重点。

(二) 追溯法

这种文献检索的方法就是从已有的文献后所列的参考文献追查其他文献的方法。这是一种比较简便的检索文献的方法,又称为参考文献查找法、追踪查找法、引文查找法,就是利用已经掌握的研究文献,对这些文献中列出的参考文献、引用文献进行再利用,将其作为线索,进一步追踪相关研究主题的文献资源。

这是一种非常实用且便利的文献检索方式,根据已有文献的参考文献可以找到更多的资源,其针对性强,文献检索效率高。但是要注意的是,所利用的已有的研究文献必须有一定的权威性,并且比较全面。否则,它的追踪文献就会受到原文引用资料的局限性和作者主观性的影响,导致再次查阅的文献资料不够全面或者缺乏可靠性,这也是有人不太赞同用此法的缘由。

案例 3-2

追踪文献

以上文所说的"幼儿教师职业生存状态研究"为例,在前述的检索中获得了较多的文献资料,选取其中一篇作为追踪其他文献查找的线索。

选定文献(按期刊文献标注格式):孙彦.农村幼儿教师的生存状态与职业承诺、专业发展[J].中国健康心理学杂志,2015,23(5).

其参考文献中提到的相应文献有10条，其中有如下3条文献与幼儿教师职业生存状态研究相关主题较为密切，可以再次利用进行文献搜索：

[1] 郭忠玲.河南省民办幼儿园教师专业发展与生存状态调查研究[J].内蒙古师范大学学报(教育科学版),2012(8).

[2] 秦旭芳,孙雁飞,谭雪青.不同办园体制下幼儿教师的生存状态[J].学前教育研究,2011(10).

[3] 杨莉君,周玲.农村幼儿教师生存状态的研究——以中部四省部分农村幼儿教师为例[J].教师教育研究,2012(5).

第三节 文献的整理和分析

在检索、搜集了大量的学前教育研究文献后，研究者要对这些文献进行整理利用，进行全面的阅读、分析和综合，并写出文献综述，对相关的研究资料进行叙述和评价，其目的在于更好地对自己的课题进行论证和设计。

一、整理和分析文献

(一) 检查已有的文献

检索文献依据一定的检索工具和方法进行，在检索后也要对文献进行检查和整理，存储有价值的文献以备分析，剔除无效的文献。也就是说，检索过程中和检索后都要严格审查相关的文献资料。

当前学前教育文献的数量发展迅速，文献的具体分布和来源也比较复杂，因此在进行学前教育研究的过程中，教育文献的搜集工作要遵循一定的基本要求，要有目的有计划地进行，而且还要注意相关文献检索得是否全面、有代表性、有权威性，这都在一定程度上影响着课题研究的进展和质量。

1. 检索的文献要全面

在检索和搜集文献前，要做好相关准备工作，了解要研究的学前课题资源的基本分布情况，在此基础上，尽量全面搜集能够搜集到的文献，以保证全面了解该课题的研究情况。

首先要清楚学前教育资料的分布机构，如大学的图书馆、系部的专业资料室等。其次要尽量涵盖学前教育文献的各种类型，如学前教育的专著、相关的学前教育学术期刊、图书馆电子文献资源，还有网络数据库资源以及一些相关网站资源，等等。对学前教育专业资源的来源、途径、类别等要有比较清楚的认识，要从较广的学术研究领域和较多的资料类型去进行查找，尽量在文献搜集中不遗漏，以免因资料收集不全面造成研究的某些偏差。如果不能直接获取某些资料,就想办法通过其他途径获取。例如,从某师范大学的图书馆网页查相关资料的基本情况,但是大学图书馆资源往往只对本校师生开放,校园网外用户不能得到全文,可以求得该校内的用户帮助。另外,现在的大学图书馆等机构都对社会开放,因此也可以通过办理临时阅览证的方式去查阅搜集资料。

其次,要注意在文献搜集中将代表不同观点的文献资料收集齐全。对于同一个学前教育研究主题的研究,从不同研究角度可能会有不同的观点,不同的研究者在研究中也可能会运用不同的研究方法,得到不同的研究结论,甚至有些结论是相互矛盾的。在搜集文献中要注意搜集这些代表了不同观点的资料,而不要求取资料思想内容方面的一致性。这些不同观点的文献有助于帮助研究者更加全面地看待要进行研究的问题,也有助于从其他人的观点争论中得到一定的启发,有时在这些文献的对比和分析中,也会发现一些问题,从而找到新的研究课题。因此,从这个角度看,文献内容方面也要尽量搜集全面。

2. 检索的文献要有权威性

学前教育领域的研究资料种类繁多,内容也比较丰富,虽然检索的过程中注意尽量全面,但是也不等于凡是相关的资料都要收入囊中,一定要在检索过程中同时进行初步的筛选和甄别,以利于后期整理利用。

首先,要注意所查阅的资料要有一定的代表性。现在一些学术论文等资料在某些研究角度和内容等方面多有重复,相类似的文献资料不必都一一保存,研究者要善于从中发现同类研究中的优秀者,将有代表性的资料整理保存好。在剔除整理时,可以根据相关文献资料发表的时间、内容的科学性、创新性、逻辑性等方面进行衡量。

其次,查找文献时还要注意文献及其载体的权威性。在众多的文献资源中找到有权威的文献,能够避免研究的耗时低效,即在文献质量上把好关。一般而言,权威的学术期刊、出版社等文献出版机构在研究成果的出版把关方面更为严格,因此可以挑选其出版的一些文献资料。如教育学术期刊中有影响的一些刊物,一些专业图书情报研究机构根据相关指标确定的核心期刊等,都可以是比较可靠的文献来源。目前,比较权威的教育类期刊如CSSCI收录的来源期刊中的教育类期刊、北大核心期刊中的学前教育类期刊等都具有很好的参考价值。

CSSCI期刊和北大核心期刊简介

CSSCI:中文社会科学引文索引,英文全称为“Chinese Social Sciences Citation Index”,是由南京大学中国社会科学研究评价中心开发研制的数据库,用来检索中文社会科学领域的论文收录和文献被引用情况。2014—2015年收录的教育类期刊有36种,和学前教育直接相关的是《学前教育研究》。此外有的期刊设有学前教育栏目,或者接纳发表学前教育类研究论文。

北大核心：北京大学图书馆联合众多学术界权威专家鉴定，国内几所大学的图书馆根据期刊的引文率、转载率、文摘率等指标确定的。确认核心期刊的标准也是由某些大学图书馆制定的，而且各学校图书馆的评比、录入标准也不尽相同，受到了学术界的广泛认同。

3. 检索的文献最好是第一手资料

研究资料的真实、可靠会给研究带来便利，因此在资料检索中尽量搜集第一手资料。第一手资料是其他研究者亲身实践进行研究的成果，内容上有新颖性和创造性，对于其他人的相关研究具有很大的参考价值。但是这样的原始资料数量庞大，分布也比较分散，所以搜集起来有一定的难度，容易耗费时间和精力，因此有的研究者往往通过"捷径"，利用二次文献来查找自己所需要的信息。不同的文献资料查找途径不同，作用不同，相比比较便利的二次文献等再次利用的文献，第一手资料的原创性等价值是显而易见的，进行教育研究本身就必须付出一定的辛苦和劳动，因此，不管原始资料多么分散，都尽量通过各种途径和来源去寻找，如专著、期刊论文、会议文献、学位论文、各种报告或档案等等。

如果某些文献资料是经过转述的，可能会失去原有资料的特色和内容的真实性。文献中提到或引用的相关文献等资料，研究者可以充分利用，但是如果这样的文献加入了其他研究者的多次转述，或者他人的相关见解，就会对原始的资料有了"再创造"，有了一定的取舍，不再是原来的第一手资料。如果有的研究者在使用这些资源时没有深入全面地对原始材料进行理解和把握，再利用后的文献的准确性和可靠性就很难保证。因此，在按照相关文献的参考资料进行追溯查找时，也要尽量追溯这些被利用的文献的原始面貌和来源，以保证搜集到的第一手资料的可靠性和真实性，从而保证自己进行研究的可信性。

4. 检索的文献要新颖

各种学前教育文献的发表时间不同，在文献检索和搜集过程中要尽量了解当前对于自己研究课题相关的新资料、新信息、新动态，清楚现在的研究状况，也要了解前人做过哪些研究，有什么成果。因此，在搜集检索文献时，可以采用由近到远的方式，这又被称为文献的逆查法，就是从查阅较新的文献开始，近期的研究文献总是会对以前的相关研究进行整理，所以这是比较便利的文献检索方法。一般地，进行课题研究时，要搜集近五年来的本专业领域内对该课题进行研究的基本情况，这个时间段内出版发表的相关专业书籍、学术期刊论文、学术会议论文、硕博士学位论文等，一定要全面搜集。这些文献既能体现相关主题的研究的新进展，同时也可以通过这些文献对以前的研究进行总结概述，并追溯到之前的研究情况。

另外还需要注意的是，搜集文献要有时间方面的连续性，即检索文献时，要能保证查找的文献资料在时间的延续上有连续性和积累性，文献的发布没有时间上的间断，这种时序性可以体现某一个研究课题的发展演变，前人什么时间做过什么研究，后来又有人做了什么方面的接续研究，现在的研究现状如何等，以免文献不全面无法反映课题研究进展。

（二）整理经过筛选的文献

在学前教育研究文献的检索和筛查后，对文献资料进行认真阅读和初步分析。研究者往往面对大量的研究文献进行整理和分析，就是对所查阅到的文献资料进行阅读，在全面了解的基础上，进行系统地分析、归纳整理、综合和评价，并根据这种综合评价撰写文献综述，以便于研究利用。文献整理工作是一个梳理文献的过程，能够加深对于相关教育资料的认识，因此需要阅读和分析。

1. 阅读文献

大量的文献资料需要研究者进行整理和归纳，这就要求首先对收集到的文献资料进行阅读分析。阅读文献需要一定的针对性，要有阅读的合理方式，有时需要反复阅读揣摩。

首先，浏览文献。对检索到的文献资料进行浏览，至少将所有的资料翻阅一遍，尽量不要有遗漏，对于相关主题研究的内容有一个初步的认识和了解。浏览的目的是为了从所有资料中进行甄别和筛选，判断哪些文献是比较权威和有价值的，以便继续进行详细阅读和分析，也要判断出哪些文献比较有价值、哪些没有什么价值，初步将所有文献进行简单分析和归类。注意，在浏览文献的过程中，要剔除某些重复的、过时的，甚至是虚假的材料，保留真正对自己的研究课题有帮助的、有启发的、有创造性的文献资料。

然后，进行详细阅读。对于初步挑选出来的资料进行精读，对文献具体内容进行深度把握和分析，例如，该文献的观点如何，它根据什么理论提出研究主题，从什么角度切入研究，用什么方法进行的研究，提出了什么新的结论，对于自己的研究有何启发，该研究有没有不完善的地方，我们可以从哪些方面进一步深化这个主题的研究，等等，通过详细阅读，全面掌握文献资料的实质内容。在阅读中，要有理性的头脑，用批判和分析的眼光，多问几个为什么，有助于整理和归纳分析文献。

另外，精读文献时还要注意阅读的具体方式，并将自己阅读时受到的启发、想法记录下来。具体的阅读方式包括要善于抓住文献的关键性术语和主题句表达，在主要内容上做标记、做标注等。具体的标记形式如画线、画圈、加着重号等，或者用不同颜色的标记笔将资料的重点内容、新观点等画标记出来。阅读时还要注意先看文献的摘要和结论部分，以对该文献的主要内容先有一个简单认识，然后再细读具体内容。总之，阅读文献时要边读边思考边标记，并随时准备将自己受到的启发记录下来。如果有需要，从已有的文献资料中得到的启发需要新的文献支持时，随时进行新的文献的检索和查找，扩大文献搜索范围，补充已有文献的不足，也就是说阅读和搜索文献工作可同时或交替进行。

需要注意的是，无论用什么方式，研读文献需要过程中的投入，也需要结果的输出，最终能够提取文献的精华，能够推进自身的研究是目标。正如古语所言“操千曲而后晓声，观千剑而后识器”，只有通过大量阅读相关文献研究资料，才会逐渐充实自己的专业根基，提升专业研究能力。而且，研读文献一定要有量的要求。有的学生作为初学者，写作论文只检索和阅读一二十篇就开始下笔，这样不会有全面、坚实的研究基础。因此有学者提出“读书要读三百本，论文要看五百篇”，也实非笑谈。

2. 整理文献

阅读查找到的文献资料的同时对其进行整理、分析、归纳、分类汇总，这就需要研究者对资料进行总体把握，按照文献资料的性质、内容等特征进行整理和汇总，使得研究资料得以系统、完整、集中地呈现。通常采用记录的方法来整理文献。

(1)摘要记录的整理方法。摘要或内容提要是文献资料主要信息内容的概括，是应用比较简洁的文字表达对文献的浓缩，反映该文献的要旨梗概。教育专著一般都会在正文内容前有前言类的说明，论文式的文献都会有摘要或提要内容，研究者要充分利用这些摘要性文字，将所查阅的文献的主要内容、方法、结论信息等记录下来，也将已经解决和未解决的问题记录下来，必要时可以摘抄原文献中的数据等资料。

(2)做好读书笔记。对文献的整理不仅要做摘要记录，也要做读书笔记，将自己对相关文献的思考随时记录下来，即阅读原文献时有哪些心得体会，受到了该文献什么方面的启发，他人的研究什么地方可以进行进一步的拓展研究，某些文献有哪些问题没有解决、有何疑问，怎么简要评价检索到的文献资料，等等。这些启发、收获、评价、思考是对相关文献的深度分析，也是有效利用这些文献，进一步确定自己研究课题的准备。

在整理文献时要注意：对相关文献要保存、分类，最好建立便于以后查找的目录体系，将文献编号整理，分类建立文件夹，分类放置档案袋中。另外，保存记录文献资料时资料的所有信息特征要完整，文献的作者、发表的时间、具体的出处以及出版单位等都要标明。同时要注意，记录原始文献时要忠实原文原意，真实、准确，不要有添加，认真阅读和分析整理，在依实的基础上进行再利用，所以一定要将摘记类的整理和阅读时自己的思考和想法区分开来，以免在以后的引用说明时出现歪曲原文献的情况。

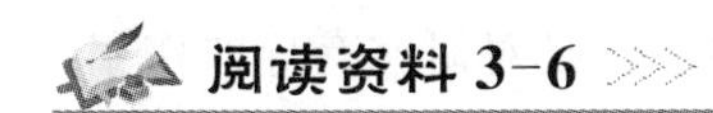

阅读资料 3-6

关于分析和综合

通过判断，混乱的资料得到澄清，表面上支离破碎和互不联系的事实得以串联起来，这种澄清便是分析，这种连贯或形成整体便是综合。对我们来说，种种事物可以有特殊的感觉；它们可能使我们有某种难以表达的印象。这一物体可能被觉得是圆的(就是说，后来我们才能把这种表现的性质规定成“圆”)，一种行动可能是粗鲁的；然而这种印象，这种性质可能被融化，被吸收，混合在整个情境中；只有当我们在另外的情境中遇到困惑或难以理解的事物时，我们才需要利用原先情境的特点作为理解的工具。这样我们才能把那种特点分离出来，使之成为个别化的东西。只是因为我们需要说明某些新的物体的形状，或某些新的行动的道德性质，我们才把经验中的圆形或粗鲁的因素分离出来，使之成为显著的特点。如果选择出的因素能使经验中含糊的成分得到澄清，如果它把不确定的成分搞清楚了，那么它的意义也就确定了。

资料来源：约翰·杜威. 我们如何思维[M]. 伍中友，译. 北京：新华出版社，2014：90-91.

二、撰写文献综述

（一）文献综述概述

1. 文献综述的含义

文献综述是对文献资料内容的评价分析性阐述。可以说，文献综述是一种对已取得的研究成果或研究文献进行的“再研究”，也有人说其属于“元研究”，即“研究之研究”。

相关研究课题方向确定后，即开展文献检索工作，对检索到的资料进行系统的、全面的整理和分析，在进行阅读、比较、分类和综合的基础上，对于某个研究主题的研究成果、现有的水平和状况、存在的争论及焦点问题等进行叙述和评价，形成一定的文字形式，就是文献综述。因此，文献综述既是静态的文献总结阐释，也是动态的归纳分析过程。

2. 文献综述的作用

对教育研究而言，文献综述就像是路标，它可以帮助学习者和研究者识别研究的起源与进程，告诉研究者哪些文献是未来研究的根源。同时，重温前人所做的相关研究，可以使研究者清楚地知道自己需要研究什么、可以研究什么、怎么去进行研究。因此，文献综述之于学术研究的意义是特殊而深远的，研究者都要逐步形成对文献的解读、整理和分析、综合和写作的能力，要精于文献综述的撰写。

进行学前教育研究和其他领域的研究一样离不开文献综述。进行学前教育文献资料的检索最终目的就在于综合整理这些相关文献，并进行分析和评价。撰写学前教育研究文献综述的意义具体可表现在：一是有助于研究者掌握研究信息。对学前教育文献的整理分析和评价，可以为研究者提供相关主题的学前教育研究动向，了解最新进展和新的研究成果，也可以为其他研究者提供课题方面的研究信息。二是对研究有导向作用。比较成功的文献综述有较为严密的逻辑分析能力和可靠的总结和评价能力，可以对将要进行的相关的学前教育研究的具体方向进行发展趋势的预测，这可以为研究者提供研究的方向，使得研究有理有序展开。

牛顿说过：如果我比别人看得更远些，那是因为我站在前人肩上的缘故。一篇好的文献综述就能起到这样的作用。

3. 文献综述的特点

文献综述是对相关研究文献的“综”和“述”，同时还要进行一定的评价分析。因此其特点主要表现在以下几个方面：

首先，文献综述具有综合性。文献综述是对一定教育研究课题的研究成果的综合性概括，包括各种来源的教育文献，因此要求研究者在文献检索时一定要全面，尽可能将所有能查找到的各种研究成果都搜集到手。同时，研究者要对查找到的资料进行认真细致的整理分析，将不同研究者、不同派别的观点和结论用清楚、明晰的方式综合表达出来，因此内容上也要体现综合性的特征。

其次，文献综述具有叙述性。文献综述是对相关研究资料成果的阐述，尽量保证原汁原味，将不同研究者的观点内容进行比较客观的叙述，不需要进行很多的加工，即使是转述也要有客观中立的立场。

再次，文献综述具有评价性。在综述过程中，不要将文献资料进行简单地堆砌，要进行合理的分析和评价。因此，文献综述的重点是"述"，关键点却在于要"评"，即评价性地进行叙述。这就要求研究者在介绍了他人的研究成果后，要在综合分析的基础上进行评价，发表自己的观点和见解，对原始文献研究做出评论。这种综述本身就是具有创造性的成果，在以文献研究作为单独的教育研究方法中，就是以这类分析评论性的综述来表述研究成果的。

(二) 文献综述的基本结构

文献综述要综合评述与相关研究课题相关的学前教育的详细资料、动态、进展等，既有介绍又有评论，因此和一般的学术论文写作有所不同，具体形式也相对多样，但总体来说基本结构都包含以下部分：前言部分、主体部分、总结部分、参考文献。

1. 前言部分

前言是提出问题的开头部分，一般先说明撰写文献综述的目的和意义，介绍相关研究概念、综述的范围，对研究的问题的历史、资料的来源、现状和发展动态进行简要的说明，同时也交代选择这一专题的目的和动机、应用价值和实践意义。如果属于争论性课题，要指明争论的焦点所在，使得读者对要叙述的问题有初步的了解和认识。因此，前言部分要尽量简明扼要，语言精练，突出重点。

2. 主体部分

主体部分即文献综述的正文，主要包括论据和论证，通过提出问题、分析问题和解决问题，比较各种观点的异同点及其理论根据，从而反映不同研究者的见解。文献综述的正文在写作时没有具体的固定格式，表现形式多样化。具体写作可以按照相关学前教育研究文献的年代顺序进行综合叙述，也可以按照研究问题的不同研究角度或方向进行分析阐述，或者按照不同的观点进行比较分析，写法不一而足。不管哪种表现手法和形式，都要将研究的问题的来源和背景、研究现状和发展趋势阐述清楚，通过对文献资料的归纳、比较、综合，对这些问题加以评价讨论，有理有据地展开分析并清楚地呈现。具体来说，文献综述的主题部分应包括历史发展、现状分析和趋向预测几个方面的内容。

（1）历史发展：主要是按照时间顺序，简要说明某一学前研究课题的提出及各历史阶段的发展状况，表现出各阶段的研究水平。主要是应用纵式写法，围绕某一专题，按时间先后顺序或专题本身发展层次，对其历史演变、目前状况、趋向预测做纵向描述，勾画出这一研究专题的来龙去脉和发展轨迹，对相应课题研究各个阶段的发展动态进行扼要描述，说清楚已经解决了哪些问题，取得了什么成果，还存在什么问题，以后的发展趋向是怎样的，把发展层次交代清楚，把握脉络要分明。需要注意的是，文献综述不是简单地罗列事实，而是要有作者自己对资料的创造性综合和概述，有的研究课题成果多、时间跨度较大，在综述中就要抓住具有突破性的文献进行详细介绍，对那些一般性的、重复性的资料就不必重点介绍，而是可以从简从略，做到既突出重点，又详略得当。

（2）现状分析：主要是介绍国内外对某学前研究课题的研究现状的各个方面，对各派观点、各家之言、各种方法、各自成就等加以描述和比较。将归纳、整理的科学事实和资料进行排列和必要的分析，尤其是横向的对比分析，将各种研究观点或见解、研究方法及研究成果的优劣利弊体现出来，同时将自己的研究同国际国内同行的研究进行比较，找到问题或差距。需要注意的是，在进行现状分析的时候，对有创造性和发展前途的理论或观点要详细介绍，并引出论据；对有争论的问题要介绍各家观点或学说，进行比较，指出问题的焦点和可能的发展趋势，并提出自己的看法。对陈旧的、过时的或已被否定的观点可从简介绍。对一般读者熟知的问题只要提及即可。现状分析一般应用横式写法，即进行国际国内的相关研究横览，文献资料较新，若能全面把握相应文献，能对自己或同行的研究起到借鉴和启示作用。

（3）趋向预测：在文献资料分析的纵横对比中肯定相关业内就课题的研究水平、存在的问题和不同观点，在此基础上提出对该研究方向的展望性的意见。这部分内容要写得客观、准确，要为相关课题的接续研究指明方向。

注意：主体部分是文献综述的重点，所分析和阐述、评论的文献必须是学前教育研究领域中比较权威的，要求有一定代表性和创造性的文献，在引用时也要注意尊重原文献内容的原意，客观公正地引用并进行阐述和评论。

3. 总结部分

文献综述的总结是对正文部分的归纳小结，是将相关的研究成果、观点等进行综合概括、评述，指出相关研究的完善和不足之处，提出今后研究的方向和展望，并据此提出自己的课题研究的具体方向和观点。

4. 参考文献

参考文献是综述的重要组成部分。所有在综述中引用或列举的文献资料都要标明，没有直接提到，但是对自己的课题研究有启发和一定价值的文献也可列出。参考文献的标注既体现了文献资料引用的依据，也是对其他研究文献作者的尊重，同时参考文献的多少可体现研究者阅读文献的广度和深度。

列参考文献需要注意以下几点：(1)做文献综述需关注当前研究现状，因此必须搜集近三年到五年内的文献，以反映该研究方向的最新动态；(2)参考文献的标注有一定的格式，在文末的排列要有序号，书写格式也要按照一定标准，文献的信息项要列全。

阅读资料 3-7

参考文献格式及示例

著作类：

作者.书名[M].出版地：出版社，出版年，页码.

期刊文章类：

作者.文章题名[J].期刊名，出版年，卷(出版期次)：页码范围.

报纸文章类：

作者.文章题名[N].报名名称，出版年-月-日(版次).

学位论文类：

作者.论文名[D].学校所在地：学校名称，写作时间.

网络公告类或数据库文献：

作者.文章题名[EB/OL 或 DB/OL].来源网址，时间.

参考文献格式的具体示例：

[1] 李季湄，冯晓霞.3～6 岁儿童学习与发展指南解读[M].北京：人民教育出版社，2013.

[2] 孙彦.农村幼儿教师的生存状态与职业承诺、专业发展[J].中国健康心理学杂志，2015，23(5)：684-687.

[3] 林瑞华.金融风暴下玩具业与动漫业加速融合[N].中国文化报，2009-4-24(4).

[4] 杨柳.影响幼儿教师职业认同的社会因素研究[D].广州：广州大学，2015.

[5] 汤静怡."95 后"幼儿园男教师的一天[EB/OL].新华网江苏频道，http://www.js.xinhuanet.com/2015—09/10/c_1116523864_2.htm.2015-9-10.

[6] 教育不能脱离日常生活经验与实践——兼说中美教育的差异[EB/OL].http://www.chnkid.com/show-77-577304-1.html.

(三) 文献综述撰写的基本要求

文献综述有自己的特点，它的写作和"读书笔记"以及"读书报告"不一样，和一般的研究性论文写作也不相同。在撰写文献综述时应注意以下几方面的基本要求：

1. 搜集文献资料要齐全

要写好文献综述，首先就要对所要研究的学前教育问题有整体的、全面的把握，因此搜集到的文献一定要尽量全面，这样才能了解某课题领域的纵向研究发展情况和当前研究现状，才能进行综合和概述、分析。如果查找的文献资料有限，搜集到一点资料就觉得可以了，甚至有的人带着个人的偏好对资料进行选择性查找，就会导致以偏概全，在这种基础上进行相关课题的研究，就好像将房子建立在了不牢固的地基上，其科学性和创造性等价值不会很大。

2. 精选文献资料

撰写文献综述不是将所得到的学前教育资料进行堆砌和简单拼凑，而是据此将材料按一定的线索进行综合、分析。因此综述的文献要有一定的代表性，不必将所有的文献都罗列出来，而是将那些具有权威性、针对性及前瞻性的资料进行主要的介绍和概括分析。一方面，用来进行综述的文献要"精"，不遗漏重要的相关研究成果和精辟的论述；另一方面，这些文献也要"新"，能反映最新研究取向，介绍有价值的学前教育研究前沿内容。所以，文献综述的撰写过程也是体现了研究者的一定创造性工作的过程。

3. 引用文献要忠实

撰写文献综述的基础是阅读和把握相关研究课题的大量学前教育文献资料，在写作中直接或间接地引用，以进行综合、分析。每一篇文献都有作者自己的观点和角度，研究成果也不尽相同，有的甚至是相左的看法，在整理分析和评述这些文献时，一定要注意应用时忠于文献本身的观点和事实，认真阅读领会其原意，不能断章取义，也不能歪曲或篡改文献的内容，要有条理地、清晰地阐述，将有代表性的文献资料的观点进行综述，也按照一定的逻辑标明文献综述撰写者自己的观点。

4. 体现研究者本人观点

文献综述的特点在于既"综"又"述"，综述一定要体现出文献综述者本来的评论分析，因此必须在精心阅读和把握相关文献后，将有价值的资料以一定的线索连接起来，系统地总结学前教育某具体领域的研究进展和现状，尤为重要的是，研究者一定要对这些相关研究进行评述，对以往研究发展和现状及趋势进行批判性分析，指出其优点、不足，从各个角度进行思考。文献综述不是单纯的介绍，研究者要区别清楚相关文献中的观点和自己的观点的不同，要敢于、善于发表自己的观点，以确定进一步地研究具体问题和发展方向。

5. 参考文献不能省略

撰写文献综述时绝对不能省略参考文献，要将文献资料按照一定的规范在文末标注出来，在文中也要用一定的格式将其注明，以备其他研究者和读者进行查阅参考。一般地，文献资料在文献综述的文中出现有先后顺序，文末的文献序号要和文中的前后顺序相应，如果重复出现不必重复标注。

（四）撰写文献综述应注意的问题

1. 切忌"综"而不"述"

撰写文献综述最重要的一点在于既要综合，也要在此基础上进行概述。如果文献的解读不够全面和深入，在做综述时就会简单罗列，甚至大量引用别人的原文话语，这是不符合要求的。撰写综述必须充分理解已有的相关研究文献的内容和观点，并按照合理的逻辑将它们准确地表述出来，可以是按照研究的时间顺序，也可以是按照研究观点的内在逻辑，等等。如果没有这种综合概述，而仅仅将前人的观点罗列出来而未进行系统分类、归纳、分析和提炼，那其内容就会十分混乱，体现不出作者的“声音”到底在哪里。这样的综述起不到进行研究的基础的作用，难以厘清所要研究问题的逻辑脉络、存在的问题等，更不必说走到问题研究的前沿了。

2. 切忌忽视对文献的批判

有些研究者对于相关研究文献的把握不够深入，人云亦云，没有对于其他研究进行批判的能力和勇气，容易忽视研究中的“挑剔”意识，因此导致对文献观点进行罗列。尤其是初学者在进行研究时，检索到的文献大多是自己的师长的研究成果，更是持有褒扬、赞同的态度，有的是不愿意进行研究批判，有的是能力不足以进行研究批判。这样的结果是，大量引用他人的著作，每段话均以谁说为起始，结果使自己的论文成为他人研究有效与否的验证报告，没有什么创造性，自然也无法说服读者相信自己的论文有重要贡献。

3. 切忌观点相混

在文献综述中，主要是对他人的研究进行梳理，并用适宜的方式和逻辑表述出来。具体地，要梳理相关学科领域某研究方向的研究现状及动态，厘清该研究的进展、成果以及困境，为后续的研究提供有价值的参考。因此，文献综述的重点在于“综”，即其主要部分应是对前人观点的客观阐释和分析；个人观点要合理适当地进行“述”。作者个人的观点可以适当穿插其中，起到点睛式的评论或启示的作用，但不应是综述类文章的主体。特别是文献综述中经过分析和提炼的观点必须以原文献为依据，具有高度的客观性，读者读后能够分清哪些是原作者的观点，哪些是综述者的观点，二者不能混在一起。

课堂讨论 3-1

讨论话题：幼儿园男教师比例和生存状态

讨论内容：众所周知，幼儿园中男教师非常稀缺。这固然受到职业特点影响，但也因人们固有的传统观念作祟，同时也受到职业待遇等影响。新华网 2015 年 9 月 10 日刊发图文《“95 后”幼儿园男教师的一天》，2016 年 1 月 21 日也刊文《身陷女老师包围 上海幼儿园男老师最怕孤掌难鸣》。

讨论要求：若对幼儿园教师性别问题进行研究，讨论并确定进行研究工作所需文献的范围，并进行文献资料的检索。请完成以下工作：

1. 针对此研究方向，你可以查找什么类型的文献？通过什么途径可以找到这样的文献资料？

2. 请分成小组，运用选定的文献检索方式进行此研究方向的文献资料的检索。

3. 将检索到的文献资料整理记录并保存下来，每个小组做一个分类的文献目录索引。

4. 对检索到的文献资料进行分析和解读，撰写一篇文献综述。

讨论话题的文献来源：

[1] 汤静怡."95后"幼儿园男教师的一天[EB/OL]. 新华网江苏频道，http://www.js.xinhuanet.com/2015—09/10/c_1116523864_2.htm.2015-9-10.

[2] 身陷女老师包围 上海幼儿园男老师最怕孤掌难鸣[EB/OL]. 新华网，http://news.xinhuanet.com/local/2016—01/21/c_128653603.htm.2016-1-21.

本章小结

1. 文献是进行教育研究的基础。进行文献检索就是指利用各种手段和方法在海量的文献资源中查找并获取相关的文献信息。可以从图书馆、教育研究机构的资料室、学术会议、网络等获得教育类文献。

2. 文献检索需要一定的检索工具。检索工具有多种，常用的有目录型、题录型、文摘型、索引型工具。在当代信息极速发展状况下，应用计算机和互联网进行文献检索成为研究工作中的必需。可以用其进行馆藏文献的联机检索，也可在互联网搜索引擎、教育类网站进行检索，或者利用专门的数据库进行文献检索。

3. 文献检索经常用到的方法有顺查法、倒查法等直接查找法，也可以应用相应研究的参考文献进行追溯查找。

4. 在检索了大量的研究文献后，要按照相应要求和注意事项对这些文献进行全面的阅读、分析和综合、整理利用，并撰写文献综述。文献综述在结构上包括前言部分、主体部分、总结部分、参考文献。

5. 在撰写文献综述时要注意，一定要在完善齐全的文献基础上进行归纳概述，筛选的文献资料要有价值，引用的文献要客观，同时也要体现研究者的一定观点。

拓展阅读

1. 张斌贤，李曙光. 文献综述与教育学博士学位论文撰写[J]. 学位与研究生教育，2005(1):59-63.

2. 明文婷. 中美高等教育期刊论文比较研究[D]. 武汉：华中师范大学，2014.

3. 赵炬明. 高等教育研究中的文献研究与文献综述[J]. 高等工程教育研究，2011(2):50-57.

思考与探索

1. 教育文献有哪些类型？搜集一些教育研究文献并尝试进行分类。

2. 你清楚教育文献的基本来源吗？请尽可能多列举几种文献来源。

3. 简述文献检索的过程和方法，并选定一个具体的学前教育研究方向，利用学过的检索工具和方法进行文献的检索。

4. 结合上题检索的过程，分析进行学前教育文献的检索有何基本要求。

5. 请分析文献综述撰写的基本要求，说明其写作结构，找一篇文献综述对其进行结构和内容分析。

观察，观察，再观察

——伊凡·彼德罗维奇·巴甫洛夫（Иван Петрович Павлов）

第四章 教育观察法

学习目标

- 了解教育观察法的含义、特点，分析教育观察法的优越性和局限性
- 理解不同划分依据下教育观察法的不同类型
- 掌握教育观察法的一般程序和教育观察法实施的具体方法
- 能够灵活使用教育观察法，根据研究主题使用不同类型的教育观察方法，并能够根据研究需要设计观察记录表

核心概念

教育观察法；参与观察；非参与观察；结构观察；非结构观察；时间取样法；事件取样法

本章导读

人类无时无刻不在通过观察来获取外部世界的信息，观察是人类获取信息的重要途径之一。教育观察法作为学前教育重要的科研方法之一，是幼儿教师常用的科研方法。本章主要从概述和教育观察法的设计与实施两方面介绍教育观察法的相关内容。通过本章的学习要求学生了解教育观察法的含义、特点和分类，及教育观察法的一般程序和具体方法的操作和实施。

第一节 教育观察法概述

杭州天长小学开展的一项大班幼儿与一年级小学生 24 小时内各类活动时间的观察

研究，观察对象是100名儿童，其中有来自九所幼儿园的50名大班幼儿，与去年从这九所幼儿园毕业、现在在小学一年级学习的50名儿童。观察过程是使用分钟计时，24小时不间断，观察100名儿童一天24小时内的全部活动。儿童在幼儿园或小学内的活动情况由教师跟踪观察并做详细记录，在园外、校外活动情况由家长进行观察记录。观察者把儿童活动分为休息、一般生活活动、明显的体力活动、自由的智力活动，需要意志控制的智力活动等5类，并分别给这5类活动以操作性定义（见表4-1），并设计了观察记录表（见表4-2）。

表4-1 儿童活动名称及分类标准

类 别	名 称	归类标准
第一类	休息	体力与脑力均处于静息状态，包括晚上睡眠和午休
第二类	一般生活活动	日常生活活动，一般不需要明显的脑力活动，但也不是明显的体力活动。如起床、穿衣、梳洗、大小便、吃饭、吃点心、闲谈
第三类	明显的体力活动	明显地需要消耗较多体力的运动性活动。如上体育课时的运动活动，玩各种运动器具，与同伴追逐，走比较长的路，运动性游戏
第四类	自由的智力活动	智力活动，需要动脑筋来接受知识，认识事物解决问题，但这一智力活动过程不需要意志的控制，是在无意注意状态下进行，自由而不受约束的。如向别人提出智力性的问题，并听别人这方面的解答，观看电影、电视，阅读儿童读物，听故事
第五类	需要意志控制的智力活动	智力活动，并且是要求在有意注意状态下进行的紧张的智力活动，活动时受到纪律的约束或是成人对儿童有一定的要求而非完成不可的。如上晨会课、文化课、完成资料的收集与整理

表4-2 24小时活动观察记录表

姓 名	性 别	年 龄	所在幼儿园/小学	班 级	活动名称	活动时间

观察人______ 观察时间____年____月____日

认真阅读上述案例，思考什么是观察法，观察法的基本程序包括什么。

从上述案例来看，观察法是根据研究目的，对观察对象进行观察研究搜集资料的过程。在观察法中基本程序包括观察目的、内容、对象的确定，观察类型的选择、观察记录表的设计及观察法的实施。

一、教育观察法的含义及特点

(一) 教育观察法的含义

观察，是指人们对周围事物现象和过程的认识。观察的重要特点是在“自然发生”的条件下，对观察对象不加任何干预和控制。

教育观察法是教育研究人员通过感官或借助于一定的辅助仪器，在一定时间内有目的、有计划地对处于自然状态下的客观事物进行感知考察并收集资料的一种科学研究方法。教育观察法是教育研究中最基本、最常用的一种方法。①

对于幼儿教师来说，时刻都处于观察的状态，不论是在教学活动中还是在幼儿游戏过程中，教师都要通过观察来了解幼儿的情况，发现和解决问题。从观察的系统性来看，幼儿教师的这种观察属于日常观察，是人们通过自己的亲身感受或体验来获得有关研究对象的感性材料，这种观察法带有较大的自发性和偶然性，观察结果只是一般地储存在个人经验系统中，很少用理论来分析。除日常观察外，另一种观察是科学观察，它需要研究者按照预定的计划，对观察对象的范围、条件和方法做出明确选择，有目的、有系统地直接观察处于自然条件下的研究对象，搜集材料并加以科学分析。但日常观察与科学观察并不存在不可逾越的界线。从观察过程而言，由自发的日常观察可能引发需深入研究的科学课题，从而做进一步的科学观察，而科学观察也要有日常观察的好奇和兴趣，才能发现更多问题，搜集到更丰富的第一手资料。② 我们这里所界定的教育观察法属于科学观察，对幼儿教师来说在幼儿园里有丰富的日常观察机会，为进一步科学观察研究提供了便利，所以教育观察法是幼儿园非常实用的研究方法。

(二) 教育观察法的特点

1. 观察的目的性和计划性

与教师的日常观察相比，教育观察法中的观察更有目的性和计划性。在教育观察法中，教师不是随机观察学生的表现，而是根据要研究的问题，有目的地集中观察，在观察范围上更加明确，在观察内容上更加具体。同时，在进行教育观察时，不是无计划地随意观察，而是根据提前制定的研究计划一步一步进行观察。

2. 观察对象的自然性和观察的客观性

在教育观察法中要求观察的对象必须处于自然状态，而不是为了让研究者观察而故意表现，这样就失去了研究的价值。所以，不管什么类型的教育观察，都要求被观察者处于自然状态。在教育观察法中，要求研究者能够根据研究需要客观、准确地观察，客观准

---

① 裴娣娜. 教育科学研究方法[M]. 沈阳：辽宁大学出版社，1999：98.

② 裴娣娜. 教育科学研究方法[M]. 沈阳：辽宁大学出版社，1999：99.

确地进行观察记录。这两点是研究有效性的重要保证。

3. 观察的直接性

与其他研究方法相比，教育观察法在收集研究资料方面更加直接。在教育观察法中，不需要猜测被观察对象的想法，只需要根据研究主题在特定观察场域中对观察对象的表现进行客观记录，直接获取研究资料。

二、教育观察法的类型

从不同的角度可以把教育观察法分为不同的类型。了解教育观察法的类型，可以在实际研究活动中根据研究主题，选择适合的教育观察法类型进行观察研究。

(一) 直接观察与间接观察①

根据观察的方式不同，教育观察法分为直接观察和间接观察。

直接观察时凭借人的感官，在现场直接对观察对象进行感知和描述，相对来说，更为直观具体。

间接观察是利用一定的仪器或其他技术手段为中介对观察对象进行的观察。这类观察突破了人的生理能力的局限，扩展了观察的深度和广度。

阅读资料 4-1

持续性噪音与间歇性噪音对幼儿行为影响的比较研究

持续性噪音和间歇性噪音，作为幼儿日常生活中两种十分常见的、不同性质的噪音，能够对幼儿活动中的各种行为产生影响。从巴克等人的生态心理学视角出发，以某幼儿园中班幼儿为研究对象，采用视频录像技术，客观记录幼儿在持续性噪音和间歇性噪音两种不同性质噪音情境中的自由活动情况，在量化分析的基础上，阐明两种噪音对幼儿行为的不同方面产生的影响以及影响程度的差异性。

资料来源：方慧. 持续性噪音与间歇性噪音对幼儿行为影响的比较研究[D]. 上海：华东师范大学，2007.

(二) 自然观察与控制观察②

根据观察的情境条件不同，把教育观察法分为自然观察和控制观察。

自然观察也称现场观察，指在现场自然情境中，对观察对象不加以控制的一种观察。通常使用纸和笔对偶然现象或系统现象作描述性的记录和分析。控制观察又称实验室观察或条件观察，指在研究者控制条件的过程中，对现象或行为进行的观察。通常要求观察程序标准化，观察问题结构化。

---

① 裴娣娜. 教育科学研究方法[M]. 沈阳：辽宁大学出版社，1999：101.

② 陶保平. 学前教育科研方法[M]. 上海：华东师范大学出版社，2006：71.

阅读资料 4-2

皮亚杰客体永久性实验观察

根据皮亚杰的说法，婴儿最初完全是以转瞬即逝的感觉印象来看这个世界：他们生活在此时此地，对于他们能够直接知觉到的范围之外的任何东西，他们没有任何的意识。给他们一个可爱的玩具，他们会伸手去够它。但当大人在他们抓住玩具前用一块布盖住玩具的时候，他们就会停止抓取，把自己的注意力转向别处，似乎玩具不再存在一样。只有到出生 9 个月之后，婴儿才会继续他们的寻找——在皮亚杰看来，这种寻找意味着婴儿在无法感知到玩具时，玩具仍在他们的头脑中。这就是获得客体永久性的开始。但是这种观点仍有局限，如果在藏玩具和允许婴儿伸手之间加入一段时间间隔，结果就会有所不同。皮亚杰认为，只有到了大约 18 个月时，婴儿才能以基本成熟的形式对消失的玩具进行心理表征。

课堂讨论 4-1

华生经典情绪唤起与解除实验

在一名叫阿尔伯特的 11 个月大的婴儿身上做的惧怕条件反射。实验初期，阿尔伯特与小白鼠玩了 3 天。后来，当阿尔伯特开始伸手去触摸白鼠时，脑后敲起了钢条的声音。阿尔伯特猛然跳起，向前摔下，将头埋进垫子，但没有哭。第二次，正当他的右手刚触摸白鼠时，钢条又被敲响，他又猛然跳起，向前摔倒，开始哭泣。一周以后的几次白鼠与响声的组合刺激也都引起孩子惊起。最后，当白鼠单独出现后，阿尔伯特表现出极度恐惧，转过身去，扑倒在地，匍匐前进，躲避白鼠。几天以后，华生及其同事试验刺激的泛化。他们发现阿尔伯特玩耍很多东西，但惧怕任何有毛的东西。不管是他看见了白兔、狗、毛大衣、棉毛或圣诞老人面具，他都哭或焦急，纵然以前根本没被这些吓怕过。可见阿尔伯特的惧怕已泛化到一切带毛的东西上了。出于道德原因，这个实验曾遭到学术界严厉批评，但实验确实提供了惧怕条件反射形成的证据。

根据所学知识，讨论一下案例属于自然观察还是控制观察，为什么？

（三）参与观察与非参与观察①

根据观察者是否直接介入被观察者的活动，可以把教育观察法分为参与观察和非参与观察。

参与观察是一种独特的观察方式，它要求观察者不暴露自己的真实身份，加入被观察者的群体或组织中，进行隐蔽性的观察。例如，为了解西北贫困地区儿童的生活状况，

① 陶保平. 学前教育科研方法[M]. 上海：华东师范大学出版社，2006：72.

研究者可以到该地区与当地儿童长期生活在一起进行观察，对该地区儿童的生活状况进行了解。

非参与观察指观察者不介入观察对象的活动，以局外人或旁观者的身份进行的观察。这种观察可以是公开的，即被观察者知道有人在观察；也可以是隐蔽的，即被观察者在不知晓的情况下被观察。一般来说，绝大多数的观察是采用非参与观察进行的。

(四) 结构观察与非结构观察①

根据观察实施的方法不同，把教育观察法分为结构观察和非结构观察。

结构观察是有明确目标、问题和范围，有详细的观察计划、步骤和合理设计的可控性观察。观察前通常要设计好观察记录表，并在观察中严格按照制订好的计划进行观察，可用于对观察对象非常了解的情况下。

非结构观察时对研究问题的范围目标取弹性的态度，观察内容项目与观察步骤不预先确定，也无具体记录要求的非控制性观察。常用于对观察对象不甚了解的情况。

以上几种教育观察的不同类型，各有优势劣势，我们在学前教育研究中需要根据自身研究的需要进行合理选择。

三、教育观察法的评价

教育观察法具有直接性、客观性的特点，观察对象处于自然状态、真实自然。其对于学前教育研究来说是最直接和方便的一种研究方法。同时，观察研究的本质又决定该方法本身具有一定的局限性，如在自然状态下很容易有不可控的干扰因素，观察的进程不会那么顺利。

(一) 教育观察法的优越性

教育观察法的优越性表现为以下几点：

1. 在教育现象发生的当时进行现场观察和记录，能够搜集到事后无法搜集的资料，同时也能注意到事发现场的气氛和情境，有利于全面把握问题的实质。

2. 能够得到不能直接报告或报告可能失实的资料。比如，在有语言沟通障碍或被试不愿配合的情况下，用观察研究获取资料将更为可取。②

3. 观察研究在学前教育科学研究中尤其具有特殊的价值③

观察研究特别适合以幼儿为研究对象。首先，观察研究不需要幼儿做出超出自身水平的反应。幼儿因其年龄特点及身心发展水平的限制，言语表达和理解能力较低，行为的随意性强，自控力差，使用其他研究方法往往很难奏效。而观察研究主要考察儿童的自然行为表现，无需儿童做出超出自身水平的反应。其次，儿童不易受到干扰、不会掩

---

① 裴娣娜. 教育科学研究方法[M]. 沈阳：辽宁大学出版社，1999：102.

② 左瑞勇. 学前教育科学研究方法——理论·操作·应用[M]. 重庆：重庆出版社，2008：66-67.

③ 张燕，邢利娅. 学前教育科学研究方法[M]. 北京：北京师范大学出版社，1999：63-64.

饰,观察结果比较自然真实。其三,观察研究可以捕捉发展中的过程,有利于考察幼儿心理和行为发生发展的全过程及其影响因素。最后,观察研究主要针对幼儿外显行为进行考察和记录,相对其他方法而言,所得资料受研究者主观因素的影响要小。

(二) 教育观察法的局限性①

教育观察法的局限性主要有以下几点:

1. 无法推断事物之间的因果关系。由于观察研究主要针对外显行为,因而一般只能发现事物之间的表面联系或偶然联系,无法真正揭示事物之间的必然的、内在的、本质的联系。

2. 所获资料琐碎、不系统。由于观察研究的样本较小,就可能导致所获资料不系统、普遍化程度不高、缺乏准确性等问题。

3. 观察者的介入可能会影响被试的心理、行为的变化(即所谓"观察反应性"现象),从而影响观察效果。

4. 受被试活动空间和时间的限制,研究者比较被动,无法观测到全面的情况,不利于全面解释被试的行为。

以上对教育观察法优越性和局限性的讨论,目的是要我们在学前教育研究中充分利用教育观察法的优点,客观直接地收集资料。同时,尽量控制教育观察法的局限性给研究带来的不便,将教育观察法与其他研究方法结合,避免对研究结果的影响。

第二节　教育观察法的设计与实施

一、教育观察法的设计

学前教育科学研究中的教育观察研究不是幼儿教师日常的随机观察,而是有目的有计划进行的科学研究活动。为了确保研究的有效进行,在进行教育观察研究之前必须对教育观察活动进行设计,如确定观察目的、对象、内容,选择观察类型等将观察过程具体化,具体包括以下几个方面:

(一) 确定观察目的、对象和内容

根据研究主题首先要明确以下几点:通过教育观察要为本次研究解决什么问题?为了解决这个问题,要观察什么内容?在明确观察内容的同时根据研究主题确定观察对象。这个思考过程是进行教育观察前必须进行的,要完成这个过程需要查阅相关资料,全面深入了解研究主题,明确观察目的、对象和内容,为整个观察研究过程的顺利开展奠

---

① 左瑞勇.学前教育科学研究方法——理论·操作·应用[M].重庆:重庆出版社,2008:67.

定基础。以“日常活动中小班师幼互动现状研究”为例，根据研究主题我们要首先明确研究目的是了解在日常活动中小班师幼互动的总体特征和一般趋势，以及不同类型幼儿园小班师幼互动的差异。根据观察目的确定观察对象为不同类型幼儿园小班的教师和幼儿，观察内容可以从师幼互动的范围、发起、性质、反馈、内容等方面进行观察。

(二) 选择观察类型

根据已确定的观察目的、对象和内容，来选择观察类型。对于观察类型的选择十分重要，根据之前介绍的观察类型综合进行选择，需要注意的是，一个研究中可以选择多种观察方式，只要可以为实现研究目的服务就都可以进行选择。以“日常活动中小班师幼互动现状研究”为例，根据观察目的、对象和内容，选择结构观察、非参与观察和直接观察的观察类型，三者结合为研究服务。

(三) 制定观察记录表

观察记录表是帮助研究者获取观察资料的重要工具。观察记录表是否详细、得当、简单易行，是决定观察效果的重要因素。[①] 关于观察记录表的具体内容会在教育观察的具体方法中详细介绍，以“日常活动中小班师幼互动现状研究”为例，根据研究需要和前期进行的资料搜集，设计了“师幼互动观察记录表”（如下表）作为观察工具，在幼儿园日常活动中对师幼关系进行详细记录。

表 4-3 师幼互动观察记录表

幼儿园________ 班级________ 被观察人数________

观察日期________ 起止时间________ 观察者________

互动背景	互动范围			互动发起		互动反馈			互动性质			互动内容			合计
	集体	小组	个别	教师	幼儿	积极	消极	无反馈	肯定	否定	中性	上行	下行	平行	
学习															
游戏															
生活															
合计															

教育观察法的设计是进行教育观察的前提和依据，与接下来要介绍的教育观察法的实施和具体方法环环相扣。

二、教育观察法的实施

(一) 教育观察法实施的一般程序

根据前期对教育观察的设计，我们明确了观察目的、对象、内容和类型，并根据研究

① 裴娣娜. 教育科学研究方法[M]. 沈阳：辽宁大学出版社，1999：104.

需要制定了观察记录表。接下来我们就要实施前期的设计，具体分为以下几个方面：

1. 培训观察人员。把准备参与观察的研究者集中起来进行培训，使他们领会、理解观察目的、任务，明确自己的责任，熟悉和熟练使用观察工具，特别要强化观察者认真负责、科学严谨的研究态度。由于观察人员的素质高低直接影响着观察结果的可靠性和有效性，尤其在那些对专业背景要求比较高的观察研究中，观察人员的素质对观察结果的影响更大，因此，如何选择和培训观察人员也是一个需要事先思考和设计的问题。①

2. 试观察。这一部分往往容易被忽略，很多研究者在设计工作完成之后直接进行正式观察，但在大量资料收集到后才发现很多设计问题与研究需要不符。试观察这个阶段就是发现问题的阶段，通过小范围的试观察，发现观察工具与观察者在观察过程中是否存在需要改进的地方以更好地为研究服务。

3. 观察工具和记录表的修订。根据试观察阶段发现的问题，对观察工具和记录表进行修改，观察者也可以更加明确研究所需，更准确地收集观察资料。

4. 正式观察。培训合格的观察人员运用修订完善的观察工具，按照事先制订好的计划进入观察现场，进行正式观察，并做好观察记录。②

5. 收集观察资料，撰写报告。对正式观察收集到的观察资料进行统计和整理，并将统计和整理结果通过定量描述和定性分析撰写成报告。

以上过程是教育观察法实施的一般程序，在学前教育科学研究中如果使用教育观察法也要把观察设计和实施的过程形成研究方案通过文字的形式表述出来。

课堂讨论 4-2

师幼互动的观察设计与实施

根据所学知识，结合案例，具体说明教育观察法的一般程序。

如果我们要观察教师与幼儿的互动，根据上述观察研究设计与实施的一般程序，可作如下设计：

1. 观察目的与内容：通过观察，了解幼儿园一日生活中不同活动背景下师幼互动的总体特征和一般趋势，以及不同类别幼儿园和不同年龄班师幼互动存在的差异。主要从师幼互动的范围、发起、性质、反馈、内容等方面进行观察。

2. 观察对象（样本）：采用分层随机抽样法，在某市主城区抽取幼儿园 9 所，其中一类一级幼儿园、一类二级幼儿园、一般幼儿园各 3 所。在每所幼儿园抽取大、中、小各一个班作为观察对象。

---

① 左瑞勇. 学前教育科学研究方法——理论·操作·应用[M]. 重庆：重庆出版社，2008：69.

② 左瑞勇. 学前教育科学研究方法——理论·操作·应用[M]. 重庆：重庆出版社，2008：70.

（二）教育观察的具体方法

教育观察的具体方法，是对教育观察法设计和实施过程的综合。它不仅包括观察的设计、观察的记录，还包括对观察的实施和资料的收集。在教育观察法中我们常用以下几种方法：

1. 日记描述法①

日记描述法又称儿童传记法，是对观察对象进行长期的跟踪观察，以日记形式记录观察对象行为表现的方法。

日记描述法是对儿童进行研究的传统方法，在日常生活中边观察边记录，因此能系统地获取儿童身心发展的连续变化；能提供较长期的、较详细的第一手资料；由于观察时在自然情境中持续进行的，资料较真实可靠。但日记描述法也存在局限性：往往只对个别被试进行观察，缺乏代表性；一般是以自己的孩子或亲属做被试，被试的选择具有偏向性；观察记录很有可能带有感情色彩或主观偏见，并且该方法需要长期跟踪观察，需要花费大量时间和精力。

阅读资料 4-3

使用日记描述法的大师们

在我国，最早使用日记描述法进行观察研究的代表人物是幼教先驱陈鹤琴，他根据对自己孩子的观察记录来研究儿童的一般发展。他对自己的第一个儿子从出生之日起，逐日跟踪观察了 808 天，作了详细的观察日记和拍了几百幅照片，据此于 1925 年写成的《儿童心理之研究》是我国第一本儿童心理学著作。但事实上，在西方采用日记描述法研究儿童已有较长的历史，而且这些研究者都是大师级人物。

最早采用这种方法的是瑞士哲学家、著名教育家裴斯泰洛齐。他于 1774 年出版了第一部婴儿日记——《一个父亲的日记》。在日记中，裴斯泰洛齐记录了自己孩子的生长、发展的情况，同时对母亲在育儿中的作用以及其他对儿童生活有重要影响的因素进行了分析。以后，又有德国哲学家提德曼的《一个婴儿的日记》问世(1787 年)。

自然科学家也注重日记法的研究。查理斯·达尔文曾观察记录了他的儿子都德成长的最初三年的日记。他还致力于把对婴儿的观察同对其他物种的观察加以比较。在他的著名的《物种起源》(1895 年发表)中提出儿童是动物与成人之间连接物的观点。他认为，通过观察婴儿的发展，可以窥见物种与人种本身发展之一斑。

1882 年，世界上第一本儿童心理学教科书问世，这就是德国心理学家普莱尔所著的《儿童心理的发展》。这是普莱尔花了 3 年时间，对自己的儿子的发展作了不间断的详细而科学的日记的基础上写成的。书中详细描述了婴儿行为及心理各方面的发展过程。

① 陶保平. 学前教育科研方法[M]. 上海：华东师范大学出版社，2006：73-74.

除了上述较早的研究者外，现代著名儿童心理学家皮亚杰(J. Piaget)也曾用日记描述法观察研究自己孩子的认知发展过程，并据此出版了《儿童心理学》。

资料来源：张燕，邢利娅. 学前教育科学研究方法[M]. 北京：北京师范大学出版社，1999：73-74.

2. 轶事记录法

轶事记录法是观察者将感兴趣的，并且认为有价值的、有意义的行为和反应以及可表现被试个性的行为事件，随时记录下来，供日后分析用的一种观察方法。轶事记录法观察记录的内容可以是典型的行为表现，也可以是异常的行为表现；可以是表现儿童个性的行为事件，也可以是反映儿童身心发展某一方面的行为事件，但必须是观察者直接观察到的，而不是道听途说。①

案例 4-1

学会关爱他人

绘画活动后，我组织幼儿喝水，孩子们陆陆续续起身过来站队，毛毛并没有理会我，他仍然在埋头画画——这是他转入我班一个月以来的一大进步，因为刚转入我班时，动手操作的活动他是从来不参与的。当多数幼儿已经站好的时候，毛毛才起身，然后向队伍的最后边走过去，走到子源的桌子前，他看到有几个小朋友正在看子源的画，毛毛拿起桌子上的黑色勾边笔就在子源的画纸上随手画了两下。这时平平跑过来告状说："老师，毛毛在子源的画上乱画。"毛毛也跟着平平过来，冲着我得意地笑，一副沾沾自喜的样子！

喝完水，毛毛坐回椅子上继续画画，我走到他的旁边，蹲下来问他："为什么在子源的画上乱画？"他一脸坏笑地说："我想试试他的勾边笔还有没有水。"我点点头："哦！你用这种方式检查彩笔有没有水啊？"他点点头依然很得意地冲我笑。我说："那你为什么不在自己的纸上画呢？"他说："我怕弄脏我的画。"

毛毛跟我说完就低头画画，我拿出一支绿色的水彩笔，在他准备画草地的位置上随手画了一下，他"哇"的一声便开始号啕大哭。抬头一看是我，所以没有动手，不能动手解他的心头之火他哭得更伤心了。我装作一脸茫然的样子说："怎么了？"他边哭边吼："你给我弄脏了！"我说："我想试试彩笔有没有水。"他依然哇哇地哭着，我装作莫名其妙的样子说："不是你告诉我这样检查彩笔水的吗？你刚刚还在子源的画纸上试过啊！你刚才怎么没有想到会把子源的纸弄脏呢？"他的哭声戛然而止，边擦眼泪边转过去看着子源说："那我以后不给小朋友乱画了。"我对他表示了歉意，并告诉他在我画过的地方，全部涂上绿色就是草地。他仔细看看，咧着嘴巴笑了。

——幼儿学习网 http://www.jy135.com

① 陶保平. 学前教育科研方法[M]. 上海：华东师范大学出版社，2006：74.

3. 连续记录法

连续记录法是把观察到的心理、言行举止按时间顺序连续不断地记录，有点类似于记流水账。这种记录方法要求在一定的时间范围或阶段内对观察对象做持续不断的观察记录，并要求对所观察的情景以尽可能精确、连贯的语言进行描述，因此它对儿童行为的记录更详细、更完整，其应达到的效果是，当其他人在阅读这份记录时，能够想象得出当时的情景。这种方法与日记描述法以及轶事记录法的区别在于，它是全面观察、全面记录，按时间顺序记录所看到的语言、行为、动作及情绪表现等一切能够直观显现的东西，因此有点类似于记流水账；而后两者都主要是记录有价值、有意义的事，并非面面俱到。[①]

阅读资料 4-4

观察婴儿的一个早晨

第一个采用连续记录法的是 B. 德斯拉(1901)的《观察婴儿的一个早晨》，文章记录了作者于 1895 年 1 月 19 日对自己的 13 个月 19 天的孩子所进行的连续 4 小时的观察。下面是其中的一个片段：

“……他把刚拣起的一只瓶子扔下去，模仿他妈妈的样子说：‘坏孩子！’又拣起那只瓶子，坐下来，啃它。然后，右手拿着瓶子爬到左边，起身，丢下瓶子，朝他妈妈那儿走去，拿了他那装有食物的瓶子，向左转，往回走。走回他丢下的另一只瓶子那里。他试着把一个瓶盖盖在瓶子上。之后，他爬到钢琴罩子下面，用瓶子敲打钢琴。他被拉开，驯服地接受惩罚。他又躺下来吃东西，站起来，走了几步，又向左转，走了几步到钢琴前，往钢琴罩子下爬，又从罩子下钻出来。他拿起娃娃，弄得它哇哇叫，又扔下娃娃，去拿软木塞和锡盒，再次试图把它们装在一起，一边摆弄一边自言自语地咕噜着什么。他站起来，用右手玩钢琴，坐下，起来，又坐下……”

资料来源：张燕，邢利娅. 学前教育科学研究方法[M]. 北京：北京师范大学出版社，1999:78.

4. 时间取样法

时间取样法是美国明尼苏达大学儿童心理学家沃尔森于 20 世纪 20 年代提出来的。它要求观察者事先确定所要观察的行为的维度，然后据此有选择地在某些时间段内观察某一特定行为是否出现及出现的频率，并把所观察到的结果记录到事先拟定的记录表上。[②] 这种观察方法的适用条件主要有两个：一是所观察的行为应是经常发生或出现的。一般来说，某种行为平均每 15 分钟至少出现一次才适合采用时间取样法观察，如儿童课堂违规行为、师生互动与生生互动行为等。二是所观察的行为应是容易被观察到的外显行为。那些内隐的或隐蔽性的行为不适合采用时间取样法观察，如思维或想象的过程、

① 左瑞勇. 学前教育科学研究方法——理论·操作·应用[M]. 重庆：重庆出版社，2008:74.
② 左瑞勇. 学前教育科学研究方法——理论·操作·应用[M]. 重庆：重庆出版社，2008:63.

解决问题的策略等。①

时间取样观察的具体实施要求事先做大量的准备工作，如确定所要观察的行为；抽取具有代表性的时间；确定观察时间的长度、间隔；规定观察行为的操作定义及其维度；制定观察记录表格等。这些工作在一定程度上克服了观察者的主观偏见，使观察到的行为具有客观性。另外，时间取样观察可以收集到关于行为频率的资料，供定量分析之用。时间取样观察的不足之处在于：研究范围只限于出现频率高的外显行为和事件；只能获取行为的频率资料，不能保留行为的具体内容；观察内容较零碎，难以从整体上揭示行为的因果关系。②

案例 4-2

幼儿亲社会行为形成的观察设计与实施

观察的目的与内容：通过观察，了解幼儿亲社会行为发生的环境和频率，找到影响幼儿亲社会行为发生因素，并积极运用到儿童成长与教学中。主要从幼儿该行为是否得到成人或周围伙伴的注意，成人或者伙伴的积极反馈是否引起这类行为再次发生等方面进行观察。

观察对象：在本区幼儿园中随机选择 10 名幼儿。

观察方法：采取“时间取样法”和“事件取样法”相结合。

观察工具：设计“幼儿亲社会行为单位时间内频率观察记录表”。

表 4-4　幼儿亲社会行为单位时间内频率观察记录表

第一个 5 分钟	第二个 5 分钟	第三个 5 分钟	第四个 5 分钟
第五个 5 分钟	第六个 5 分钟	第七个 5 分钟	第八个 5 分钟

注：当儿童在一个单位时间内出现亲社会行为就在相应格内做记号，如果该行为引起成人的注意，就画上圈标明，若得到同伴的注意则画下划线。

观察人员的培训

试观察：在正式观察的前两天，到样本之外的幼儿园寻找儿童，观察他们在户外活动、集体活动、区角活动时的表现，熟悉观察方法和观察记录表，并找出观察记录表的不足和观察实施中的缺陷，以备后期修改。

正式观察：观察人员在教师开展的教学活动中运用之前设计好并检验过的观察法对被试进行观察，观察过程中注意对时间的把握。

分析观察结果，撰写观察报告：将定性与定量的资料加以汇总分析，写出观察报告。

资料来源：杨世诚. 学前教育科研方法[M]. 北京：科学出版社 2013：8.

① 董奇. 心理与教育研究方法[M]. 北京：北京师范大学出版社，2004：167.

② 陶保平. 学前教育科研方法[M]. 上海：华东师范大学出版社，2006：77.

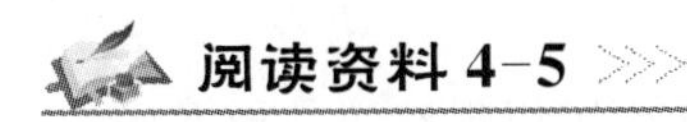

阅读资料 4-5

Parden 与儿童游戏的社会参与研究

时间取样法的经典案例是帕顿(M. B. Parden)于 20 世纪 20 年代中期进行的一项有关学前儿童在游戏中的社会参与程度的研究。她根据儿童在游戏中的社会参与程度,将游戏分成 6 种活动类型:无所事事、旁观、单独游戏、平行游戏、联合游戏、合作游戏,并对每一类型赋予操作定义(见表 4—5),并设计了观察记录表(见表 4-6)。

表 4-5 6 种游戏类型的操作定义

游戏类型	操作定义
无所事事	儿童没有做游戏,只是碰巧观望暂时引起他们兴趣的事情,如没有可关注的就玩弄自己的身体,或走来走去,爬上爬下,东张西望
旁观	儿童基本上观看其他儿童的游戏,有时凑上来与正在做游戏的儿童说话,提问题,出主意,但自己并没有直接参加游戏
单独游戏	儿童独自一人游戏,只专注于自己的活动,根本不注意别人在干什么
平行游戏	儿童能在同一处玩,但各自玩各自的游戏,既不影响他人,也不受他人影响,互不干涉
联合游戏	儿童在一起玩同样的或类似的游戏,互相追随,但没有组织与分工,每个人做自己想做的事情
合作游戏	儿童为某种目的组织在一起进行游戏,有领导、有组织、有分工,每个儿童承担一定角色任务,并且互相帮助

表 4-6 儿童在游戏中的社会参与观察记录表

游戏类型 被试代号	无所事事	旁观	单独游戏	平行游戏	联合游戏	合作游戏
1						
2						
3						
4						
5						
…						

帕顿在规定的游戏时间内,依次观察每个儿童 1 分钟,并根据儿童社会参与程度和 6 种游戏类型的操作定义,判断每个儿童这 1 分钟的行为属于哪种类型,记入观察记录表。通过对一系列观察资料的整理分析,表明 2 至 5 岁学前儿童的社会参与程度随年龄的增长表现出一定的顺序性,即年龄较小的儿童往往喜欢单独游戏,随着年龄的增长逐渐发展到平行游戏,再发展到社会化程度较高的联合游戏和合作游戏。

——陶保平.学前教育科研方法[M].上海:华东师范大学出版社,2006:76-77.

5. 事件取样法

事件取样法是以特定的行为或事件的发生为取样标准，从而进行观察的一种方法。① 它与时间取样法的区别主要体现在三个方面②：其一，时间取样法考察的单位是时间区间，而事件取样法考察的是行为事件本身。在事件取样观法中，观察者没有时间限制，只要所研究的行为事件发生，研究者就可以对其进行详细观察和记录。其二，时间取样法只能研究每15分钟至少发生一次的行为，而事件取样法则可以研究各种各样的行为，不受行为发生频率的限制。其三，时间取样观察研究的是事件或行为是否出现以及出现的频率，而事件取样法研究的是事件或行为的特征。

事件取样法的优点在于，它既可获取有代表性的行为样本，又可观察行为事件的全过程，还可得到与行为事件有关的背景材料，有助于分析行为事件的因果关系。其不足在于，儿童在不同时间、不同场合发生的同类行为有时具有不同的含义，这就需要特别注意记录与分析行为事件发生的情境与背景。③

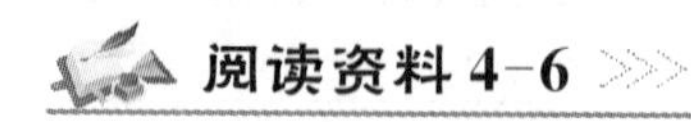

阅读资料 4-6

Dawe与儿童争执行为研究

事件取样法的经典案例是道(H. C. Dawe)20世纪30年代初进行的一项有关学前儿童争执行为的研究。该研究的观察行为是幼儿园儿童在自由活动时间内自发产生的争执事件，观察对象为40名2～5岁的儿童，其中男童19人，女童21人，观察过程是争执事件一发生便用秒表计时，并按事先拟定好的观察记录内容填写(见表4-7)。

表4-7　幼儿争执事件观察记录表

儿童	年龄	性别	争执持续时间	发生背景	行为性质	做什么说什么	结果	影响

观察记录表的主要内容包括以下几点：

① 争执者的姓名、年龄、性别；

② 争执持续的时间；

③ 争执发生的背景、起因；

④ 争执什么(玩具、领导权等)；

⑤ 争执者所扮演的角色(侵犯者、报复者、反抗者、被动接受者等)；

① 陶保平. 学前教育科研方法[M]. 上海：华东师范大学出版社，2006：77.

② 董奇. 心理与教育研究方法(修订版)[M]. 北京：北京师范大学出版社，2004：169.

③ 左瑞勇. 学前教育科学研究方法——理论·操作·应用[M]. 重庆：重庆出版社，2008：65.

⑥ 争执时的特殊言语或动作;

⑦ 结局如何(被迫让步、自愿让步、和解、由其他儿童干预解决、由教师干预解决等);

⑧ 后果与影响(高兴、忿恨、不满等)。

经三个多月,58小时的观察,共记录了争执事件200例。观察结果:200例争执事件中68例发生于室外,132例发生于室内;平均每小时发生争执事件3~4次;争执时间持续1分钟以上的只有13例;平均争执持续时间不到24秒;室内争执持续时间比室外争执持续时间短;男孩争执多于女孩,攻击性水平也高于女孩;争执常发生在不同年龄组、相同性别的儿童之间;随年龄增长,争执事件减少,侵犯性质增强;几乎所有的争执都伴有动作,如冲击、推拉等;争执中,偶尔有大声喊叫或哭泣,但无声争执占大多数;导致争执发生的原因往往是对占有物品的不同意见;大多数争执自行平息,往往是年幼儿童被迫服从年长儿童或年长儿童自愿退出争执;争执平息后,恢复常态很快,无耿耿于怀、愤恨的情况。

资料来源:陶保平.学前教育科研方法[M].上海:华东师范大学出版社,2006:78-79.

6. 等级评定法

等级评定法是对观察对象进行观察后,用等级评定表对所观察的行为事件的特征加以评定的一种方法。等级评定法不必对每次观察的具体事实进行描述或记录,而是在观察之后,按评定量规定的项目,凭借总体印象,对观察对象的行为特征给予数量化的评定,即用数量化的形式来判断行为事件在程度上的差异。该方法简便易行,实践中运用较为广泛。①

课堂讨论 4-3

根据所学知识,判断以下案例采用的是哪种类型的观察法,并说明理由。

晓丽想了解自己班幼儿角色游戏的发展水平,她参照幼儿角色游戏发展水平标准,自己设计了观察记录表,在观察幼儿角色游戏时按照不同等级的表现进行记录,如表4-8,表4-9。

表4-8 幼儿角色游戏发展水平表

项目	游戏表现			
	水平一	水平二	水平三	水平四
目的性	无目的游戏	时时更换游戏	事先想好玩什么	按目的持续地玩
主动性	不参加游戏	能参加现成的游戏	在别人带领或分配下游戏	主动参加游戏
担任角色	不明确角色	能明确角色	能主动担任角色	能担任主要角色
遵守职责	不按角色职责行动	有时按角色职责行动	尚能按角色职责行动	一直按角色职责行动

① 陶保平.学前教育科研方法[M].上海:华东师范大学出版社,2006:79.

(续表 4-8)

项　　目	游戏表现			
	水平一	水平二	水平三	水平四
角色表现形式	重复个别活动	各个动作间有些联系	有一系列的动作	能创造性地活动
角色间关系	个别地玩,不与别人联系	与别人有零星联系	在启发下与别人联系	明确角色关系并配合行动
对玩具的使用	凭兴趣使用玩具	按角色需要使用玩具	创造性地使用玩具	为游戏自制玩具
游戏的组织能力	无组织能力	会商量分配角色	能出主意使游戏玩下去	会带领别人玩或教别人玩
持续时间	10分钟左右	20分钟左右	40分钟左右	1小时左右

表 4-9　幼儿角色游戏发展水平评定量表

评定内容	评定等级			
	1	2	3	4
目的性				
主动性				
担任角色				
遵守职责				
角色表现形式				
角色间关系				
对玩具的使用				
游戏的组织能力				
持续时间				

(三) 教育观察法实施的注意事项

1. 界定观察行为

在教育观察研究过程中,有些观察者会遇到这样的问题,在观察过程中对所观察的内容是否是自己需要收集的资料产生了疑问,出现这种现象最主要的原因是没有对观察行为进行明确具体的界定。所以在教育观察法实施之前,必须要根据自己研究主题对所观察的行为进行界定,有了具体的内容界定,在观察时就能清晰明确地知道自己应该观察什么内容。

2. 不干预被试的活动

在观察过程中对于被观察的对象我们要注意两点:一是在观察行为发生时研究者根据自己的研究内容进行观察,尽量避免与被观察者直接交流或评价,让被观察者处于一种自然的状态，保证所收集到的资料真实可靠；二是在观察场域中尽量不要外显自己的观察行为，也不要让被观察者了解你的观察目的，避免被观察者行为失真。

3. 客观地进行观察

在观察过程中，研究者要根据自己的观察目的客观地收集资料，在进行观察记录时要避免对幼儿的行为进行个人色彩的解读。在对同一类观察行为进行收集时要按照观察前对观察行为的具体界定，准确地进行资料收集，有时也可以借助摄像机、录音机等仪器设备进行观察行为的记录，以免产生对观察行为的主观解读。

4. 及时处理观察资料

在观察结束后，在对观察情境印象较深刻的情况下，要及时对所记录的资料进行整理和分析。同时，根据观察时出现的问题对观察的内容、方法等进行及时的调整，保证收集资料对研究主题的价值。

本章小结

1. 本章主要介绍了教育观察法的含义和特点、类型、评价。
2. 介绍了教育观察法的设计与实施过程。

拓展阅读

1. 陶保平. 学前教育科研方法[M]. 上海：华东师范大学出版社，2006.
2. 左瑞勇. 学前教育科学研究方法——理论·操作·应用[M]. 重庆：重庆出版社，2008.

思考与探索

1. 教育观察法的一般程序是什么？
2. 根据时间取样法的要求，设计一个时间取样观察记录表。
3. 根据事件取样法的要求，设计一个事件取样观察记录表。
4. 教育观察法可以跟哪些科研方法综合使用？

一粒沙里看世界，半瓣花上说人情

——郁达夫

第五章 个案研究法

学习目标

- 了解个案研究法的含义、特点、意义及优缺点
- 理解个案研究法的类型
- 掌握设计个案研究法的一般步骤
- 学会撰写个案研究报告

核心概念

个案研究法

本章导读

个案研究方法作为学前教育科学研究方法中重要的组成部分，研究对象少，操作环节灵活简单，是特别适合教师使用的一种研究方法。通过本章的学习，应该能了解个案研究的含义、特点、意义、优缺点及类型，并能够掌握个案研究的一般步骤，最终可独立拟定个案研究的计划，并会撰写个案研究报告。

引导案例

有关幼儿社会性发展的个案研究案例

案例：林林小朋友今年4岁了，在班里几乎不说话，不爱与同伴交往，不爱玩玩具，不运动，他拒绝参加班里组织的任何活动，一个人默默地坐在小椅子上不让小朋友接近他。老师同他讲话时他有时会露出很害怕的眼神，有时他会把头扭到一边装没听见不理老师。小朋友和他接近同他交往时，他要么不理会，要么推开小朋友，甚至用双手捂着脸哭。经过观察，他虽然不同人交往，但他会用眼睛注视老师和小朋友的活动，当有的小朋友做出滑稽的动作时，他也会哈哈大笑。

问题1:请从不同的角度对这名儿童进行个案分析。

分析:以这样一名儿童或出现同类行为的儿童的社会性发展状况为个案,进行研究,目的是对儿童社会性发展状况进行了解,分析其出现上述现象的原因以及提出如何对他进行帮助的假设。

问题2:结合上面的案例,请列出几个研究问题。

分析:研究的具体问题可确定为:×××(儿童名)的社会性发展情况怎么样?为什么他的社会性发展出现了迟缓?通过什么样的教育干预可以帮助这个儿童?个案研究的问题可以是其中的一个,也可以包括上面提到的所有问题。

第一节 个案研究法的内涵

个案研究法作为一种教学方法和研究方法,已有一百四十年的历史。中国古代"举一反三"的实践思想,可视作个案研究法的一种雏形。美国哈佛大学法学院在1870年首创用个案研究法来训练幼儿思考法律的原理和原则①。"个案"一词,源出医学,医学上的个案研究是指对个别病例做详尽的临床检查和病史考察,以判断其病理和诊断过程中的变化。后来,陆续拓展到心理学、社会学、教育学和工商管理等领域。

早在20世纪初,使用这种方法的研究人员最多的是美国芝加哥学派。在20世纪20年代,定性研究与定量研究之间的辩论日益激烈。较统计研究方法,因为没有大量客观的数据支持,个案研究法的科学性得不到众人的支持。1935年以后,个案研究法的使用频率越来越低,取而代之的是量化研究。到20世纪中期,研究人员开始关注量化方法的局限性,于是个案研究法又重新得到人们的重视。特别是第二次世界大战后期,美国成立了"案例研究发展委员会",并获得卡内基小组资助,致力于介绍案例报告的写作,以促进案例研究之教学,强调案例分析和决策理论②。

单一被试研究的思想起源于19世纪30年代一场有关采集欧洲人尿样的论战,法国生理学家伯纳德(C. Bernard)认为没有必要从当地中央火车站采集成群被试的尿样,通过计算平均值来获取欧洲人尿样的数据,因为尿样的平均值只是代表一个虚构的抽象数值,并不能表示每一个欧洲人个体尿样的实际情况。最后,伯纳德提出的对单一被试进行深入细致的长期研究的策略,在生理学界得到了广泛的认可③。

从英国统计学家费希尔(R. H. Fisher)提出抽样理论和推断统计的框架后,成组被试研究成为20世纪社会科学研究最主要的研究策略。70年代后,单一被试的设计思想逐

① 陈向明.质的研究方法与社会科学研究[M].北京:教育科学出版社,2006.
② 麦瑞尔姆.质化方法在教育研究中的应用[M].于泽元,译.重庆:重庆大学出版社,2008:35-38.
③ [美]安东尼·M阿里奥托·西方科学史[M].鲁旭东,张敦敏,等,译.北京:商务印书馆,2011.

渐被学术界认可，个案研究现已成为教育研究中一种研究者常用的、重要的研究方法。

在教育研究领域，我们也常常可以看到一些单一被试研究的经典例子，如艾宾浩斯(H. Ebbinghaus)对大脑记忆的研究，他描绘的遗忘曲线，就是以他自己为唯一的研究对象，对记忆无意义音节的效率而绘制出来的。巴甫洛夫(I. Pavlov)也就是在对一条狗进行长期观察实验的基础上建立了经典条件反射原理。我国著名的儿童教育家陈鹤琴采用日记记录方式，对他的第一个孩子从出生之日起，连续跟踪观察808天，在大量原始资料的基础上撰写了《儿童心理之研究》一书。毛泽东考察了湖南、江西等地农民运动的情况，写出了著名的《湖南农民运动考察报告》与《兴国调查》等著作，就是个案研究的典型代表。

个案研究法是一种适合教师使用的研究方法，在研究儿童发展和教育相关的问题上应用十分广泛。《幼儿园教育指导纲要(试行)》指出："幼儿园教育应重视幼儿的个别差异，为每一个幼儿提供发挥潜能，并在已有水平上得到进一步发展的机会和条件。"①教师使用个案研究法，更有利于因材施教，有利于对不同幼儿进行有针对性的研究。个案研究法尤其适合对独特的个体和群体的研究和针对不同研究对象进行全面系统的研究，是一种有着独特价值意义的研究方法。

一、个案研究法的含义

个案研究是社会科学领域的一种研究方法。随着社会的不断发展，个案研究在教育领域及心理学领域中也被广泛应用，越来越多的学者意识到个案研究的特殊性和重要性。正如一些学者所讲："个案法是对一个或少数个体(如儿童或教师、教育机构等)进行的系统的深入的调查。"②个案研究法作为一种质的研究，采用多种方法搜集有效、完整的资料，对独立的对象进行深入的研究。"通过对特定的人、事、物所进行的描述和分析，研究对象可以是一个人、一个机构、一个社会团体等，资料搜集可以采用查阅档案记录、问卷、测验、访谈、观察等方式。"③还有学者通过对某个个体的细致研究，得到一些重要的发现。例如，著名心理学家皮亚杰最初通过对自己的儿子进行个案研究，从而推广创立了儿童认知发展阶段理论，对教育学和心理学领域影响深远。

对于个案研究的含义，研究者们从不同角度进行了界定。麦瑞尔姆是从研究对象的角度来下定义的，认为只要是对一个有界限的系统，诸如一个方案、一个机构、一个人或一个社会单元，做翔实完整的描述和分析，就是所谓的个案研究④。罗伯特·K.殷(Robert K. Yin)从方法论的角度将个案研究定义为：研究者通过多重资料来源，对当前生活脉

① 中华人民共和国教育部制订.幼儿园教育指导纲要(试行)[M].北京：北京师范大学出版社，2001.

② 张燕，邢利娅.学前教育科学研究方法(第2版)[M].北京：北京师范大学出版社，2014.

③ 郑金洲，等.学校教育研究方法[M].北京：教育科学出版社，2013.

④ 潘慧玲.教育研究的取经：概念与应用[M].上海：华东师范大学出版社，2005.

络的各种现象、行为和事件所做的一种探究式的研究①。林佩璇从研究目的的角度来看，认为个案研究是探讨一个个案在特定的情境脉络下的活动特质，以了解它的独特性和复杂性②。张梦中、马克·霍哲也是从研究方法的角度来定义的，对罗伯特的观点进一步深化，认为个案研究是一种运用观察、访谈、历史数据、档案材料等方法收集数据，并运用可靠技术对一个事件进行分析，从而得出带有普遍性结论的研究方法③。

通过上述国内外学者的观点，主要是从研究对象、研究方法、研究目的三个角度对个案研究进行定义的，个案研究在于回答"为什么"和"怎么样"的问题，而不是回答"应该是什么"的问题。综上，可以将这些维度结合起来定义个案研究。个案研究就是以一个人、一个团体机构或一个社会单元为研究对象，通过广泛搜集相关资料，综合运用质的方法和量的方法及分析技术，对当前生活脉络的各种现象、行为和事件进行深入探究的研究方法。

二、个案研究法的特点与意义

(一) 个案研究法的特点

林佩璇结合国外学者的看法，归纳出个案研究的七个特点：整体性、多样性、个别性、全面性、启发作用、归纳性、自然类推④。潘淑满也给出了个案研究的四个特点：在自然情境下探讨问题；深入式的研究；重视脉络的观点；建构理论⑤。乔伊斯·P. 高尔等人认为个案研究主要有以下特点：对具体事例的研究；对个案的深入研究；在自然情境中对现象进行研究；代表双重视角(包括研究者视角——他位视角和参与者视角——本位视角)⑥。

综上所述，学者们主要是从个案研究的研究对象、研究内容、研究方法这几个方面来概括个案研究的特点，均强调研究对象的个别性与典型性、研究内容的深入性和全面性、研究方法的多样性和综合性。

1. 研究对象的个别性与典型性

个案研究的对象是个别的，但不是与其他事物完全孤立的独立个体，而是相联系的，是某一个整体中的个别。因此对这些个别对象的研究必然在一定程度上反映其他个体和整体的某些特征或者规律性的联系。⑦

个案研究的目的固然是了解把握某个个体的具体情况，但也要通过一个个案的研究，揭示一般规律。例如，瑞士心理学家皮亚杰通过对一些儿童的谈话，最后揭示出儿童

① 罗伯特·K 殷. 案例研究：设计与方法[M]. 周海涛，等，译. 重庆：重庆大学出版社，2004.
② 林佩璇. 个案研究及其在教育研究上的应用[M]. 高雄：丽文文化公司，2000.
③ 张梦中，马克·霍哲. 案例研究方法论[J]. 中国行政管理，2002(1)：43-46.
④ 林佩璇. 个案研究及其在教育研究上的应用[M]. 高雄：丽文文化公司，2000.
⑤ 潘淑满. 质性研究：理论与运用[M]. 台北：台湾心理出版社，2005.
⑥ 乔伊斯·P高尔，等. 教育研究方法实用指南[M]. 北京：北京大学出版社，2007：295-296.
⑦ 江芳. 教育研究方法[M]. 上海：华东师范大学出版社. 2009.

心理发展的认知特点。当然，我们需要正确处理好个别与一般的关系。虽然个别事物可以反映某些一般的特征，但值得注意的是个别不等于一般。个案研究取样较少，其研究的结论代表性也就较小，因此不宜盲目地推广到一般中去，需要谨慎地思考和分析，以免犯以个别代替一般的错误。此外，作为个案研究对象的个别，应该具有与众不同的典型特征，不具有典型性的个别，显然没有多少研究价值。

一般来说，作为个案研究对象的个别应该具有以下三个显著特征：

第一，在某方面是否有明显的行为表现；第二，与这方面有关的某些测量评价结果是否与众不同；第三，教师、家长或同伴等主要关系人是否都有类似的印象和评价。①

例如，对幼儿社会性发展的个案研究，可以看一下他是否经常积极地与同伴交往；在社会规则的遵守测验上的得分是否高于常人；教师及家长等对该幼儿在这方面的表现诸如喜欢结交朋友或在群体中表现活泼、开朗还是自卑、抗拒等现象，能否举出一些事例等。

2. 研究内容的深入性和全面性

个案研究的内容既可以研究个案的现在状况，也可以研究个案的过去，还可以追踪个案的未来发展。个案研究可以做静态的分析诊断也可以做动态的调查或跟踪。由于个案研究的对象不多，所以就有较为充足的时间，进行深入透彻、全面系统的分析与研究。②

例如，对案例中社会性发展缓慢孩子的研究，往往需要从多方面加以考察，诸如幼儿的主观因素和客观因素，原有的社会品格，以及教师和家长的榜样作用等等。还要对幼儿某一行为表现的前后对照和比较。这样就可以对该幼儿进行比较全面而深入的了解和认识。

3. 研究方法的多样性和综合性

个案研究的研究方法相当多元，为了搜集到更多的个案资料，从多角度把握研究对象的发展变化，就必须结合教育观察、问卷调查、访谈调查、教育实验、教育与心理测量、实物分析以及整理查阅文件、档案记录等多种研究方法、行动研究法、叙事研究法等各种研究方法，从多角度把握研究对象的发展变化，综合运用各种研究手段。

例如，我们研究一超常儿童，首先需要对被试进行智力测验，看看其智商是否超常。还要对被试作系统观察，看看其各种智力操作是否杰出，同时要调查其成长环境，必要时还要做一些对照实验。

（二）个案研究的意义

首先，它适用于具有典型意义的人和事的研究，如对班级中多动、安静两类幼儿的研究，对个别数学逻辑能力发展不良的幼儿研究，对某个幼儿采取特殊教育的追踪研究，对某个幼儿的心理问题和人格偏差的诊断研究等。在一定意义上说，每个教师都应该是一名教育研究者。但由于教师主要时间和精力还是放在教学和教育工作上，开展大规模的

① 江芳.教育研究方法[M].上海：华东师范大学出版社，2009：249.
② 马云鹏.教育研究方法[M].长春：东北师范大学出版社，2006.

教育调查和严格控制实验，往往有一定的困难。而个案研究的对象少，研究规模也较小；同时个案研究一般都是在没有控制的自然状态中进行的，也不要在一段时间内突击完成。所以，个案研究就特别适合教师的研究。教师可以抓住一两个典型的幼儿，结合教学、教育工作实践进行研究。对于每一个教育实践工作者来说，总可以在班上找到研究对象，而且也不需要什么特殊的处理，不影响正常的教育活动。其次，个案研究还适用于对那些不能预测、控制，或由于道德原因不能人为重复进行的事例的研究，如对某个幼儿过激行为出现的过程与原因的研究。

个案研究是因材施教的基础，具有实践意义。个案涉及的人与事较少，教师有条件对个案的方方面面进行细致的研究，便于掌握个案的全面情况。同时，个案研究可以对少数个案进行几年甚至更长时间的追踪研究，便于掌握个案动态发展。我们只有在对个案全貌研究和了解的基础上，提出针对性的教育措施，才能真正做到因材施教。例如，对于绘画能力较强的幼儿进行个别辅导，通过多观察、多创造来发散孩子的思维；对于基础不好的孩子进行补缺补差。

此外，通过个案研究，可以帮助教师及时了解整个班级或年级的情况，及时收集到对自己教育措施的反馈信息。通过对个案的辅导，还可以不断总结和评价一些积极的教育措施的实施经验与效果，从而得出对以后教育工作的有益启示。

三、个案研究的优缺点

（一）个案研究的优点

1. 个案对象信息涵盖全面

因为个案研究要仔细记录个案的历史信息和现实状况，可以揭示许多在实验时被忽略或专门被排除的自变量，所以通过对信息的记录可以发现可能会引起某些结果发生变化的潜在变量，从而为进一步的研究提示假设。

2. 个案提供除规范以外的客观存在

个案研究可被用来证明一种除了规范以外还存在的现象，它只要提供一个否定证据、一个反面例子，就可以证明某些所谓的普适性并不总是成立的。在为某种理论提供反证或批评时常常用到个案研究，这种个案往往都是具有延伸性的，它能通过引入新变量，使理论进一步延伸和发展。

3. 个案研究具有较强的可信性

与传统实验研究得到的客观直接的事实和数据相比，个案研究中描述性语言的运用会使得个案更形象化、更生动，也更富有情感，因此较容易被人们接受，可信性较高。

（二）个案研究的缺点

1. 个案研究不能探讨产生行为的内部原因

个案研究可以详细地描述被试的年龄、性别、文化程度、家庭信息等特征，但无法阐明这些信息是如何影响被试的行为；它可以描述某一实验处理反应对被试的作用，但它不能解释其内部原因是什么；个案研究也可以提供对结果的某些解释，但这种解释往往都是可能的而不是确定因素。

2. 个案研究的对象数量较少

由于个案研究的对象数量较少，其代表性、权威性非常有限，推广应用的可能性受到限制，因此难以从个案研究中得出具有普遍性的规律和结论。故依据个案研究得出的研究结果的科学性也常常被人怀疑。对于这样的独特事件，我们没有理由期望在研究限定的条件之外，能够得到同样的结果。如果研究描述的是比较典型的幼儿的相关行为，就可以将结果适用人群的范围拓宽一些；相反，如果研究包括个别异常或较个性化的处理程序，就不宜将研究结果推广到被试以外的人群。

3. 个案研究容易产生误差

个案研究一般只是对研究对象的典型性特征进行分析，常常用质性分析进行，其分析的结果也难以量化、标准化，研究者受自身的文化程度、能力等因素的影响，容易做出主观性较强且不精确的结论。

首先是选择偏差，研究者往往会选择汇报那些最成功和令人印象深刻的案例，对于一个根本无效且复杂的处理结果做一份详细报告是不会产生实际效果的。其次，个案研究由研究者的观察组成，这些观察受研究者本身的主观因素（印象、心理暗示）支配，被试的报告通过研究者的筛选，由他们决定哪些重要哪些不重要，因此不具备客观性。最后，被试提供的报告也可能带有偏见或虚假成分，报告的内容可能是他们夸大、缩小、撒谎或纯粹出于想象的事。

4. 个案研究消耗过多的人力物力

个案研究往往需要采用不同的方法收集各方面的资料，对儿童进行一定的训练或矫正，有时甚至需要追踪研究几年或几十年，因而耗时较多，投入的人力物力也较多。

第二节　个案研究法的类型

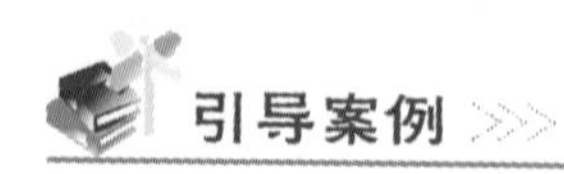

案例：欢欢小朋友是个女孩子，长得有点胖。她的爸爸妈妈都是高中学历，家里经营一家小网吧，平时两人对欢欢的照料很少，都是爷爷奶奶照顾欢欢，于是造成父母对欢欢情感上关心较少。欢欢平时穿衣有时候还挺干净，但如果前一天晚上在奶奶家睡觉的话，第二天来了穿得就会有点随便（衣服有点脏，孩子的脸也未洗净）。老师也经常会说欢欢的穿着。通过观察发现在分组或自由活动时，其他小朋友都不喜欢跟她玩。

问题1:请问上述案例是从哪个角度来划分个案研究类型的?

分析:通过上述案例的描述,我们发现对于这样典型的单一个体进行研究,从个案研究的类型划分属于按研究对象角度划分的个体类个案研究。

问题2:除了这一种分类方式还可以从什么角度划分?

分析:按照研究对象的不同,个案研究可分为个体类个案研究和群体性个案研究;按照个案研究内容的不同,个案研究可分为诊断性个案研究、指导性个案研究和探索性个案研究;按照个案研究的时效取向可划分为个案追踪研究、个案追因研究、个案临床研究、个案产品分析法。

根据不同的划分标准,个案研究可以有多种类型。依据个案数目的多寡可划分为:单一个案研究和多重个案研究。罗伯特·K殷(Robert K. Yin)依据研究的内容将其划分为描述型个案研究、解释型个案研究和探索型个案研究;殷提出还可根据研究内容和个案数量交叉将个案研究划分为6种类型:无论单一个案研究还是多重个案研究都可以分为描述型、解释型或探索型三种。①

斯特克(Stake)依据个案研究的时效性将其划分为:本质性(intrinsic)个案研究、工具性(instrumental)个案研究、集合性(collective)个案研究。② 贝希(Basset)则从研究内容的角度,将个案研究分为下列三种类型:理论探求、理论验证的个案研究,故事讲述、图画描述的个案研究,评价性个案研究。③

依据的角度不同,个案研究就有多种类型,但它们之间并不是相互独立的。理论探求、理论验证的个案研究与探索型个案研究相近,故事讲述、图画描述的个案研究就如同描述型个案研究。在实际的研究当中很少单独运用一种类型的个案研究,而是将几种个案研究结合起来实现优势互补。

一、从研究对象角度分类

(一) 个体类个案研究

某个个体、某个事件或某一种现象,都可视为一种连续的、系统的个案研究。例如,对幼儿不良饮食习惯的个案研究,对一位幼儿园园长教学管理能力的个案研究,对一位幼儿园男教师职业认同感的个案研究等。

(二) 群体类个案研究

群体类个案研究的研究对象具有共同的特征,类似的行为表现,即一类人、一类现象、一类事件等,都可视为一种连续的、系统的个案研究。例如,隔代教养下的幼儿社会性发展状况的个案研究、对民办幼儿园内部管理体质个案研究。

① 罗伯特·K.殷.案例研究:设计与方法[M].周海涛,等,译.重庆:重庆大学出版社,2004.

② 潘慧玲.教育研究的取经:概念与应用[M].上海:华东师范大学出版社,2005:134-140.

③ 潘慧玲.教育研究的取经:概念与应用[M].上海:华东师范大学出版社,2005:134-140.

二、从研究内容角度分类

(一) 诊断性个案研究

诊断性个案研究主要是判断学前儿童的心理现状,多用于考察特殊儿童,多用于研究幼儿的问题行为或异常的心理现象,以及精神病患者等,以进行及早干预治疗,帮助幼儿恢复健康。例如,矫正多动症幼儿行为的个案研究、幼儿自闭症游戏治疗个案研究。

(二) 指导性个案研究

指导性个案研究广泛应用于教育领域,研究人员通过对新的教学方法或新的教育理念的学习后,进行实际操作验证,最终将教育成果进一步推广到一线的教学实践中。

例如,幼儿园体育特色课程实施的个案研究——以 H 市 X 区 J 幼儿园为例,通过对 H 市 X 区 J 幼儿园优秀的特色活动课程为研究对象,对不同的案例进行较为深入的剖析,寻找优秀的教育方法,从而推进本地区幼儿园体育课程的发展。

(三) 探索性个案研究

探索性个案研究通常使用在大型研究的准备阶段,对研究对象有目的、有计划地进行跟踪考察,时间较长,针对性较强。

例如,在幼儿园小班生活常规教育的对策研究,学者通过对 A 市多家幼儿园的小班生活常规教育进行研究,通过比较、观察、访谈等多种方法,得出较为科学有效的做法。

三、从研究时效取向分类

(一) 个案追踪研究

1. 定义

个案追踪研究是研究者从选定的时间开始,在相当长的一段时间里,对研究对象有计划地进行跟踪考察,运用各种手段收集相关资料,分析揭示其发展变化过程与趋势的研究。[①] 根据研究目的的不同选择研究时间的长短,短则数月,长达几年或更长的时间。

“个案追踪研究能对研究对象身心发展或某种特殊的能力、品质及有关变化过程的连续性和阶段性进行详细的研究和分析,对研究对象在特定时间发展变化的过程与规律进行总结和描述,也能对某种教育因素或环境因素对教育对象身心发展的影响进行研究和分析,尤其是对那些长久的、潜在的影响因素进行观察和研究”。[②]

我国著名幼儿教育家和儿童心理学家陈鹤琴先生从他的第一个孩子出生起,就逐日对幼子的身心变化和各种刺激反应进行周密的观察,用日记方式做出详细的文字记载,并拍摄了大量珍贵的追踪照片,连续追踪 808 天,积累了大量的研究资料,据此撰写了我国儿童心理学领域中的名著《儿童心理之研究》。中国科学院心理研究所也曾采用个案

---

① 周希冰.学前教育科学研究方法[M].北京:高等教育出版社,2006:193-198.

② 张宝臣,李兰芳.学前教育科学研究方法[M].上海:复旦大学出版社,2012:131-134.

追踪的方法,以智能超常的少年儿童进行了研究,证实了这些孩子绝大多数都受过优越的早期教育,遗传素质的差异只为他们的超常发展提供了可能性,而优良的教育和环境影响则是使这种可能性转化为现实性的最为重要的因素。这项个案研究为我国婴儿教育的开发与实践提供了科学的依据。

2. 适用情境

个案追踪法主要适用于三种研究情境。一是探索发展的连续性。因为追踪法一般以相同的对象做长期的研究,通过追踪可以掌握研究对象的发展连续性。例如,美国开端计划就是对幼儿进行长期的观察,对他们的成长做了连续详细的记录。二是探索发展的稳定性。例如,研究智力测验分数的稳定性问题,即可从幼儿开始测量直至成年,由此可以看出智商是否具有稳定性。三是探索早期教育对以后其他教育现象的影响。例如,对幼儿进行早期教育干预对其未来的影响。

3. 个案追踪研究的实施步骤

个案追踪研究的实施一般分为以下几个步骤:

(1) 确定追踪研究的课题

研究者首先要明确追踪研究的对象是什么,目的是什么。作为教师在日常教学和教育工作中要善于发现某一方面具有典型特征的幼儿或事例作为追踪研究对象并明确要对幼儿或事件的哪些方面进行了解。

(2) 实施追踪研究

追踪研究一定要紧紧围绕研究问题确立的内容进行,要运用规定的手段收集有关的资料,确保信息的完整,不被外界因素干扰。追踪研究需要较长时间,研究者一定要持之以恒,不能半途而废。

(3) 整理和分析收集到的各种资料

对收集到的各种个案资料,要进行详细的整理和分类,做出客观的价值判断,揭示出个案发展变化的特征和规律。

(4) 提出改进个案的建议

根据对个案追踪研究得出的结果,研究者要进一步提出改进个案的建议,指导和促进个案的发展。

总之,个案追踪是对相同的个案进行长期而连续性的研究,研究者能真实而直接获得研究对象发展变化的第一手资料,能深入了解个人或某一教育现象的发展情况,弄清发展过程中的个别差异现象。它对于研究幼儿身心发展的顺序性、阶段性、成熟期、关键期,以及研究复杂教育现象的发展变化、某一教育理论的验证、某一教育措施的实施、某一新方法的探索、某些教育现象之间前后发展的关系等都具有重大意义。

个案追踪法与其他任何一种方法一样,既有着自身的优点,也有着不可避免的局限性。首先,个案追踪法研究较为耗时费力,进行个案追踪研究要求研究者有时间,有毅力，能持续不断地进行研究，否则是难以得出科学结论的。其次，一些变量的控制难度较大，各种无关变量随时都有可能介入追踪过程，甚至影响追踪研究的进行。例如，研究对象的流失就是追踪法研究经常遇到的一个难题。

（二）个案追因研究

个案追因研究在教育现象发生或研究对象的某种身心品质形成之后，研究者运用各种手段收集教育现象发生或研究对象品质形成过程的各种资料，对其发生或形成的原因进行追溯和探究的研究。① 例如，针对幼儿突然出现的某一反社会性行为做出个案追因研究，寻求引起这一行为的原因。

个案追因法是先见结果，然后根据发现的结果去追究其发生的原因。例如，某幼儿多次出现攻击性行为，我们去追寻他行为产生的原因，这就是追因法。

个案追因研究的实施可以分下面几个步骤：

（1）确定结果和研究的问题

第一步工作是确立研究的问题，且问题要明确，否则在后面的研究中找出的原因也很难说是确实的。例如，某幼儿园某班级某领域教育的教学质量特别高，幼儿通过学习后近期有较大进步，知识技能等方面提高很快等，这些都是已形成的事实，我们可以把它们确立为研究的问题。

（2）假设导致这一结果的可能原因

明确了事实发生后的结果，接着就要寻找导致这一结果可能的原因。这些原因最初是假设的，还没有经过验证，这一步骤对于后面工作的进展具有决定意义。

（3）设置比较对象

为了追寻导致结果的原因，研究者可以采取两种途径设置比较对象。一种是设置结果相同的若干比较对象，从中找出共同的因素，即前面假设的原因。另一种设置结果相反的若干比较对象，找出相反的因素，从反面找出真正的原因。例如，我们研究某幼儿语言发展缓慢形成的原因，可以找出若干个语言发展缓慢幼儿，从中找出他们语言发展缓慢形成的共同因素；也可以找出几个语言发展优良的幼儿与语言发展缓慢的幼儿对比，探究两者成长过程中的不同之处，从而找到幼儿语言发展缓慢形成的真实原因。

（4）查阅有关资料进行对比

研究者可以从研究对象的有关资料中看看是否具有前面假设的原因。这一步骤非常重要，要做得特别细致，因为教育现象是复杂的，导致某项结果的原因往往是多方面的。

（5）检验

找出的原因尚有待于进一步检验。最好的检验办法是看有同样原因存在的其他许

① 周希冰.学前教育科学研究方法[M].北京：高等教育出版社，2006：193-198.

多事例中是否有同样的结果发生。如果没有的话，这个假定仍然不能成立。如果有的话，二者因果关系的信度就大了。

一般而言，实验法是先确定原因，然后就此原因求出其产生的结果。个案追因则是先见结果，然后就已发现的结果而追求其之所以发生的原因。简言之，实验法由因导果，个案追因则由果溯因。两者过程恰恰相逆，但都是现代教育科学研究常用的方法。个案追因首先接受既成的事实，然后就事实推论可能致此的原因。例如，新华社曾报道过，我国近视孩子已达 5 000 万人，其中幼儿近视率达 16%，初中学生近视率达 49%，高中学生近视率达 70%，并有继续上升趋势。这实际上就是一个结果，是一个不可逆转的既成事实。研究人员以这一既成事实进行研究，探究导致这一事实的原因就是一个追因的过程，所运用的方法就是个案追因研究。研究人员经过研究分析认为，导致目前中小学幼儿近视率不断上升的根本原因是“应试教育”，由于受“应试教育”的影响，大运动量的习题训练，名目繁多的考试检测，加重了孩子的负担，摧残了孩子的身体，从而导致了近视率的不断上升。这一研究过程实际上就是个案追因研究的应用范例。

（三）个案临床研究

个案临床研究是研究者通过选择个别有一定代表性的研究对象，运用观察、测量、访谈、实验等多种手段来探索其教育活动的规律，以找到有效的教育方式方法的研究。①

个案临床法往往通过谈话的形式进行，故又称临床谈话法。个案临床谈话法的方式可以是口头谈话，即面对面地交谈；也可以是书面谈话，即问卷谈话。例如，对于一个有严重自闭行为的幼儿的临床研究，既可以采取面对面的谈话，也可以采用对家长做问卷的形式，由此可以了解幼儿自闭的具体情况，对该幼儿的自闭原因做出初步判断。值得注意的是，教师在口头谈话时，一定要首先解除幼儿的紧张、焦虑、防御、冷淡的心理，要创造轻松自如的谈话气氛。教师要以民主、平等作风参与谈话，而不能盛气凌人，使谈话变成审问，以免谈话失败。在谈话过程中，师幼都应当是问题的发出者，也都应当是问题的回答者，而不应只是单向的信息沟通。教师的提问要以封闭性和开放性问题交替询问。书面谈话一般按问卷要求的程序进行，教师要向家长交代清楚做问卷的具体要求和注意事项。对问卷的评分要严格按照标准，做到公正、客观。

（四）个案产品分析法

个案产品分析法又称活动产品分析，也是个案研究的一种方法。它是通过分析幼儿的活动产品，如绘画、工艺作品等，以了解幼儿的能力、倾向、技能、熟练程度、情感状态和知识范围。运用这种方法时，不仅要研究被试的活动产品，而且还要研究产品制造过程本身以及有关的各种心理活动状况。②

在教育科研中，可搜集以下三类产品作为研究对象：

---

① 周希冰.学前教育科学研究方法[M].北京：高等教育出版社，2006：194.

② 周希冰.学前教育科学研究方法[M].北京：高等教育出版社，2006：194.

(1) 反映一个地区或一所学校(或幼儿园)的教育工作情况的材料,如各种有关方针政策的决定和指示、通告、工作计划、工作报告、报表、总结、会议记录、统计材料、规章制度、日志、信件等。

(2) 反映教师教育、教学工作情况的材料,如教师工作计划、教案、班主任日志、日记、教学工作总结、教研组会议记录、听课笔记、班会记录等。

(3) 反映幼儿的学习情况、知识水平、思想状况、心理状态等的材料,如日记、作文、书信、绘画、工艺作品、各种作业、实验报告、试题试卷、记分册等等。

通过分析研究上述成品材料,可以了解到许多重要的情况。例如,我们对儿童绘画作品的研究,可以反映出他们的许多心理特征。儿童的绘画可以反映他们的知觉特征和幼儿对所绘的物体形成的表象特征。通过儿童的绘画还可以在一定程度上判断其智力水平。通过个案的产品分析,不仅可以了解教师的工作方法和工作体系,可以看出教师是否正确贯彻了量力性、系统性、巩固性等教学原则,教师的教学能否达成教学目标等,而且也可以了解幼儿的能力、倾向、技能、熟练程度、情感态度和知识范围等。运用这种方法时,不仅要研究人的活动产品,而且还应通过作品来研究人的心理活动状况。山东省创造的“大量读写,双轨运行”的经验,之所以能在全国得到认可,主要是因为产品(如幼儿的绘画作品等)质量过硬,也就是说孩子的作品水平高,而人们对这项改革成功的认可或结论实际就是运用产品分析法得出的。

个案的产品分析法作为一种个案研究法,通常是与实验法等结合使用的,如设置对照组观察儿童创造产品的过程,这样可以使研究过程和结论更加科学可靠。产品分析法的采用价值,决定于研究者能否在所搜集的材料中看出和把握生动的教育活动的精髓,如教师和幼儿的思想和行为等;还取决于研究者有无深入分析的技能,能否从分析中做出有根据的结论等。

以上四种研究方法在研究目的、研究范围及研究手段上存在差异,但在一般的研究过程中四种方法是综合使用的。

第三节　个案研究的步骤

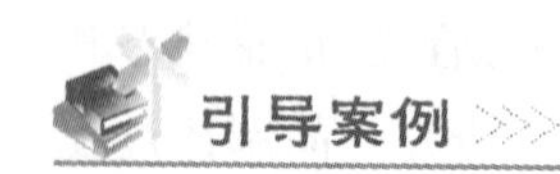

幼儿园男教师职业发展的个案研究

Z老师是一名男教师。他所在的D幼儿园,十年前就开始尝试在幼儿园中引进男教师,积累了一定的管理和培养男教师的经验。自Z老师进入D幼儿园后,园长着力于为Z老师打造最适合于他的培养方案,尽可能地为他创设良好的成长环境,也为他提供了比其他女教师更多的发展机会。Z老师是H大学学前教育系毕业的本科生，他是学前教育系培养的第一届具有本科学历并且面向幼儿园一线岗位的幼儿园教师。深入幼儿园的实践中后，Z老师完全像其他女教师一样进入班级带班，承担幼儿园教师所有的教育和保育的职责，而不是像其他幼儿园男教师那样只担任体育或电脑一门课的教学。经过学前教育专业本科四年的学习，Z老师具备了学前教育领域的相关专业知识，掌握了幼儿园所应具备的技能技巧，因此进入工作岗位后，他完全能够胜任幼儿园教师的所有职责。①

问题：请你分析撰写个案研究报告需要哪些步骤。

分析：通过了解Z老师的基本信息，我们可确定以幼儿园男教师专业发展为研究问题，通过相关资料的收集分析，可以推断出当前我国男教师专业发展的情况。而这一过程就是对个案研究实际应用的基本步骤。

资料来源：刘宣. 幼儿园男教师专业发展个案研究[D]. 上海：华东师范大学，2005：24.

一、个案研究的功能与应用

(一) 个案研究的主要功能

1. 了解具体情况

收集有关个人或事件的相关资料，提供适当的指导策略，帮助个人获得解决问题的途径。

2. 解释特定行为

解释是个案研究的基本特点，也是为寻找个体行为及事件发生的原因，为解决问题提供依据。

3. 解决实际问题

这是个案研究的直接目的，任何途径和指导方案都必须为解决实际问题服务。

4. 提供理论假设

在个案研究的过程中可以获得个案很多相关的资料和具体的实例，由此而产生许多需要验证的解决方案和研究假设，这些方案和假设又有助于理论发展和实践的运用。

(二) 个案研究的应用

个案研究早已在罪犯学、工业社会学、社区研究，以及教育学、心理学、精神医学等方面被广泛使用。在传统教育研究中，个案法主要运用于儿童发展和教育社会学领域的研究，以研究特殊的对象，如适应不良的幼儿，或是问题青少年为主。近年来，这种强调自然观察、深入透彻地关注个例的研究传统逐渐涉猎到教育研究的其他领域，尤其是对教育发展计划的评价上。个案研究逐渐成为学术研究和教育实践之间的中介和桥梁。有时，它采用解释学和批判理论的方法，来解释和批判造成案主问题的原因，并采取有效策

① 刘宣. 幼儿园男教师专业发展个案研究[D]. 上海：华东师范大学，2005.

略解决问题,其研究对象已经不再是病态的个案,而是一般常态,与人类学的参与观察法相配合。个案研究已从一种作为纯理论研究的独断型风格,逐渐成为理解教育行为、开拓研究思路的好途径。

在教育技术课程教学的研究中,个案研究往往是针对信息化教育过程中的教育现象或幼儿心理问题的,其目的是为了诊断事实,探明原委,以便有的放矢地提出矫正意见和指导对策,解决实际问题。加上个案研究灵活多样,易于操作,因此更适合于教育实践工作者运用。

二、个案研究的基本程序

个案研究方案是指实施研究的计划,是进行个案法研究必须具备的前提条件。为了有效地开展研究,进行个案研究之前,需要制定个案研究方案。一般来说个案研究方案包括:研究的对象、搜集研究资料、问题分析与指导、追踪个案研究、撰写个案研究报告这几部分。前面讲过,个案研究的设计可以依据需要随时变化,因此,制定好的研究方案可以依据研究的实际情况执行或修改。

(一) 确定研究对象

从事教育工作的教师,可依据自己研究的目的,选定具有某一方面典型特征的幼儿作为研究对象。教师为了探索提高教育教学质量的方法,完全可以把研究对象确定在与此相关的人与事例上,例如,关于交际困难幼儿的研究,对该幼儿个性发展的研究,对幼儿交际困难形成的原因与对策的研究,等等。个案研究对象的确定,一般可以选择有一系列不同于他人的行为表现,而且对这些行为形成的原因、特点、发展趋势的重要性认识不甚清楚,而又有搞清楚它的必要和兴趣。

研究对象确定后,随之而来的工作就是要对个案现状进行了解与评定。一般个案现状评定的基本内容除包括个案表面现状突出的方面、有专门的测量与评定之外,还应对个案的现状有一个全面的了解与评定。总之,了解、评定那些有助于研究者认识个案各方面发展的平行、协同的关系,有助于发现个案潜在发展趋势的现状。仅以研究幼儿学习障碍为例,可以考虑个案对各领域内容的认知水平,智力测验成绩,个性测验情况,个人的兴趣爱好,父母的文化水平、职业及兴趣爱好,家庭教养、经济、成员间的关系,社会交际能力及教师教学情况等。

有效地选择研究对象十分重要,这关系到所得出的结论是否有价值。研究者应根据个案研究的目的和内容,确定在某一方面具有典型特征的人或事作为研究对象。我们以人作为研究对象的个案研究为例来说明这个问题。如果我们研究的目的是为了了解超常儿童的特点,帮助智力超常儿童成才,探索智力超常儿童成才的规律,那就应该选择真正智商高、学习成绩出众的儿童作为研究对象,因为这样才有典型意义,研究这样的儿童得出的结论对于培养超常儿童促进他们的发展才有价值。如果我们选择了一些智商一般、学习平平的幼儿作为研究对象，无论我们如何研究，由此得出的研究结论对于超常儿童来讲是没有多少价值的。

许多研究资料显示，确定研究对象一般应注意把握以下三条标准：

(1) 根据已掌握的情况所形成的主观印象，看研究对象是否有显著的行为表现。

(2) 通过有关检测和测量，看测出的评价指标是否与众不同。

(3) 向家长、教师及其他有关的人进行调查了解，看是否也有类似的评价和印象。

例如，对某一幼儿思维发散能力发展的个案研究，可以根据平日印象看他是否经常有些小创作；在逻辑思维能力测验中的得分是否突出；教师与家长对该幼儿的创造行为是否有较深的印象；能否举出一些反映该幼儿头脑灵活、思维敏捷、常提怪问题等方面的事例。在此基础上可以确定个案研究的对象。

(二) 搜集研究资料

搜集个案资料是进行个案研究的前提。研究个案的发展，主要是从个案历史资料的相互比较中找出个案在某些方面发展强化的脉络。一般搜集个案的资料可包括：个人简历、家庭情况、主要问题、入学前教养情况、智力发展情况、社会运应能力、个性发展等方面。搜集的方法可用访谈、调查、观察、成品分析等手段进行。为适应研究的需要，可编制专门的调查登记表，以便进行定期调查。

诊断与因果分析是进行个案研究的基础。搜集资料，并加以整理的目的是要研究产生特殊异常行为的原因，理清问题发展的脉络，发现各种因素中有哪几个主要因素对个案有影响。对于以提高教育效果为主要目的的研究者除认识问题产生的因果关系外，还需花气力，确定问题出现的症结所在，对个案进行必要的诊断。造成个别幼儿生理、个性心理品质、行为等方面问题的原因，有的容易发现，有的不容易发现；有的很复杂，有的较单纯；有的始于婴幼儿期，有的经历过曲折变化。因此，研究者在诊断问题原因时，应该谨慎行事。有条件的地方，要依靠专门的仪器诊断、标准化的测量工具进行诊断。无条件的地方可采用经过实践确定的简易筛查方法、手段进行初步诊断。

搜集全面的研究资料，是个案研究有效性的重要保证。尽量全面地搜集个案研究资料有助于研究者对个案的历史与现状有一个比较完整、客观的认识。因此在确定了研究对象以后，应当认真做好的一项工作就是要搜集完备的资料。资料的来源大致有三种，第一种为个案本身的资料，第二种是为幼儿园记录，第三种为家庭和社会背景。

(1) 在个人资料中，除必要的辨认资料如姓名、性别、年龄、出生年月、籍贯等外，还应包括健康状况，如身高、体重、缺陷、各种体能、重症记录和目前健康状况的总评。另外，收集幼儿历年的家长手册、作品集等也很有必要。

(2) 在幼儿园记录中，除现在就读的幼儿园、年级和班级外，还应包括过去所有的能力、兴趣、人格等测验结果，课外活动状况，所得的奖励，教师的评定，以及同伴的判断等。

(3) 在家庭与社会背景方面，应调查父母的教育程度、职业、家庭经济状况，居住地区的文化状况，父母的管教方式及对被研究者的态度，被研究者在家庭内所处的地位、与家人的情感状况、从事家庭活动与计划的程度、来往密切的亲友和邻居的情感、平时所常交的朋友或法律记录等。

从事上述资料的搜集，可采用多种不同的方式来进行。如可利用调查表的形式，让有关人员填写；可采取测验的方式，让被试回答；可调阅研究被研究者的自传、周记、日记等，了解被研究者自身的基本情况；可以通过访问的形式，访问有关人员收取口头报告，与被研究者面谈，当面观察其行为反应，收取第一手资料，在谈话过程中发现隐含的因素。

（三）问题分析与指导

问题分析与指导是个案研究的关键，即在诊断与分析的基础上，针对幼儿存在的问题，设计一套因材施教的方案加以实施。一般这种指导可以从幼儿发展的内因与外因两方面入手进行。一方面是对幼儿的内在因素进行适应性训练与矫治的指导，以便使其与学校、社会环境的要求相适应。例如，通过对听力障碍儿童进行听说训练，对视力障碍儿童进行定向行走训练，对智力障碍儿童进行智力训练，提高随班就读儿童交际能力、独立生活的能力和智力水平；通过一些心理辅导与矫治，改善这些幼儿的情感、情绪、人格倾向等，克服过度孤僻、焦虑畏缩、攻击性强、意志薄弱等性格；通过思想教育，提高他们的世界观、人生观、价值观、道德观等。另一方面是尽可能改变其外部条件的指导，使之适应儿童发展的需要。这里主要考虑学校教育措施、家庭的气氛与影响、父母对子女的教育态度和方法、校外教育的作用以及幼儿的人际关系等因素。教师在进行上述矫正指导中，一方面需要得到有关专家的帮助；另一方面要加强教育学、心理学等基本理论的学习，掌握指导个案研究的技巧。

资料搜集完备后，应当对这些材料加以认真研究与分析，最后得出有关个案研究的结论。个案研究的主要任务在于揭示研究对象特征形成、发展的规律，属于定性研究的范畴。因此，在原有资料的基础上，最为重要的工作是做好对资料的加工。在加工过程中，最为常用的逻辑思维方式就是分析和综合。分析与综合质量的高低直接影响个案研究的有效性。

个案研究所搜集到的原始事实毕竟是粗糙的材料，不能直接说明问题。要把这些原始素材转化为能说明问题的信息，需要以正确的哲学方法论为指导，对之进行科学的加工和处理；通过分析与综合找出个案的本质特征，从而使事实材料不仅成为胜于雄辩的东西，而且成为证据确凿、富有意义的东西，并由此得出科学合理的结论。分析与综合是人类认识世界的两种方向相反的思维方式，但其目的却只有一个，那就是揭示事物的矛盾，发现事物的规律。

分析着眼于把研究对象这个整体分解为一个个的组成要素或部分，分别进行考察研究，从认识现象推移到认识本质。例如，为了研究某一幼儿的个性心理特点，我们可以把他的个性心理特点分解为一般行为习惯、性格特征、知识兴趣、意志情感、能力水平、动机形成等几个不同的部分，分别认识并考察研究各个部分所特有的性质与构造，这就是分析过程。综合的过程与此相反，它侧重于将事物各个要素或组成部分有机地结合起来，从认识本质到认识对象整体。循上例而言，我们在对某一幼儿的个性心理特点进行分析之后，可以得出有关这个幼儿在习惯、兴趣、才能、意志、能力、动机等方面的一些认识。此时，如果我们将这些认识联系起来考虑，就可以形成关于这个幼儿的个性心理特点的总体认识。这个过程实际上就是一个综合过程。综合不是把对象的各部分、各因素简单地罗列或相加，而是将各部分、各因素有机地结合起来。从分析到综合，是思维认识过程中的一个质的飞跃。

个案研究法包括了大部分主观的资料，无论根据被研究者个人的陈述，或是他人的判断，以至谈话者的意见，皆不能避免主观因素的影响。如果判断错误或处理不当，将使被研究者蒙受莫大的损失，这是值得我们注意的。

总之，个案研究法可以以一个人为单位，也可以以若干性质相同的被研究者为对象，分别研究，然后汇成结果。虽然研究对象数量不大，但只要操作科学适当，仍然能够从中归纳出带有普遍意义的规律。

（四）追踪个案研究

由于个案研究对象的问题矫正与指导是一个极为复杂的工作，因此仅靠一次诊断是不容易准确的。另外，教育是一个长期的活动，某些教育措施的实施往往要在一段时间以后才能比较全面地看到效果。因此，对于所研究的个案对象，特别对那些实施过矫正与个别指导的问题儿童，有必要用一段较长时间的追踪观察与研究，以检查矫正补偿是否有效。如果有效，个案研究工作就算告一段落；如问题还没有解决，那就要重新诊断和重新矫正，继续研究下去。

（五）个案研究的逻辑推理

个案研究所搜集到的原始资料需要在充分占有资料的基础上进行理性的思维加工，在加工的过程中，最重要的思维方式就是逻辑推理。逻辑推理合理与否直接影响个案研究的有效性。

1. 逻辑结构

一篇有价值的个案研究报告应具有基本逻辑的结构。托尔敏（Toulmin）1979 年以逻辑分析方式探讨了研究报告的基本结构，认为研究报告的逻辑内容有以下六个基本项目，这六个方面是我们在进行个案研究推理时必须考虑的因素。

（1）主张或结论：主题是任何一个个案报告中必有的一个内容，或者陈述一个结果或目的，或者说明一个观点或问题。主要回答：你的结论是什么？你要研究什么？你主张什么？得出什么结果？

（2）相关资料和事实：提供相关的基本资料和事实资料，并以此作为解释主张、结论的依据。主要回答:你的论据在哪里?你的结论被什么证据支持?你有什么相关资料?哪些是已经既成的事实?如何去解释事实现象?

(3) 推论依据:用操作性定义、标准化量表或类比的方法,去证实或判断主张与资料之间的关系。主要回答:你如何获得此项结论的?事实与主张是如何联结的?你是如何做出这样判断的?为何做出如此的解释?

(4) 品质认定:利用自己的主观经验和现实的事实效果去认定主张和结论的性质。主要回答:你是如何肯定的?你对你的主张有多大信心?你的结论有多大的准确性?

(5) 反驳或保留:反驳或批判原有的主张或结论,原有主张或结论的局限性。主要回答:你的研究假设是什么?在什么情况下,你的假设得到拒绝或保留?

(6) 证据支持:利用进一步证据,如实证性资料、经验常识、专业知识、科学理论等来支持推理或重新判断。主要回答:你还有什么证明?还可以做什么判断和推理?尚有哪些未考虑到的其他因素?

2. 推理的偏差

在个案研究的推理过程中,会有许多偏差,这些偏差大多来自归因过程,如对事实的歪曲、认知的限制、个人的主观动机等。常见的偏差大致可以分为两类,一是与人的直觉判断、主观经验有关,二是与收集资料的偏差有关。直觉判断的偏差是指人们在推理过程中,往往会凭自己的主观经验,采用简便、直接的方式做出推论。如,经验认为人一紧张会口吃,因而就会推论口吃是由于紧张造成的,或者人一紧张就会变成口吃者。在收集资料的过程中形成偏差的原因有:样本抽样问题、主观偏见、材料的先入为主、收集资料的单一性等。如,研究者仅从教师对幼儿的描述性的评价资料来推断幼儿的某一能力,有可能失之客观。

阅读资料 5-1

幼儿自闭症游戏治疗个案研究(节选)

一、个案表现

在家表现:个案C,3岁10个月,孩子在家中经常是一个人玩,特别喜欢那些能转的东西,比如风扇、表、洗衣机等,还喜欢玩水,常常一个人在水管跟前玩。而且他有些爱好很特别,比如喜欢一条浴巾,这是他小时候洗澡时用的,在家的时候,他总喜欢用浴巾把自己裹起来,不准父母和其他人碰自己,有时上幼儿园也要把浴巾裹在自己的身上,但如果父母把浴巾藏起来,他看不见,也就不要了。他很少用语言表达自己的要求,有什么事他都喜欢自己来解决,比如要取什么东西,他就会搬来凳子去够,很少叫爸爸妈妈帮自己,但父母说,这孩子一般不会伤害到自己,他干什么事之前总会先试探一下看安全不安全,对有把握的事他才去做,没有把握的事他根本不会去做。对音乐很敏感,爱听歌,会一边听,一边唱,但通常他唱的父母都听不清楚。唯一让父母感到欣慰的是,这孩子记忆力很好,学儿歌,记地名的能力非常强。最让父母担心的是语言能力发展太慢,分不清“你”“我”,不会和他人交流。

入园表现:个案C初上幼儿园的时候,在园中一直都闭着眼睛,躺在床上不起来,不吃不喝,嘴紧闭,不说话,要么就一个人躲在教室的角落或者是教室外的厕所里,总是一个人在那里玩,不跟其他的小朋友在一起,也不跟人进行目光交流,脸上的表情非常单调,很少笑,即使笑,看上去也让人感觉很难受。走路不是很稳,总是一跳一跳的。乐感很强,喜欢听音乐,喜欢一边听着音乐一边用脚踩鼓点。记忆力很好,对一些死记硬背的东西记得很清楚,因此拼图能力很强,超过幼儿园同龄的其他孩子。喜欢玩水,所以经常一个人往幼儿园的卫生间跑,因为那里有水管和洗衣机。没有攻击性,从来不跟小朋友打架,即使别的小朋友欺负他,他也从来不反抗。随着对幼儿园环境的适应,他表现好多了。当治疗者到幼儿园对其观察的时候,他已经入园4个月了,这期间,只有国庆节前后由于感冒发烧而请过几天假,其他时间都坚持上幼儿园,家长对孩子上幼儿园以后的变化比较满意,如母亲反映孩子会唱的歌多了,知识面拓宽了等,但最让家长和老师困扰的就是孩子不会与他人交流,言语发展缓慢,与同龄孩子形成了鲜明对比。

二、背景资料

(略)

父母反映,个案自出生起,身体状况就一直很好,只是在三个月的时候得过一次感冒,去医院打了退烧针,吃了感冒药。三岁时,得过一次发烧,比较严重,到医院输了三天液。平时父母非常注意个案的健康状况,刚出生从医院回到家里,就开始给他补钙,怕他消化不好,还给他吃了一些助消化的药,后来改为间隔一段时间补钙。每隔半年的时间,父母就带他去医院做一次全面的检查,包括听力、视力、身高、体重、血铅等指标,还经常拿孩子的头发到医院去化验,结果显示,个案的钙、铜、铁、锌等都在正常的指标范围内。

三、问题分析

治疗者及其治疗指导者运用美国医学学会精神疾病诊断与统计手册第四版DSM—IV (1994)中的自闭症诊断标准和中国自闭症的诊断标准CCMD3对个案在家中和幼儿园中的表现进行了测量评定,分析发现个案符合DSM—IV诊断标准中的六项,符合CCMD3中的七项。而这些项目足以说明个案在社会交往和言语沟通方面存在质的损害,重复刻板的行为、兴趣和活动。综合家长、教师和专家的评定,治疗者认为,个案属于自闭症儿,其症状主要表现在言语和非言语性交流行为的应用方面有显著缺损,如不会用语言表达自己的愿望和想法,缺乏目光交流、脸部表情和社交手势等,与同龄儿童缺乏伙伴关系,言语、行为和兴趣重复刻板,象征性或想象性游戏缺乏。

四、教育措施

治疗主要材料:大小的沙箱两个(干沙箱和湿沙箱)、玩具架、各式玩具模型、橡皮泥、蜡笔、纸张、水、水盆、喷壶、拼图地垫、桌子、椅子。

治疗室的布置：根据游戏材料的安排，治疗者将游戏室大体分为三个区域，即沙区沙箱和玩具架所包括的区域，水区水盆、喷壶所在的区域和其他区域主要指桌椅所在的区域。

治疗及记录工具：普通相机、数码相机、钟表、游戏过程记录表格。

教育措施："儿童中心游戏治疗"强调，关系是造成成长的关键，而不是玩具的运用和行为的解释。本研究所采用的游戏治疗的具体形式为箱庭治疗，它更是强调治疗关系在治疗过程中的重要意义，并将这种关系形容为"母子一体性"。它强调应为治疗者创造一个自由、受保护的空间。在这个空间内，治疗者以包容、接纳、关怀的态度对待治疗对象，相信治疗对象的自我治愈潜能，为治疗对象提供爱的力量和对生命的信念，治疗对象则在这种力量和信念的鼓舞下获得成长，把在治疗关系中所获得的力量和信念内化到生活的其他方面。可以说，"母子一体性"的形成是治疗关系发展的目标。而这种良好的治疗关系对于治疗对象的意义在于：使其感觉到安全和被接纳，消除在治疗环境中的紧张和焦虑；有利于治疗对象探索环境；有利于深入治疗对象的内心深处，唤醒其自我治愈的潜能；有利于治疗对象与治疗者达成共同的治疗目标，克服困难，向着共同目标前进。

五、结论

（一）治疗关系的建立是自闭症儿游戏治疗的重要方面

治疗者与自闭症儿之间形成"母子一体性"的关系是治疗得以顺利开展的前提和保证。这种关系使自闭症儿在"自由和受保护"的空间内，在治疗者的"接纳和包容"下探索环境，并自我探索，通过相互信赖的治疗关系获得与他人互动的体验、乐趣和信心。

（二）父母对治疗的态度及与治疗者间的关系发展分三个阶段

父母对治疗的态度及与治疗者间的关系发展的第一阶段为"接纳事实"。治疗者首要的任务是共感父母的情绪波动，使其接纳孩子是自闭症的事实。第二阶段为"开放情感"。治疗者的主要任务是给父母情感支持，使他们能开放自己的情感，与治疗者充分交流。第三阶段为"具体指导"。治疗者的主要任务是对家庭情景下个案的言语和沟通技能训练给以辅导。

（三）个案游戏的发展表现在动沙、想象性游戏和简单合作游戏方面

自闭症儿动沙的力度增大，说明治疗深入了个案内心，其自我能量感在增强游戏中的想象性成分不断增多，说明其对周围事物和他人关注了，开始"会"游戏，从单独游戏逐渐向简单合作游戏发展，说明其体验到了合作和互动的快乐，并从中渐渐获得自信，有助于个案将这种体验和自信迁移到日常生活中，尝试与他人互动。

（四）沙与水是幼儿自闭症游戏治疗中的重要治疗因素

沙可以调动自闭症幼儿的感触觉，引发想象，唤醒其潜在能量，调整能量分配。水给自闭症儿童一种轻松感、包容感和满足感，并引发其想象。

资料来源：寇延. 幼儿自闭症游戏治疗个案研究[D]. 保定：河北大学，2005.

三、个案研究报告的撰写

通过上述各步骤的研究，研究者经过一定的理论与逻辑的再认识，形成了自己的观点，又通过把感性认识加以探索性的实践，并上升到初步理性认识阶段。这时，可以着手撰写个案研究报告。个案研究报告是个案研究的表现方式，是个案研究的过程中必不可少的一环。通过个案研究报告可以了解个案的基本情况及处理的过程。正如医院看病，医生写的病历一样，可以为以后的诊断、治疗提供依据。个案研究的结果需要通过详细、准确的描述性报告进行反映。一般对于学前教育个案研究报告来说主要包括：研究对象的基本情况、研究目的与内容、研究过程、研究结果与分析等几部分。撰写时应注意研究的目的、内容、对象、过程与研究方案中相应内容相同，研究结果应阐述定性资料的分析、概括提炼的规律和解决的问题，并用科学方法进行论证。

(一) 个案研究报告的类型

个案研究报告的表达方式可以多种多样，大致可分为以下几类①：

1. 描述性报告

描述性报告比较详细地叙述个案资料，直接而精细，可以将一些片段并列或串联，不用转述而用原话，尽可能用客观描述来呈现对个案的解释。但整理报告的时间较长，重心难以把握，较为繁复。

2. 简介性报告

简介性报告似一幅个案的速写，着重反映个案的主要特征，比较简洁。报告整理时间较短，较能显出问题的重心，不过往往难以详细获知一些有关个案的细节部分资料。

3. 分析性报告

分析性报告通常对论点进行直接的论述，对论点均需提供论据，并需说明个案的各种可能现象及推理历程。分析性报告是一种企图利用客观的方式呈现个案资料，但又无法全然放弃主观判断的呈现方式。

(二) 个案研究报告的基本格式

个案研究实际上就是用各种方法收集个案的相关资料，通过科学的推理，提出解决问题的策略，进而评价其效果的研究过程。个案研究不仅是一种研究方法，也是复杂的认知过程，并且是解决问题的理论框架。典型的个案研究报告的格式大致涉及以下几个方面：

第一部分主要说明研究对象的相关背景以及研究问题或者是研究目的。

1. 基本资料

主要包括研究对象的姓名、性别、年龄、籍贯、住址、学校(幼儿园)、年级等。例如，被试

---

① 张宝臣，李兰芳. 学前教育科学研究方法[M]. 上海：复旦大学出版社，2012：131-134.

×××，女，5岁，××省××市×××街道×××家园×××楼×××室，A幼儿园，中班。

2. 个案来源

别人介绍、自己寻来或其他关系等。

3. 背景资料

主要介绍家庭父母或教养人的职业、文化程度、生活方式、政治面貌、健康状况、性格倾向、教育观点和方法。家庭经济状况、居住条件、家庭成员的政治态度、社会行为、成员之间的关系、社会交往等，还有研究对象的发展历史与现状。从这一部分可以看出被试的成长背景对研究对象个性形成的相关程度高低。

主要可以从以下几个方面介绍：

(1) 个案家庭史：父母、兄弟姐妹、其他人。

(2) 个案与家庭的关系：父母的管教态度、亲子关系、兄弟姐妹的关系等。

(3) 个案的学校生活：对学校的态度、学习能力、学业成绩等。

(4) 个案的社会关系：人际关系、与朋友的交往等。

例如，被试父亲×××，大学教师，博士，中共党员，健康状况良好，热情开朗。中上收入水平，其中家庭消费有30%教育投入，15%旅行消费，等等，对待幼儿采用民主型教育方式，尊重孩子的意愿。

4. 主要问题的描述

要求说明研究对象所存在问题首次发生的情境、时间和具体表现，经常在何种情况下出现及其具体表现，以及目前的表现等。例如，对新手型教师A在大班科学区域活动中指导的个案研究，教师最开始对科学区角活动指导干预较少，随着幼儿园对科学教育的不断的重视，教师也逐渐重视起来，指导频率增加。

第二部分是主体部分，包括研究对象所具有特性的实质、现状、成因以及变化规律和趋势，是对研究内容的全面归纳和论证。

5. 诊断和分析

这一部分是用描述性方法完成一份个案研究以及撰写出研究报告的关键，也是整个研究的难点。在这一部分内容中，主要解决分析什么和怎样分析的问题。

(1) 需要分析的问题

这一部分应该以个案研究前期阶段收集的资料为基础。具体分析的内容主要包括两方面五项内容。两方面是指诊断结果的分析和矫正指导结果的分析；而这两方面必须含有对个人情况，研究问题的概述，家庭或教养情况，家庭环境和条件，研究对象个人生理、心理、智力等方面的历史与现状等五项内容的分析。

(2) 对资料的分析方法

① 分析问题需要以唯物辩证的观点，实事求是的精神，严肃认真的态度，根据事实真相和客观材料，用心理学、教育学的有关原理、技术和方法，深入分析，客观地推论。

② 按照研究步骤进行分析。一般在研究报告中可分为诊断情况分析和矫正指导结果的分析。诊断情况分析强调更多的是以客观性、可靠性的资料和证据的心理学有关原理、技术和方法为依据，进行分析。矫正指导分析更重视以特殊性的资料和教育学的有关原理、技术和方法为依据，深入分析，客观地推论。

③ 透过现象，找出各方面问题之间实质性的联系。由于个案研究侧重于研究对象的自然表现和发展历程，缺乏对研究变量的控制和实验数据，因此，分析过程中特别需要注意各种内外因对研究的个体问题的影响。例如，在撰写幼儿随班就读教育问题时，除了要掌握和根据该幼儿个体的自然生活事实以外，还要注意到他的生理缺陷、家庭和社会影响，以及智力、情感、动机和对该研究起一定作用的特征等。在进行分析时，以幼儿个性发展或综合性的、连续性的行为为特征来分析，一是要根据诊断，以幼儿从小到目前的经历特征为重点，提出有关幼儿个性发展或行为特征的说明。二是将幼儿作为幼儿园中的一员看待，分析幼儿园、社会对其发展的影响。三是分析特殊家庭对其特殊的影响和作用。四是分析个人内部条件和心理因素的相互影响以及前后联系。

④ 分析引起结果的原因。为了使研究报告能够做出基本可靠的分析与初步的推论，克服个案研究缺乏对变量的控制与操作的不足，分析时一定要找出引起结果的重要原因。如引起幼儿阅读困难有关的因素或原因，可能是生理、智力、认知方式、情绪、社会、学校或家庭环境等原因；阅读不良可能是视觉、注意品质、语言知识和语言能力、阅读教材等方面。总之，影响个人行为的原因或因素很多，应该依据个案的不同特点作相应分析。做出结论时，需要深入、全面地分析。特别是对研究对象问题的分析，因造成问题成因复杂，常常可能需要邀请多方面的专家合作诊断。

6. 实施指导策略

实施指导策略包括抽样的标准，即个案是如何选定的；进入现场以及与被研究者建立和保持关系的方式；采用什么方法收集资料和分析资料；关于研究伦理的考虑；研究实施过程，即研究持续时间的长短，访谈、观察的时间表及频率等。此部分的叙述要足够详细，使读者能够通过文章透彻地了解研究过程。

7. 实施结果

个案研究结果分析，主要是针对个案的研究结果，包括对观察资料、访谈资料、实物资料的描述与概括分析。此部分是研究报告的主干部分，必须详细而具体。

第三部分个案研究的结论，主要阐述研究形成的总体观点，明确指出研究已解决哪些问题，仍需要对哪些问题深入研究。

8. 结论及建议

结论及建议是对研究中的关键元素及研究结果进行深入讨论，从个案研究的结果中推论出最终的结论，并且对结论的有效性和真实性做出解释，对个案研究问题提出建设性意见。

(三) 个案研究的自我检测

在个案研究完成时,我们可以用下面一些问题作为个案研究自我检测的评价准则。

1. 是否界定了相关研究问题及个案的基本信息(是否包括家庭背景)?
2. 记录的内容是否问题紧密相关? 有无遗漏?
3. 个案的资料是否运用多种方式收集而来?
4. 对于个案一些特殊行为是否详细描述?
5. 是否按照个案行为发生变化的过程来说明?
6. 分析是否有充分的证据?
7. 对行为的判断逻辑是否严谨?
8. 是否将个案的行为动机考虑在内?
9. 对未来的矫治计划是否做了充分考虑?
10. 矫正辅导的措施、方法和过程是否有针对性?
11. 是否准确解释矫正辅导的效果?
12. 个案报告的撰写格式是否规范?
13. 他人阅读个案报告后是否会对个案有真正的了解?

当然,不同内容的个案研究会有不同的研究方式和评价方式。一般而言,以上这些问题,也可供研究者进行个案研究时参考,在进行个案研究时是必须要考虑的问题。

本章小结

1. 本章首先厘定了个案研究的定义、特点与意义,并分析了个案研究的优缺点。

2. 个案研究法的类型主要从三个角度划分:按照研究对象的不同,个案研究可分为个体类个案研究和群体性个案研究;按照个案研究内容的不同,可分为诊断性个案研究、指导性个案研究和探索性个案研究;按照个案研究的时效取向可划分为个案追踪研究、个案追因研究、个案临床研究和个案产品分析法。

3. 个案研究法的研究报告主要由三部分构成,第一部分主要说明研究对象的相关背景以及研究问题或者是研究目的;第二部分是主体部分,包括研究对象所具有特性的实质、现状、成因以及变化规律和趋势,是对研究内容的全面归纳和论证。第三部分是个案研究的结论,主要阐述研究形成的总体观点,明确指出研究已解决哪些问题,仍需要对哪些问题深入研究。

拓展阅读

1. 麦瑞尔姆. 质化方法在教育研究中的应用[M]. 于泽元,译. 重庆:重庆大学出版社,2008.

2. 张燕.学前教育科学研究方法[M].北京:北京师范大学出版社,2014.

3. 江芳、王国英.教育研究方法[M].上海:华东师范大学出版社.2009.

4. 乔伊斯·P高尔,等.教育研究方法实用指南[M].北京:北京大学出版社,2007:295-296.

5. 潘淑满.质性研究:理论与运用[M].台北:台湾心理出版社,2005.

6. 周希冰.学前教育科学研究方法[M].北京:高等教育出版社,2006.

7. 应国瑞.案例学习研究——设计与方法[M].张梦中,译.广州:中山大学出版社,2003.

8. 陈向明.教师如何做质的研究[M].北京:教育科学出版社,2001.

9. 张景焕.教育科学方法论[M].济南:山东人民出版社,2000.

10. 林佩璇.个案研究及其在教育研究上的应用[M].高雄:丽文文化公司,2000.

11. 杨丽珠.教育科学研究方法[M].大连:辽宁师范大学出版社,1995.

12. 周家骥.教育科研方法[M].上海:上海教育出版社,1999.

13. 刘文霞.教育科学研究方法[M].呼和浩特:内蒙古大学出版社,1993.

思考与探索

1. 个案研究与教育实验法存在哪些差异?

2. 访问几名幼儿园园长和骨干教师,了解他们对于个案研究的应用情况。

3. 利用在幼儿园实习的时间,选取1～2名被忽视幼儿作为研究对象,了解他们的同伴交往情况,对研究对象进行个案研究,并撰写个案研究报告。

没有调查，就没有发言权。

——毛泽东

第六章 调 查 法

学习目标

- 了解调查法的含义、特点及优缺点
- 能够根据实际需要使用不同的调查法进行调查
- 掌握调查法的研究步骤
- 学会使用调查表
- 应用调查法撰写研究报告

核心概念

调查法；问卷调查法；访谈法

本章导读

调查法是学前教育科学研究中的重要的研究方法之一，本章主要介绍调查法的含义、特点、主要类型，问卷调查、访谈调查、调查表的特点、类型及实施，调查法的研究步骤以及调查报告的撰写格式。

引导案例

浙江省幼儿教师工作投入特点的调查分析

王彦峰　秦金亮

当前，我国学前教育的改革与发展已经进入到了注重质量和内涵的新阶段，而加强教师队伍建设已成为新时期最重要的基础性工作。

工作投入是在世纪之交形成的一个新的研究领域，是指员工积极参与工作的具有活力(vigour)、奉献(dedication)和专注(concentration)特征的一种心理状态。对于幼儿教师而言，他们能否以高昂的热情投入到学前教育工作中，不仅会对自己的职业发展、幼儿的身心发展产生直接的影响，而且会对整个学前教育事业的发展产生深远的影响。本研究旨在通过对我国幼儿教师工作投入特点的调查和分析，了解我国幼儿教师工作投入的现状，纠正一些想当然的错误认识，并以此为基础为幼儿园的管理者提出一些提高幼儿教师工作投入的建议。

一、调查对象与方法(略)

二、调查结果与分析

(一) 幼儿教师的工作投入水平随其工龄的增长而逐渐升高

经方差分析显示，工龄对幼儿教师工作投入的影响，无论是在问卷总分上，还是在工作愉悦、工作价值、工作责任、工作专注四个维度上，均达到了显著水平。

采用LSD法进行多重比较发现，在问卷总分上，幼儿教师工作投入在工龄上的平均得分，从高到低依次为：16～20年工龄组＞20年以上工龄组＞11～15年工龄组＞6～10年工龄组＞2～5年工龄组＞1年以内工龄组。由图1(略)可以看出，尽管从工作的第16～20年以后，幼儿教师的工作投入水平开始呈现轻微的下降趋势，但从总体上来看，幼儿教师的工作投入水平，随其工龄的增长而呈现逐渐升高的趋势。

(二) 幼儿教师的工作投入水平随其学历的升高而逐渐下降(略)

(三) 幼儿教师的工作投入水平随其月收入的增长呈正弦波上下浮动(略)

(四) 来自私立幼儿园的幼儿教师工作投入水平在总体上高于公立幼儿园的幼儿教师(略)

三、结论与讨论

(一) 工龄长的幼儿教师不一定工作投入水平低(略)

(二) 学历高的幼儿教师不一定工作投入水平高(略)

(三) 工资高的幼儿教师并不一定工作投入水平高(略)

(四) 公立幼儿园的教师不一定比私立幼儿园的教师工作投入水平高(略)

资料来源：王彦峰，秦金亮. 浙江省幼儿教师工作投入特点的调查分析[J]. 上海教育科研，2016(3)：26-29.(有省略)

王彦峰、秦金亮两位研究者对浙江省幼儿教师工作投入特点的研究运用的主要研究方法是调查法。调查法是教育科学研究中最常用的方法之一。那么，什么是调查法呢？调查法有哪些类型？调查法如何实施呢？调查结束后如何撰写调查报告呢？在本章中，您将逐一了解这些知识。

第一节 调查法概述

调查研究是了解事实，收集第一手资料的主要手段，已被广泛地运用于社会各个领域。而其中尤以教育活动中的调查研究最为活跃,最有成效。调查研究可以帮助学前教师了解幼儿在学习、生活、身心发展等诸多方面的情况;了解家长对自己教育教学情况的反映,以便帮助教师改进自己的教学。对教育进行的研究,主要有实证研究和思辨研究两种方式。目前,我国教育理论研究者和实践工作者在面临各种教育问题、寻求解决方法的过程中,开始自觉地选择实证调查研究的方式,反映了我国的教育研究逐步走出书斋,走向教育实践。

一、调查法的含义及其特点

(一) 调查法的含义

调查研究法是在科学方法论和教育理论的指导下,通过运用问卷、访谈、测量等科学方式,有目的、有计划地搜集有关教育问题或教育现状的资料,从而获得关于教育现象的科学事实,并形成关于教育现象的科学认识的一种研究方法。

教育调查研究可以通过对教育问题的研究,揭露问题,暴露矛盾,通过不断解决教育内外部的各种矛盾促进教育的发展;发现、总结和推广先进教育思想和经验,改进工作,提高教育质量;为不同层次和不同要求的教育管理和预测工作服务。可以为描述性研究提供事实材料。

调查研究作为一种研究的方法,之所以能够广泛地运用于社会各个领域,能够有如此多的实践工作者去运用,有其自身的优点,同时也存在着一些局限性。

(二) 调查法的优点

1. 调查对象的广泛性

教育调查研究的对象,可以是某一个人、某一个班级或某一所学校,也可以是某一市、某一省,或某一国家的教育情况,甚至可以是国际性的教育发展情况。调查对象的广泛性还表现在,教育调查研究是以活动形态或现实存在形态的教育问题、教育现状为研究内容的,它们广泛存在于教育的各个领域之中,因此从理论上说,一切教育现象都可以作为教育调查研究的对象。由于调查是在自然状态下进行的,对环境和其他一些研究条件要求不高,且不需操纵和控制调查对象,所以能在较大的范围内为较多的研究者采用。

2. 调查手段的多样性

在进行教育调查研究时,可以采用多种多样的调查手段和方法。如问卷、访谈、测查等等,其中每一种方法,在不同的情况下可以表现出不同的方式。在具体研究过程中,研究者可以根据课题的大小和性质以及研究者自身的情况选择适当的方法。

3. 调查方法的可操作性

在进行教育调查研究时,要设计详细、具体的调查方案。在调查方案中,有各种研究变量的操作指示,有根据各种调查方法设计出的调查工具,如问卷、访谈提纲、测查表及试卷,也有供分析资料用的整理信息和统计的方法,等等。这样,在开展调查研究时,调查者就可以依据调查方案进行具体操作，且具有较强的可操作性。另外，教育调查研究法在设备条件的控制环境上没有太多的要求。特别是对于数据资料的收集，可以在较大的范围内进行，从而能在较短时间内，以较快的速度，对较大范围的事实进行研究，因此有较强的实用性。

4. 调查结果的延时性

利用教育调查手段和方法获得的结果，一般是通过书面或口头语言等形式表达出来的关于事实的报告，具有延时性的特点。调查研究法在很多情况下不必直接感知现象，是一种间接的研究方法，因此，它可以通过邮寄、电话等手段，以问卷、访谈等形式，大量地迅速地收集信息。

(三) 调查法的局限

1. 无法确定现象之间的因果关系

由于调查研究法是在自然状态下收集资料，而不是通过实验去主动操纵和改变现象与变量，因此，即使当我们通过调查发现甲、乙两种现象之间有密切关系时，我们也难以确定谁是因谁是果，因为甲、乙之间的关系会有多种可能。

2. 调查结果的可信度受被调查对象的态度和作风影响

由于调查研究法是向别人间接了解情况，因此，被调查者所反映事实的客观性和真实性程度，决定了我们获得资料的可靠性程度。如果被调查对象所反映的事实主观加入成分太多，我们所获得的资料的可靠性就差，自然调查的信度就差。正因如此，教育调查法也常常与其他科学研究方法结合使用。

课堂讨论 6-1

请结合幼儿园实际情况，讨论调查法可以用于做哪些研究。

二、调查法的基本原则和要求

(一) 基本原则

1. 客观性原则

客观性原则是指在调查时，调查者应该按照事物的本来面目了解事实本身，必须无条件地尊重事实，如实记录、收集、分析和运用材料。调查者在实施调查计划时，对调查对象不抱任何成见，收集资料不带主观倾向，对客观事实不能有任何一点增减或歪曲，这就是教育调查中必须遵循的实事求是的科学态度，也是从事调查研究最基本的一条原则。

2. 实证性原则

实证性原则指调查研究的结论及与此相联系的所有观点，都必须为真实、可行的资料所充分支持。在调查研究中贯彻实证性原则主要体现在以下三方面。

首先，调查报告要以资料、数据为依据，观点、意见、建议等不能凭空臆想。

其次，调查所产生的结论要既来自于调查材料、真实可行，又要避免以偏概全，以局部的、零散的材料说明总体、全面的情况。

最后，要尽量用定量资料说明观点。在调查过程中要坚持对调查材料进行定性与定量相结合的分析。在进行具体操作时，不能使用“也许”“大概”“差不多”等词句。只有坚持定性定量相结合的调查研究和分析，才能真实、具体地反映现象。

3. 系统性原则

系统性原则指调查任何教育教学客观现象，都要从系统的整体性出发。调查研究不是就事论事，而是把事物放在一个系统内，从整体来分析。

遵循调查研究的系统性原则，主要的要求是：①调查研究应从系统的整体目标出发；②系统的边界要确定清晰；③要善于把一个系统分解为若干要素；④调查研究中要充分注意到系统内部诸要素之间及系统与环境之间相互作用的有机联系，认识系统与系统之间、子系统与大系统之间的关系。

4. 多向性原则

多向性原则是指调查者在调查中，应该多角度、多侧面去获得有关的材料，即进行全面调查，注意横向与纵向，宏观与微观，多因素与个别因素的结合，使调查既是全面的又有代表性。教育调查的对象是干部、教师、学生、家长等，都是活生生的人，是不断变化的。因此，在进行调查研究时，不仅要注意了解对象以往的特点，也要调查他们新产生的特点，了解他们的发展趋势。

5. 灵活性原则

在教育调查过程中，由于教育现象的复杂性，如调查对象的地位、职业、年龄、性别等等的不同，或者调查题目、调查方法手段的不同，因而一定要适应情况的变化，注意灵活性，根据调查对象的特点，灵活对待，随时调整，以保证取得可信的调查材料。

(二) 对调查者的基本要求

1. 素质要求

(1) 为人正直、谦虚、诚恳，待人热情，能关心、理解、尊重人，富有同情心，仪态端庄大方，避免生硬、苛求和盛气凌人。

(2) 教育思想端正，具有正确的教育观、人才观、学生观，教育方法正确，知识渊博、视野开阔、经验丰富。

(3) 具有组织座谈会和访谈的引导能力、记录能力和交往应对能力。

2. 工作要求

(1) 能够透彻了解调查课题的实质及工作量，熟悉问卷、量表及有关资料，以认真负责的态度实施调查研究计划。

(2) 遵守教育调查的工作道德，如尊重被调查人的人格、隐私权，尊重被调查人的保密要求，不刺激和欺骗被调查者。

(3) 完整、客观地运用调查材料，不断章取义，“妙笔生花”，不假借别人之口，说自己要说的话。

三、教育调查法的类型

调查研究根据其角度有不同的分类。根据调查对象的范围不同可以分为典型调查、普遍调查、抽样调查和个案调查；根据调查目的等不同分为现状调查、发展调查、关系调查、比较调查、原因调查等；根据调查的内容不同可以分为科学性典型调查、反馈性普遍调查和预测性抽样调查；根据调查手段的不同可以分为问卷调查、访谈调查和测验调查。

(一) 根据调查对象的范围分类

根据调查对象的范围分类，主要分为典型调查、普遍调查、抽样调查和个案调查。

典型调查即重点调查，就是从研究对象中选取具有代表性的部分进行调查。典型调查的对象较少比较容易组织调查活动，所需要的调查员和调查经费可以控制在一定额度内，且活动途径较为多样灵活。但典型调查结果不具有一般性特点，代表不了大众结论，因而其推论不能推到总体上去论述。

普遍调查即对所有调查对象进行统一调查。普遍调查的范围因调查对象的范围而定，小到可以是单位的、地区性的，大到全国性的。普遍调查多用于制定重大的方针、政策或法规前进行的大规模的调查活动。普遍调查是广泛的、宏观的调查方法。例如调查某市私立幼儿园的择园原因，由于调查对象范围广泛，所以选取普遍调查法进行调查统计，从而得到真实有效的资料信息。但普遍调查也有其弊端，由于对象数目庞大，所以在调查过程中整理到的资料大多是广泛且肤浅简单的信息。

抽样调查即从全体调查对象中选取一部分作为样本进行调查，其结果作为全体调查对象的总体特征。由于从总体中抽出部分进行调查，所以调查范围较小，省时省事，时效性高，是一种比较常用的调查研究方法。

个案调查即在分析调查对象或现象后选取其中具有代表性的个体进行调查分析。个案调查研究相对于其他研究方法更为深入、细致，个案研究可以详细地记录调查对象或调查现象的发展过程。

(二) 根据调查目的不同分类

根据调查目的不同可以将教育调查分为现状调查、发展调查、关系调查、比较调查和原因调查。

现状调查主要调查某类教育现象当前的状况和基本特征，是一种描述性的调查，反映教育现象的真实情况从而进行具体描述或统计一般数据。例如，某市私立幼儿园收费情况的调查、某高校毕业生就业情况的调查等。现状调查通常能够提供第一手资料，常用于教育工作者较为关注的现象或现状。

发展调查主要是调查某一类现象随时间变化而表现出的特征和规律，并对未来某一时期的发展趋势与动向进行推断，是一种预测性的调查。发展调查可以从纵向和横向两种形式研究。即可以同一组对象在不同年龄段的情况，多次收集资料进行比较，也可以同一时间内对不同年龄段的多组对象进行观测和调查。发展调查相对于其他研究方法而言难度较大，且结果并不能保证完全准确。

关系调查主要是针对两种或两种以上的教育现象进行对比分析，考察教育现象之间是否存在相关关系，即是否互为变量，其目的是寻找教育现象的相关因素，从而探索解决教育问题的办法。例如，幼小衔接情况与小学低年级期末成绩的关系调查、幼儿看动画片种类与幼儿暴力倾向的关系调查等。

比较调查是当今比较常用的调查方法，是一种对比性的调查。对比分析不同对象之间的差异、特点、规律等。调查对象可以是两个或者两个以上的群体、地区、时期等教育情况。其目的是弄清不同教育现象之间的相似性、差异性以及内在联系等。

原因调查也较为常用。原因调查即因果性的调查，调查目的是找某一现象的诱因。这种调查比较直接，便于发现问题的根本，抓住问题的主旨，从而尽早解决问题。例如，中学生早恋原因调查、中班幼儿挑食的原因调查等。

（三）根据调查的手段不同分类

根据调查的手段可以将其分为问卷调查、访谈调查和测验调查。

问卷调查是研究者通过事先设计好的问题来获取有关信息和资料的一种方法。研究者以书面形式给出一系列与研究目的有关的问题，让被调查者做出回答，通过对问题答案的回收、整理、分析，获取有关信息。

访谈调查，又称谈话法或访问法，是指调查者通过与研究对象交谈收集所需资料的调查方法，是一种研究性交谈。也就是两个人（或更多人）之间一种有目的的谈话，其中由访谈者通过询问来引导被访者回答，以此了解调查对象的行为或态度，最终达到调查目的。

测验调查是采用一种数量化的分析方法，以测试题为调查工具让被调查者填写的一种调查方法。

第二节　问卷调查法

问卷调查法是研究者通过事先设计好的问题来获取有关信息和资料的一种方法。研究者以书面形式给出一系列与研究目的有关的问题，让被调查者做出回答，通过对问题答案的回收、整理、分析，获取有关信息。问卷调查法是教育调查中最常用的收集资料的方法，在教育调查中被广泛使用。

一、问卷调查法的优缺点

(一) 问卷调查法的优点

1. 高效

问卷调查之所以被广泛使用，最大的优点是它简便易行、经济节省。问卷调查可以节省人力、物力、经费和时间，无需调查人员逐人或逐户地收集资料，可采用团体方式进行，也可通过邮寄发出问卷，有的还直接在报刊上登出问卷，这对调查双方来说都省时省力，可以在很短时间内同时调查很多人，因此，问卷调查具有很高的效率。问卷资料适于计算机处理，也节省了分析的时间与费用。

2. 客观

问卷调查一般不要求调查对象在问卷上署名。采用报刊和邮寄方式进行问卷调查，更增加了其匿名性，它有利于调查对象无所顾忌地表达自己的真实情况和想法。特别是当问卷内容涉及一些较为敏感的问题和个人隐私问题时，在匿名状态下，调查对象往往不愿意表达自己的真实情况和想法。

3. 统一

问卷调查对所有的被调查者都以同一种问卷的提问、回答的形式和内容进行询问，这样，有利于对调查对象的平均趋势与一般情况作比较分析。

4. 广泛

问卷不受人数限制，调查的人数可以较多，因而问卷调查涉及的范围较大。为了便于调查对象对调查内容方便容易地做出回答，往往在设计方面给出回答的可能范围，由调查对象做选择。这种对“回答”的预先分类有利于从量的方面把握所研究的教育现象的特征。由于问卷调查大多是使用封闭型回答方式进行调查，因此，在资料的搜集整理过程中，可以对答案进行编码，并输入计算机，以进行定量处理和分析。

(二) 问卷调查法的局限

1. 缺乏弹性

问卷中大部分问题的答案由问卷设计者预先划定了有限的范围，缺乏弹性，这使得调查对象的作答受到限制，从而可能遗漏一些更为深层、细致的信息。特别是对于一些较为复杂的问题，仅靠简单的填答难以获得研究所需要的丰富材料。

2. 容易误解

问卷发放后由调查对象自由作答，调查者为了避免引起调查对象的顾虑，不当场检查被调查者的填答方式是否正确或是否有遗漏，这就不可避免地出现被调查者漏答、错答或回避回答一些问题的现象。

3. 回收率和有效率低

在问卷调查中，问卷的回收率和有效率必须保证有一定的比率，否则，会影响到调查资料的代表性和价值。因无法控制被试，回收率不能保证；特别是邮寄发出问卷的寄还，靠调查对象的自觉和自愿，没有任何约束，所以往往回收率不高，这就对样本所要求的数量造成一定的影响。

4. 真实性难以检验

问卷所得到回答的真实性难以检验，收集到的事实或意见真假难以分辨或核实。没有人能确切知道回答的真实性程度。问卷回答是调查对象说的，不一定是实际做的或真实存在的东西。

问卷调查法有上述的优势和局限，所以，它有自身所适用的范围。由于问卷调查法使用的是书面问卷，问卷的回答有赖于调查对象的阅读理解水平，它要求被调查者首先要能看懂调查问卷，能理解问题的含义，懂得填答问卷的方法。而在现实生活中，并不是所有的人都能达到这样的文化程度，因此它只适用于有一定文化水平的调查对象。从被调查的内容看，问卷调查法适用于对现时问题的调查；从被调查的样本看，适用于较大样本的调查；从调查的过程看，适用于较短时期的调查；从调查对象所在的地域看，在城市中比在农村中适用，在大城市比在小城市适用；从调查对象的文化程度看，适用于初中以上文化程度的对象，比如，对幼儿教师和家长可以进行问卷调查。

二、问卷调查的类型

问卷调查根据不同角度可以分为不同类型。从问题答案的角度出发可以将问卷分为结构问卷、半结构问卷和无结构问卷；从问卷的传递方式不同可以将问卷分为发送问卷、访问问卷和邮寄问卷；从问卷是否使用文字角度出发可以将问卷分为文字式问卷和图画式问卷。

（一）结构问卷、半结构问卷和无结构问卷

从问题答案的角度出发可以将问卷分为结构问卷、半结构问卷和无结构问卷。

1. 结构问卷

结构问卷又称封闭式或者标准式问卷，即在设计问卷时将答案控制在一定范围内，由被调查者在控制范围内进行选择性回答。结构式问卷问题的排列和提问方式都是固定模式，调查者不能随意调动。结构式问卷的问题有两种，一种是选择式问题，另一种为是否式问题。

（1）选择式问卷

选择式问卷即将问题的答案列出多种，由被测者挑选最适合的一个或多个。

例如，关于幼儿亲社会行为的调查：

① 幼儿能够与他人分享玩具。

A. 从不　　B. 偶尔　　C. 有时　　D. 经常

② 在群体游戏中表现积极，愿意与其他小朋友一起游戏。

A. 从不　　B. 偶尔　　C. 有时　　D. 经常

(2) 是否式问卷

是否式问卷就是将问题分出两个答案,即"是"与"否"。

例如,大学生学期计划状况调查:

① 是否愿意参与校内活动?　　是　否

② 是否有吃早饭的习惯?　　是　否

③ 在生活中,总是有自己的想法,不从众。　　是　否

2. 半结构式问卷

半结构式问卷介于结构问卷和无结构问卷之间,一般以结构式题目为主,需要探究的问题用开放式的问答题目,或者在结构式后面加不明确选项(其他)。

例如,家庭教育问题的调查:

您认为作为父母是否有必要去专门培训一下家庭教育的科学知识,还是顺其自然或参考市面图书?

A. 顺其自然　　B. 多买些教育书籍

C. 沿袭上一辈的教养方式　　D. 参加家庭教育培训

E. 其他看法

3. 无结构问卷

无结构问卷又称开放式问卷,答案是非固定的,由被测者自由作答。无结构问卷与结构问卷最大的不同之处即不给出任何答案项,答案完全由被测者自由决定。

无结构问卷可以以填空式也可以以问答的形式出题。

例如,对大学生心理健康的调查:

① 请描述一下你认为恐怖的场景。

② 请简单介绍一下你和寝室室友的关系。

③ 请简单评价一下自己。

三种问卷相比,无结构问卷针对较深层次的问题,被调查者按自己的想法自由填写,便于收集到更为真实且有价值的信息。结构式问卷的目的性、可控性更强些。半结构问卷介于两者之间,起到补充作用。在研究初期,研究员与被调查对象之间并不了解,可以通过无结构问卷对其特点进行掌握,从而更科学合理地设计出结构问卷,得到针对性较强的材料。因此,无结构问卷是结构问卷的铺垫。

(二) 发送问卷、访问问卷和邮寄问卷

根据问卷的发放途径不同可以分为发送问卷、访问问卷、邮寄问卷。

发送问卷即研究者将问卷发放给全体被调查对象手中,并在其填写完后第一时间收回。访问问卷即研究者与被调查对象面对面座谈,并按问卷上的内容进行了解和记录。邮寄问卷是研究员通过邮寄的方式将问卷送至被调查对象手中,要求被测者按照要求进

行填写,并在一定时间内通过邮寄的方式邮寄回研究者。

(三) 文字式问卷、图画式问卷

根据问卷是否使用文字可以分为文字式问卷和图画式问卷。文字式问卷即用文字来表述的问卷。文字式问卷一般用于成人,大多数问卷都是文字式问卷。图画式问卷即用图画的方式来表述,一般适用于文字能力较差的幼儿,也可以在跨文化研究中应用,由于不需要使用文字,交流起来比较方便,可以少受文化影响。

三、问卷的编制

运用问卷调查,关键在于问卷的设计。问卷设计的质量直接关系到调查的过程与调查的结果。因此,编制问卷是问卷调查中十分重要的一个环节。优秀的设计既要体现调查研究者的意图,也要将需要了解的问题明确无误地让被调查者理解。通常一份完整的问卷,一般包括标题、前言、指导语、问题、选择答案、结束语等。

(一) 标题

标题是调查内容的高度概括,它既要与调查研究内容一致,又要注意对被调查者的影响。

(二) 前言

前言是问卷最前面的一个开头,有人称之为封面信。前言一般包括以下内容:

1. 调查的内容、目的与意义;
2. 关于匿名的保证,消除被调查者的顾虑;
3. 对被调查者回答问题的要求;
4. 调查者的个人身份或组织名称;
5. 如是邮寄的问卷,写明最迟寄回问卷的时间;
6. 对被调查者的合作与支持表示感谢。

(三) 指导语

指导语主要是用来指导被调查者填写问卷的一组说明或注意事项,如果需要,还可以附有样例。指导语要简明易懂,使人一看就明白如何填写(如果设计的问卷题型比较单一,这部分的内容可以与前言部分合在一起)。通常来说,指导语主要有以下几种类型:

1. 对所选答案做记号的说明

一般用圆括号“(　　)”或方框“□”来限定答案前或后的空间,并要求回答者在他要选择的答案前或后的圆括号或方框内做记号。例如:请在你所选答案前的“(　　)”内打上“√”:

2. 选择答案数目的说明

如果问卷的题型有多种,指导语一般在填写须知中说明;如果问卷的题型不多,也可以直接写在问题的后面,如“选择一项”“有几项选几项”“可以多选”等。

3. 填写答案要求的说明

如果遇到文字提示“可以多选”，则可选择多于一个的选项，只要你认为合适的都要选上；凡在回答中需选择“其他”一项作为答案的，请在后面的“____”上用简短的文字注明实际情况。

4. 答案适用于哪些被调查者的说明

问卷中有的问题可能只是适用于某一类人。当这类问题出现时，可说明由特定的一类人填写，其他的人则跳过这些问题。

（四）问题

问题是问卷的核心内容，编制的问题要简洁明了，要适应被调查者的程度，符合研究的目的要求。

1. 问卷中问题的类型

问卷中常用的问题有以下几种类型。

（1）事实和行为性问题

此部分主要是客观存在的某一类事实或者已经发生的行为事实。包括客观存在的事实，例如，年龄、性别、职业等；包括是否做过某事，或做过多少等；也包括行为发生的时间、地点及行为方式等多方面内容。此类问题能够进一步了解被调查对象的具体情况，并且可以了解被调查者对其他人的信息了解情况。

例如：您从事教育工作多少年了？

A. 1年以内　　B. 1～2年　　C. 3～5年　　D. 6年以上

（2）原因或理由性问题

此部分问题就是为了对某一部分行为进行进一步说明，如为什么这样做、怎样去做等。

例如：您认为哪些因素导致幼儿学说脏话？

A. 模仿父母　　B. 模仿同伴　　C. 受电影、电视的影响　　D. 其他

（3）态度或情感问题

态度是一个人对某类事件结合自身的经历、素质、倾向等给出的综合看法。例如，赞成或不赞成、喜欢或不喜欢等。态度很难用语言去形容具体倾向如何。所以我们可以从不同侧面去了解被调查对象的倾向。包括情感性意见、评价性意见、认同性意见、认识性意见。

① 情感意见主要是针对其喜恶的问题。例如：

您的孩子喜欢吃青菜吗？

A. 不喜欢　　B. 喜欢

C. 只喜欢一部分蔬菜　　D. 其他

② 评价性意见主要指评价者要根据自己的喜好给出某种品质的判定，如优、良、中、

差等。例如：

请您对本次服务留下评价。

A. 非常满意　　B. 比较满意　　C. 一般　　D. 不满意

③ 认同性意见指人对某事物或某人的意见是否倾向于赞同。例如：

您对“一切为了孩子，为了一切孩子，为了孩子一切”这句话：

A. 非常满意　　B. 比较满意　　C. 一般　　D. 不满意

④ 认识性意见指人对某事物或其他人的理解或看法。例如：

您认为作为父母是否有必要去专门培训一下家庭教育的科学知识，还是顺其自然或参考市面图书？

A. 顺其自然　　B. 多买些教育书籍

C. 沿袭上一辈的教养方式　　D. 参加家庭教育培训

E. 其他看法

⑤ 环境性问题主要指影响或涉及人们思想观念或行为的各种各样的环境因素的调查。例如：

您家里主要由谁负责给幼儿讲故事？

A. 爷爷、奶奶　　B. 爸爸、妈妈　　C. 保姆　　D. 没有人

2. 设计问卷问题的基本要求

(1) 问题的设计要求

① 问题不得有暗示性

例如，“随地乱扔垃圾不是很好的生活习惯，在逛街时你将怎样处理手中的空水瓶？”“当前年轻人生活压力较大，您是否考虑有生二胎的打算呢？”等。这些均为有暗示性的用语，被测者会被暗示性语言诱导做出相应的价值取向。应该改为：“逛街时你一般怎么处理手中的空水瓶？”“您是否有生二胎的打算呢？”

② 问题要明确

很多问题会涉及多选或双选。例如，“您重视孩子的语言发展和艺术审美吗？”这类问题里有两个问题主干，一是语言发展，二是艺术审美。有的家长比较看重幼儿的语言表达能力，对语言发展比较重视而忽略了幼儿的艺术发展。但有的家长却很希望自己的儿女多才多艺，会忽略对幼儿语言方面的培养。因此，一部分家长只能满足问题中的一部分要求，不知道该如何作答这个问题。所以我们在设计问卷的时候一定要明确自己到底是问的什么内容，不可以给家长带来问题只能选择一部分的烦恼。可以改为：“您重视孩子的语言发展吗？”“您重视孩子的艺术审美吗？”

③ 问题通俗易懂

在设计问卷问题时要考虑到调查对象的理解程度，尽量选择通俗易懂的语句和便于解答的方式让调查对象进行回答。例如，“您认为社区教育对幼儿的影响如何？”很多人

不太理解“社区教育”究竟是什么教育，因此此类问题是无效的，会让被测者不知道如何回答。如果改成：“您认为您所在的小区环境和文化设施的优劣是否影响到孩子的发展？”这样的问题就具体化了，被调查者就会懂调查者让其回答的问题到底是什么，并明白可以从哪些方面进行回答。

3. 问卷中问题的排列

(1) 整齐美观

问卷格式清晰明了，便于被测者阅读。合理的布局不仅可以节约纸张，还给被调查者以美的体验，更有利于回收率的提高，便于统计整理。

(2) 先易后难

在问题的排列上，应该先将简单的、常识性或经验性的问题放在前面。多用调查对象感兴趣的问题做开始。能够调动被调查者回答问题的积极性和自信心。同时也为问卷后面的开放性题目做铺垫，使被调查者在回答前面问题的同时思路打开且更放松。

4. 问卷中的敏感问题的处理

由于调查目的的不同，会涉及很多敏感性问题。但是对于被测者无法直接面对此类问题，从而大大地降低了问卷的效度、信度。因此在涉及此类问题时要遵循一定的规律和技巧。

(1) 委婉、迂回提问

对于敏感的问题可以考虑委婉的表达或采用迂回的方式进行“绕圈圈”的提问。例如，对于倒垃圾、扫厕所的人员我们不能直接称其为“收拾卫生的”，而是要称呼为“环卫专员”。我们在问一些问题的时候也是可以委婉迂回地进行，让被调查者不明确你具体的问题，从而打消其顾虑才能得到真实的有效的反馈答案。

(2) 假设性提问

对于一些不太光彩的敏感性问题，只能通过假设性的问题不给其退路让被调查者在假设性的情境下承认某些问题。例如，“你嫉妒过某人吗？”很多人会觉得嫉妒不是好的事情，会选择说没有嫉妒过。所以为了让被测者如实回答，可以改为：“你嫉妒过别人吗？偶尔　经常　总是”

(3) 投射式提问

人们常常将自己的想法投射到其他人的身上，做出真实的想法。例如，“人们对公共场合接吻褒贬不一，请您来谈谈对此的看法”。通过对别人对评价真实的看法的判断说出自身的想法，使研究员得到真实有效的材料。

(五) 选择答案

问题及答案是问卷的主题，编制完问题之后，就要选择答案的类型。而回答的方式，总的可以分为封闭式和开放式两大类。

1. 封闭式答案

封闭式问题也叫结构式问题，是有固定的答案，被试通过填空或选择的形式完成问题。一般有以下几种形式：

（1）是否式问题

问题的答案只有“是”或“不是”、“同意”或“不同意”。回答时根据实际情况或对问题的认识回答“是”或“不是”。

例如：当幼儿老师责任大，受限制多(是，不是)，我喜欢幼儿老师这个职业(是，不是)。

（2）选择式问题

需要回答者从一组答案中选择最合适的一个或几个答案。例如，下面几个问题是从多个答案中选择一个的问题。

你现在的学历是(　　)。

A. 中学　　B. 中专　　C. 大专　　D. 大学

E. 研究生

一些幼儿没有自信的主要原因有受(　　)的影响。

A. 家庭　　B. 社会环境　　C. 自身原因　　D. 同学关系

E. 教师态度

（3）排序问题

这种问题要求对于某件事情，按照你认为的重要性或先后次序将给出的几个答案排序。如：

你为什么从事幼儿教师职业？对以下几个答案按重要性依次填 1、2、3、4

(　　)工资待遇。

(　　)工作环境。

(　　)喜爱孩子。

(　　)本人性格。

（4）填表格式的问题

把一些具有固定答案的问题制成表格，用填表的方式回答问题。这样的问题多是有关被试的自然情况的问题。如表 6-1：

表 6-1　基本情况表

性别	职业	工资级别	职称	出生年月

（5）划记式问题

按同意或不同意，在答案上分别作“√”或“×”，如：

关于你对考试的看法，请在你认为符合你的情况前画“√”，在不符合你的情况前画“×”。

(　　)幼儿教师工作是看孩子，琐碎、乏味。

(　　)幼儿教师工作有利于发挥个人才干。

(6) 顺序式量表(李克特量表)

顺序式量表是将每一个问题分为若干个不同程度的答案，每一个答案作为一个数字对应点。回答者在他认为合适的答案的对应点上打“√”或在相应的字母上画记号。通常将这样的点分为5个等级，在分析结果时，可以将每一个点指定为1～5或0～4的数值，这样可以把相应问题的调查情况用分数表达出来，以便把一个问题或某一类问题进行统计，进而深入了解有关问题。这样的问题一般是给出一个表述某种意见的句子，后面标出表明对这一语句态度的带有顺序的答案。

例如：“您所在班级中幼儿的活跃程度如何？ 1 2 3 4 5(1 非常不活跃……5 非常活跃)”。

2. 开放式答案

开放式答案指在问卷中只提出问题，由被调查者自由说出答案。如向幼儿调查：“你将来喜欢做什么？为什么？”“你喜欢幼儿园吗，为什么？”由于回答问题不受限制，被调查者可根据自己的意愿回答，畅所欲言，充分发挥主动性和创造性，调查往往能获得一些意想不到的、富有启发性的信息。开放式答案制作容易，问题简单、直接，易于作定性分析，但是数据处理较困难。

开放式答案常用于描述性的研究或较为复杂问题的研究，被调查者能按自己的理解来回答问题，可以比较真实地反映他们的态度、观点。这些问题对深入研究、发现新的问题具有重要意义。另外，当研究者无法把握问题答案时，也常采用开放式答案，作一种试探性的、预测性的研究，以作为编制封闭式答案的基础。例如，研究者不清楚现在家长最关心孩子的什么问题，无法罗列可供选择的所有答案，因此可以先用开放式答案收集家长的各种想法，然后对各种想法分类整理，最后再形成封闭式答案。

开放式答案与封闭式答案各有优缺点。开放式答案可充分获取各种可能的信息，但作答比较费时，不像封闭式答案那样简易明了，并且对数据归类、分析也较费时。至于用开放式答案还是封闭式答案，则应根据实际情况而定。

(六) 结束语

结束语要对被调查者的合作再次表示感谢，以及提醒被调查者不要漏填，并进行复核。这一表达方式的目的在于显示调查者的礼貌，督促被调查者完整准确回答问题，以免漏答、错答。例如，可以采用以下的表达方式：

问卷到此结束，请您再从头到尾检查一次是否有漏答、错答的问题。最后，衷心地感谢您对我们调查的热情支持！

四、问卷的发放与回收

(一) 问卷的发放

一般采用邮寄、集体组织分发、当面填写这三种方式进行发放和回收。邮寄方式比较省力,但由于某些具体原因如问题设计比较敏感或被调查者心情问题等因素导致回收等有效率较低。集体组织分发的优点是发放和收回比较快速,但是由于是集体填写所以被调查者受他人影响的几率很高。当面填写的回收率最高,遇到不明白的问题被调查者和调查者能够及时地进行沟通,使被调查者能够积极合作。

(二) 问卷的回收

对收回的问卷,在剔除废卷的同时要统计有效问卷的回收率。一个研究的成功与否与问卷有效回收率有着密切关系,它是真实可靠资料的保证。如果回收率过低就应该进行调查补充。一般来说回收率如果在30%左右,资料仅作为参考;50%以上,可以采纳建议;70%以上,可作为研究结论。一般问卷的回收率不少于70%。

案例 6-1

××地区幼儿教师新《纲要》关注情况调查问卷

尊敬的各位老师:

您好! 国家颁发了《幼儿园教师指导纲要(试行)》(简称新《纲要》),在新《纲要》的指导下,各幼儿园进行了课程改革。此问卷旨在了解幼儿教师在课程实施中对课程改革的关注情况。因此我们真切希望能得到诸位老师的支持和帮助。本调查表匿名填写,各选项无正、误之分,只需按您的实际情况在合适的答案上打"√"(1~5每个数字分别代表您对该句话由"很不赞同"到"非常赞同"这一认可趋势)。所有数据仅供个人研究分析使用,我们将对一切信息做好保密工作。

感谢您在百忙之中抽出时间填写这份调查表,祝您工作顺利!

××大学教育科学学院

××年8月15日

调查对象基本信息:

性别	男○　女○	带班年龄段	小○中○大○	参与课改时间	从________年起
幼儿园类型	省级示范园○　市级示范园○ 一级一类园○　二级二类园○			新《纲要》培训次数	省级________次 市级________次 园级________次
学历	中专○　大专○　本科○　研究生○			幼儿园行政兼职	是○　否○

（续表）

性别	男○ 女○	带班年龄段	小○中○大○	参与课改时间	从______年起
教龄	1年以内○ 1～3年○ 4～6年○ 7～10年○ 11～25年○ 26～33年○ 33年以上○				
教师层次水平	省骨干○ 市骨干○ 区骨干○ 其他○				
自我评定关注新《纲要》程度	较为关注○ 刚开始关注○ 一般关注○ 比较关注○ 非常关注○				

问卷问题：

1	2	3	4	5
很不赞同	比较不赞同	不确定	比较赞同	非常赞同

1	我想知道当我们实施新《纲要》时，会得到哪些资源和帮助	1 2 3 4 5
2	我很想知道在实施新《纲要》过程中谁最具有决策权	1 2 3 4 5
3	我担心我每天没有足够的事件来安排我的教学工作	1 2 3 4 5
4	……	1 2 3 4 5

资料来源：王萍．幼儿教师教研活动及写作指导[M]．北京：中国轻工业出版社，2012：33-34.

第三节 访谈调查法

访谈调查法，又称谈话法或访问法，是调查者通过与研究对象交谈收集所需资料的调查方法。访谈是一种研究性交谈，也就是两个人（或更多人）之间一种有目的的谈话，其中由访谈者通过询问来引导被访者回答，以此了解调查对象的行为或态度，最终达到调查目的。

从本质上说，访谈和问卷都是沟通的过程，沟通的目的都在于获取研究所需的第一手资料，不同的是访谈是以口头语言的问答来搜集信息，被访者是先听后说，问卷则是以书面语言的问答来搜集信息，被访者是先读后写；访谈通常是面对面的直接言语接触，问卷则是纸与笔的间接言语接触①。

在教育调查中所用的访谈和一般情况下的谈话不同，它是研究性的谈话。研究性的

① 郑金洲，等．学校教育科研方法[M]．北京：教育科学出版社，2003：167.

访谈与一般的谈话最本质的区别是:研究性的访谈是一种有目的、有计划、有准备的谈话,它的针对性很强,谈话的过程紧紧围绕着研究的主题展开;而一般情况下的谈话,是一种非正式的谈话,它没有明确的目的,随意性较强。

一、访谈法的优缺点

访谈调查不同于问卷调查,它是调查者与被调查者面对面直接交谈,获取信息的方法。一般用于调查对象较少的情况,也可与问卷、测验调查配合使用。这种方法的优点是可以直接观察到调查对象的非语言行为,获得感性材料。因此,对较深层次的探索性研究及文化程度低的调查对象有很重要的意义。

(一) 访谈调查法的优点

1. 灵活

第一,访谈调查时访谈员根据调查的需要,以口头形式,向被访者提出有关问题,通过被访者的答复来收集客观事实材料。这种调查方式灵活多样,方便可行,可以按照研究的需要向不同类型的人了解不同类型的材料。

第二,访谈调查是访谈员与被访者双方交流、双向沟通的过程。这种方式具有较大的弹性,访谈员在事先设计调查问题时,是根据一般情况和主观想法制定的,有些情况不一定考虑十分周全,在访谈中,可以根据被访者的反映,对调查问题作调整或展开。如果被访者不理解问题,可以提出询问,要求解释;如果访谈员发现被访者误解问题也可以适时地解说或引导。

2. 准确

第一,访谈调查时访谈员与被访者直接进行交流,可以通过访谈员的努力,使被访者消除顾虑,放松心情,作周密思考后再回答问题,这样就提高了调查材料的真实性和可靠性。

第二,访谈调查大都是事先确定访谈现场,访谈员可以适当地控制访谈环境,避免其他因素的干扰,灵活安排访谈时间和内容,控制提问的次序和谈话节奏,把握访谈过程的主动权,这有利于被访者能更客观地回答访谈问题。

第三,由于访谈流程速度较快,被访者在回答问题时常常无法进行长时间的思考,因此所获得的回答往往是被访者自发性的反应,这种回答较真实、可靠,很少掩饰或作假。

第四,由于访谈常常是面对面的交谈,因此拒绝回答者较少,回答率较高。即使被访者拒绝回答某些问题,也可大致了解他对这个问题的态度。

3. 深入

第一,访谈员与被访者直接交往或通过电话、上网间接交往,具有适当解说、引导和追问的机会,因此可探讨较为复杂的问题,可获取新的、深层次的信息。

第二，在面对面的谈话过程中，访谈员不但可以收集到被访者的回答信息，还可以观察被访者的动作、表情等非言语行为，以此鉴别回答内容的真伪以及被访者的心理状态。

（二）访谈法的局限

1. 成本较高

访谈调查常采用面对面的个别访问，面对面的交流必须寻找被访者，路上往返的时间往往超过访谈时间，调查中还会发生拒访等情况，因此耗费时间和精力较多；另外较大规模的访谈常常需要训练一批访谈人员，这就使费用支出大大地增加。与问卷相比，访谈要付出更多的时间、人力和物力。由于访谈调查费用大、耗时多，故难以大规模进行，所以一般访谈调查样本较小。

2. 缺乏隐秘性

由于访谈调查要求被访者当面作答，这会使被访者感觉到缺乏隐秘性而产生顾虑，尤其对一些敏感的问题，往往会使被访者回避或不作真实的回答。

3. 受访谈者影响大

由于访谈调查是研究者单独的调查方式，不同的访谈员的个人特征可能引起被访者的心理反应，从而影响回答内容；而且访谈双方往往是陌生人，也容易使被访者产生不信任感，以致影响访谈结果；另外，访谈员的价值观、态度、谈话的水平都会影响被访者，造成访谈结果的偏差。

4. 记录困难

访谈调查是访谈双方进行的语言交流，如果被访者不同意用现场录音，对访谈员的笔录速度要求就很高，而一般没有进行专门速记训练的访谈员，往往无法很完整地将谈话内容记录下来，追记和补记往往会遗漏很多信息。

5. 处理结果难

访谈调查有灵活的一面，但同时也增加了这种调查过程的随意性。不同的被访者回答是多种多样的，没有统一的答案，这样，对访谈结果的处理和分析就比较复杂，由于标准化程度低，就难以作定量分析。

由于访谈调查收集信息资料，主要是通过访谈员与被访者面对面直接交谈方式实现的，具有较好的灵活性和适应性，又由于访谈调查的方式简单易行，即使被访者阅读困难或不善于文字表达，也可以回答，因此它尤其适合于文化程度较低的成人或儿童这样的调查对象，所以适用面较广。

访谈调查法被广泛运用于教育调查、心理咨询、征求意见等，适用于向被访者了解心理体验、情感，以及对某一事物的意见、态度、评价等方面的信息，更多用于个性、个别化研究；它适用于调查的问题比较深入，调查的对象差别较大，调查的样本较小，或者调查的场所不易接近等情况。

课堂讨论 6-2

谈一谈如何尽量避免访谈法的局限。

二、访谈法的类型

访谈一般以面对面的个别访谈为主,也可采用小型座谈会、调查会的形式进行团体访谈,还可以进行电话访谈。访谈既可以作为一种独立的研究方法,也可以作为其他研究方法中收集资料的辅助方法。

访谈调查法依据不同的分类标准,可以分为多种类型:

(一) 以访谈员对访谈的控制程度划分

1. 结构性访谈

结构性访谈也称标准式访谈,它要求有一定的步骤,由访谈员按事先设计好的访谈调查提纲依次向被访者提问并要求被访者按规定标准进行回答。这种访谈严格按照预先拟定的计划进行,它的最显著的特点是访谈提纲的标准化,可以把调查过程的随意性控制到最小限度,能比较完整地收集到研究所需要的资料。这类访谈有统一设计的调查表或访谈问卷,访谈内容已在计划中做了周密的安排。访谈计划通常包括:访谈的具体程序、分类方式、问题、提问方式、记录表格等。

2. 非结构性访谈

非结构性访谈也称自由式访谈。非结构性访谈事先不制定完整的调查问卷和详细的访谈提纲,也不规定标准的访谈程序,而是由访谈员按一个粗线条的访谈提纲或某一个主题,与被访者交谈。这种访谈是访谈双方相对自由和随便的访谈。这种访谈较有弹性,能根据访谈员的需要灵活地转换话题,变换提问方式和顺序,追问重要线索,所以,这种访谈收集资料深入和丰富。通常,质的研究、心理咨询和治疗常采用这种非结构性的"深层访谈"。

3. 半结构性访谈

在教育调查中采用的访谈形式,还有一种是介于结构性访谈和非结构性访谈之间的半结构性访谈。在半结构性访谈中,有调查表或访谈问卷,它有结构性访谈的严谨和标准化的题目,访谈员虽然对访谈结构有一定的控制,但给被访者留有较大的表达自己观点和意见的空间。访谈员事先拟定的访谈提纲可以根据访谈的进程随时进行调整。

(二) 以调查对象数量划分

1. 个别访谈

个别访谈是指访谈员对每一个被访者逐一进行的单独访谈。其优点是访谈员和被访者直接接触,可以得到真实可靠的材料。这种访谈有利于被访者详细、真实地表达自己的看法,访谈员与被访者有更多的交流机会,被访者更易受到重视,安全感更强,访谈内容更易深入。个别访谈是访谈调查中最常见的形式。

2. 集体访谈

集体访谈也称团体访谈或座谈，它是由一名或数名访谈员亲自召集一些调查对象就访谈员需要调查的内容征求意见的调查方式。集体访谈是教育调查研究中一种很好的方法，通过集体座谈的方式进行调查，可以集思广益，互相启发，互相探讨，而且能在较短的时间里收集到较广泛和全面的信息。参加座谈会的人员要有代表性，一般不超过10人。主持人一般不参加争论，以免堵塞与会者的思路。另外还要做好详细的座谈记录。

(三) 以人员接触情况划分

1. 面对面访谈

面对面访谈是访谈双方以面对面的直接沟通来获取信息资料的访谈方式。它是访谈调查中一种最常用的收集资料的方法。在这种访谈中，访谈员可以看到被访者的表情、神态和动作，有助于了解更深层次的问题。

2. 电话访谈

电话访谈是访谈员借助电话向被访者收集有关资料的访谈方式。电话访谈可以减少人员来往的时间和费用，提高访谈的效率。电话访谈与面对面访谈的合作率相差不多，对于学校系统的成员(教师、校长等)通过电话访谈比通过个别访谈更容易成功(据估算与面对面的访谈相比电话访谈大约可节约二分之一的费用)。电话访谈也有它的局限性。比如，它不如面对面的访谈那样灵活、有弹性；不易获得更详尽的细节；难以控制访问环境；不能观察被访者的非言语行为等。

3. 网上访谈

网上访谈是访谈员与被访者通过网络进行交流的调查方式。网上访谈的方式比较灵活，可以通过文字进行，也可以通过微信和QQ进行视频或语音访谈。但是，网上访谈也有局限，如无法控制访谈环境，对访谈者的电脑操作和物质条件有要求，一定程度上也会影响访谈的开展。

(四) 以调查次数划分

1. 横向访谈

横向访谈又称一次性访谈，它是指在同一时段对某一研究问题进行的一次性收集资料的访谈。这种研究需要抽取一定的样本，被访者有一定的数量，访谈内容是以收集事实性材料为主，研究一次性完成。横向访谈收集内容比较单一，访谈时间短，需要被访者花费的时间较少。横向访谈常用于量的研究。

例如，《幼儿教师幼儿心理健康观访谈研究》一文对60名幼儿教师进行半结构式的深层访谈，了解了幼儿教师心中的幼儿心理健康观。结果发现，教师认为幼儿心理健康体现在性格、个人行为及能力、人际交往与社会适应、情绪、道德品质等五个方面，其心理健康观具有模糊性、经验性、主观性等特点，并呈现出重外轻内、重适应轻发展的倾向①。

2. 纵向访谈

纵向访谈又称多次性访谈或重复性访谈，它是指多次收集固定研究对象有关资料的跟踪访谈，也就是对同一样本进行两次以上的访谈。纵向访谈是一种深度访谈，它可以对问题展开由浅入深的调查，以探讨深层次的问题。纵向访谈常用于个案研究或验证性研究，这种访谈常用于质的研究。按照美学者塞德曼的观点，深度访谈至少应进行3次以上②。

访谈调查法的类型多种多样，一个访谈可能同属于两种类型，比如，有时面对面访谈也同时是纵向访谈或非结构性访谈，集体访谈也同时是结构性访谈，访谈员可根据研究的具体需要扬长避短，灵活运用。

三、访谈法的实施程序

访谈是一种互动的社会交往过程，在这种互动过程中，调查者只有与调查对象建立起基本的信任与一定的感情，并根据对方的具体情况进行访谈，才能使被访问者积极提供资料。这就要求访谈人员必须具备良好的访谈技能，并能掌握和灵活运用访谈的各种技巧。一般来说，访谈大体来说分为访谈准备、访谈过程的控制、结束访谈等几个阶段。

（一）访谈准备

1. 准备详细的访谈提纲

要根据研究的目的和理论假设，准备详细的访谈提纲，并将其具体化为一个个访谈问题。访谈的问题要能涵盖研究主题所涉及的范畴，又要有层次性，提问的方式、用词的选择、问题的范围要适合被访者的知识水平和习惯，简单明了，通俗易懂。问题编制完成后，最好请有经验的研究者或同行提修改意见，有条件的话可进行小范围的“预访”。

2. 了解被访者

访谈前尽可能收集有关被访者的材料，对其经历、个性、地位、职业、专长、兴趣等有所了解，了解得越清楚，访谈时就会越有针对性；要分析被访者能否提供有价值的材料；要考虑如何取得被访者的信任和合作。

3. 确定访谈的方式与进程

为了使访谈规范，能获得实效，须事先安排访谈行程，将访谈人员、被访者、访问日期及时间作适当的安排。访谈时间最好是被访者工作、学习不太繁忙，并且心情比较舒畅的时候。访谈地点和场合的选择要从被访者方便的角度考虑，要有利于被访者准确地回答问题，要有利于形成畅所欲言的访谈气氛。

---

① 黄英，刘云艳．幼儿教师幼儿心理健康观访谈研究[J]．学前教育研究，2007(7)：94-97.

② 陈向明．质的研究方法与社会科学研究[M]．北京：教育科学出版社，2000：173.

4. 准备访谈所需的材料与工具

访谈前要对访谈内容所涉及领域的相关知识有充分的了解，对有关材料作充分的准备，如访谈提纲、访谈记录表、各种证明材料、证件、录音机、录音笔、摄像机等。需要注意的是，在对被访者进行录音、摄像等时，要提前征得被访者的同意，否则只能采取纸笔记录的形式。如果受访者允许录音或录像，则一定要保证电源或电池充足，有足够的存储空间。

(二) 访谈过程

访谈调查是人与人之间的交往活动，是社会互动的一种形式。通常被访者不会随意向“陌生人”提供资料。访谈的关键在于访谈员的言语表达艺术和交谈技巧。

提问、倾听、回应被认为是访谈中的三项主要工作。在访谈中，这三项工作是相互依存，密不可分的。

1. 提问要明确清晰

提问要尽可能清楚明确，用口语表达，语气婉转。如果采用结构性访谈，就要按事先准备好的访谈问卷，依次提问，不可任意增删文字或更换题目顺序。如果采用非结构性访谈，则要求所提问题短小、具体，避免使用含混、抽象的专业术语。访谈员事先要熟悉访谈问卷的内容，熟悉每一个问题。发问的语气和态度不要咄咄逼人，要以平等的态度提问。

2. 对回答不作任何评价的听

听，是访谈员的态度和智慧，它包括“接受的听”和“建构的听”。“接受的听”指的是访谈员主动接受和捕捉被访者给予的信息，注意他们谈话的实质和探询所说语言背后的含义。这是开放型访谈中最基本的倾听方式，是访谈员理解被访者需要掌握的基本能力。访谈员要在不打扰被访者的前提下给予被访者积极、礼貌的反馈。如不时地使用“嗯”“是”“懂了”“明白了”等非指导性的话语，或用点头、目光和手势等非语言信息鼓励被访者继续讲下去。

“建构的听”是指访谈员在倾听时积极地与被访者进行对话，在平等的交流中访谈员和被访者共同建构新的“现实”。在这种情况下，访谈员用自己的观点影响对方，得到了对方的接受和认可，从而使访谈的内容成为双方共同探讨的结果。“建构的听”需要访谈员有较高的素质，有自我认识和反省的能力，能够与对方共情，通过双方互动达到对“现实”进行重构。“建构的听”是以“接受的听”为基础的。

3. 情感层面上的“听”

在听的情感层面上，可以有“无感情的听”“有感情的听”和“共情的听”。

“无感情的听”指的是访谈员在访谈过程中不仅不流露自己的感情，而且对被访者的感情表露也无动于衷。这样被访者就不会进一步敞开自己的思想。

“有感情的听”指的是访谈员在访谈过程中能对被访者所说的话表露自己理解和认

同的感情。在这种情况下,被访者往往会因为受到对方的感染,愿意表达自己的情感。被访者感到自己的情感可以被对方接纳,就会比较自由地表达自己的思想和情感。

“共情的听”指的是访谈员在倾听中与被访者在情感上达到了共鸣,双方同欢乐、共悲伤。这种听并不是访谈员居高临下的理解,而是从心底里确实体会到了对方的哀乐,产生了心灵的共鸣。这种听需要访谈员具有较高的素质,能有宽广的胸怀去接纳其他人的不同情感。

4. 回应的技巧

回应指的是访谈员对被访者在访谈过程中的言行做出的反应,包括言语反应和非言语反应。回应的目的是使自己与对方建立起一种对话关系,及时地将自己的态度、意向和感觉传递给对方。回应会影响到被访者的谈话内容和积极性。常用的回应类型有以下几种。

(1) 认可

认可指的是访谈员对被访者所说的话表示已经听见,希望对方继续说下去。其方式包括言语行为:“嗯”“对”“是的”“是吗”“很好”;非言语行为:点头、微笑、鼓励的目光。认可是为了维持谈话,使对方感到自己被重视、被接受、被欣赏,从而起到鼓励对方多说话的作用。

(2) 重复、重组和总结

重复指的是访谈员将被访者所说的事情重复说一下,如被访者没有听清楚所提的问题,访谈员可以适时重复一遍。例如:“你也许没有听清楚我刚才提出的问题,我再说一遍……”

重组指的是访谈员将对方所说的话换一个方式说出来。

总结指的是访谈员将对方所说的内容用一两句话概括出来。这三者虽然形式不同,但都有类似的功能:为对方理清所谈的内容;检验自己对对方所谈内容的理解是否准确;表明访谈员在注意倾听并满怀兴趣,从而鼓励和促使对方继续往下说。

(3) 澄清

澄清是指如果访谈员不能确知被访者的意思,可请被访者重复描述一番,以澄清回答内容。如“我不完全懂你的意思,请你再解释一下”。澄清是访谈员对被访者谈话的反应,弄清楚是否理解了对方的陈述。

(4) 追问

追问指的是访谈员就被访者前面所说的某一个观点、概念、事件或行为进一步探询。当被访者的回答不清楚、不完整或不合乎题目的意思时,需要访谈员接着提出一些问题,以获得满意的回答,这就是追问。追问的目的是为了更多地了解事情的细节或对方的看法。追问要适时,不要打断对方的思路;还要适合,不要追问对方表现出为难的问题。

(5) 自我暴露

成功的访谈员在访谈中并不总是听和点头微笑,在适当的时候也应该以适当的方式暴露自己。自我暴露指的是访谈员就对方所谈的内容,通过述说自己的经历或经验做出回应。这可以使被访者了解到访谈员曾有过与自己一样的经历和感受,从而拉近了双方的心理距离,使访谈关系变得比较轻松、平等。如,“我小时候也很调皮,常常挨老师的批评”。但是这种自我暴露要适当,避免喧宾夺主。

(三) 结束访谈

访谈结束是访谈的一个十分重要阶段和步骤,而绝不是无足轻重的。一般情况下,被访者保持注意力的时间为:电话访谈 20 分钟左右;结构式访谈 45 分钟左右;团体访谈和无结构访谈不超过 2 小时。以上这些数据可供访谈人员实施访谈时参考。至于一次访谈究竟花多少时间为宜,应根据访谈的实际情况灵活控制,以不妨碍被访者的正常工作和生活秩序为原则。

快到结束谈话的时候,访谈者可有意地给对方一些语言和行为上的暗示,表示访淡可以结束了。例如,“您还有什么要想说的吗”“对今天的访谈您有什么看法?”或断开话题问对方:“您今天还有什么安排?”或做出准备结束访谈的姿态,如,开始收拾录音机,合上记录本等。

访谈结束时,不要忘了对被访者的支持与合作表示感谢。应该向被访者表示通过访谈获得了很多有价值的材料和信息,学到了很多知识。如果这次访谈尚未完成任务,还需进一步调查的话,那么必须与被访者约定下次再访的时间和地点,最好还能简要说明再次访问的主要内容,让被访者有个思想准备。

阅读资料 6-1

访谈十诫

(1) 开始访谈时不能太冷淡。可以先通过一些谈话活跃一下气氛,话题可以是从天气到职业棒球大赛(特别是如果昨天晚上刚刚进行过一场比赛,而你也知道被访者是这项运动的爱好者)。使用可以破冰的任何行动,活跃双方的互动。如果给你一杯咖啡,那么就接受它(如果你不想喝的话,就不要把它喝光)。如果你不喝咖啡,就礼貌地拒绝或者叫一份替代品。

(2) 请记住你是在获取信息,紧紧围绕任务,也可以用打印好的一套问题来问。

(3) 坦率和直接。清楚地记住问题。这样你就不需要经常参考你的纸片,但也不要显得太过随意或者漠不关心。

(4) 穿着得体。如果你觉得佩戴六个耳环会妨碍到受访者的话,就去掉其中的五个。不要仅仅穿着短裤、内衣,否则就不要进行访谈。

(5) 寻找一处你和受访者都不致分心的安静场所。当你约定了访谈后,就应该先定好地点，如果你提议的地点不被接受(比如在快餐厅)，就要提议另一个地点(例如图书馆的休息室)。在访谈的前一天打电话确认一下你的访问，否则你或许会因忘记访谈的受访者的数量感到吃惊。

(6) 在你第一次提问某个问题的时候，如果受访者没有给你满意的答案，那么就复述一下；继续复述部分或全部问题直到离你确信想要的答案越来越接近。

(7) 如果有可能，就使用磁带或数码录音机。如果你这么做，应该要意识到一些事情：第一，在对会话录音之前请求受访者许可。第二，不应当将录音机视作支柱使用，不要只录音而不做笔记，在访谈进行的时候你应该尽你所能记录下所有的信息。

(8) 让受访者觉得这是一个重要项目中的重要组成部分，而不仅仅是某人在实施一项测试，如果被给予机会，大多数人都会乐意谈论一些事情。告诉受访者你明白他们的时间是多么宝贵，以及对他们的参与你是多么感激。确定承诺给他们一份访谈结果的复本。

(9) 成为优秀的访谈员的途径就跟进入卡内基音乐厅一样：练习，练习，再练习。你的第一次访谈会和其他人一样，可能充满了忧虑和怀疑。但随着你做了更多的访谈，你得到的信心和对访谈的掌控会使访谈过程更加顺利，而如此也会产生更加有用的信息。

(10) 感谢受访者并询问他是否还有其他问题。通常要邮寄给(或电话告知)受访者一份你的工作结果的概要。

资料来源：尼尔·J. 萨尔金德(Neil J. salkind). 心理学研究方法精要[M]. 董辉杰，等，译. 北京：中国人民大学出版社，2011：175-176.

案例 6-2

幼儿教师职业压力访谈提纲

1. 您为什么选择幼儿教师这一职业？
2. 根据您的从教经历，谈谈您当幼儿教师的感受。
3. 是什么原因促使您继续从事幼儿教师这一职业？
4. 如果现在有一个很好的就业机会，您会放弃幼儿教师这一职业吗？
5. 您在幼儿园一般一天工作几小时？除了组织活动外，还做什么？
6. 您在幼儿园工作一天下来的感受是什么？
7. 您目前的工资一个月能拿多少？您期望的收入是多少？
8. 您所在的幼儿园是否为您办理了“五险一金”？
9. 您觉得您在幼儿园的付出与您所得到的回报成正比吗？
10. 您作为幼儿园教师，最大的回报是什么？
11. 您认为社会和家长对幼儿园教师有什么看法和期望？您是怎么看待这些的？
12. 您是怎么看待幼儿园的考评制度的？
13. 当工作中遇到困难时，您经常怎么办？

14. 作为幼儿园教师,您面临哪些压力?最大的压力是什么?

15. 您平常是怎么缓解压力的?

16. 您觉得您现在最需要得到哪些方面的支持和帮助?

资料来源:王萍. 幼儿教师教研活动及写作指导[M]. 北京:中国轻工业出版社,2012:27-28.

案例 6-3

《多媒体辅助幼儿园教学的现状与对策研究》教师访谈提纲

1. 您班级的多媒体设备怎样?对您教学有哪些影响?

2. 您是否喜好多媒体这种教学方式?是否在平时教学时经常使用?如果不喜欢,有什么原因?

3. 您在每节课中的多媒体使用频率怎样?一般都会采用哪些形式?您认为在多媒体的使用过程中应该注意些什么?

4. 您多媒体的课件一般从何而来?

5. 从网络中下载的课件与您的教学设计有哪些出入?如果与您的预想不一致时,您是会按照所下载的课件进行教学还是对其进行修改?在修改过程中有哪些困难?

6. 您是否自己制作课件?都会运用哪些程序?独立制作课件对您来说是否存在困难?都存在哪些困难?

7. 您认为自己制作的课件质量怎样?您自己是否满意?

8. 您经历过多媒体的相关培训吗?您认为是否有必要进行培训?您参加培训的内容和形式是什么样的?对您有哪些帮助?您认为什么样的培训才会对您有所帮助?

9. 您认为在多媒体教学的过程中,课件对您是否有所束缚,而使您的主导作用无法发挥?

10. 您在多媒体教学的过程中,是否也会考虑用一些传统的教学方式,或者其他的教具?您认为这些与多媒体的关系是怎样的?在什么情况下用比较合适?

11. 您认为多媒体的教学效果怎样,比如幼儿的反应如何?配合程度如何?与传统教学相比,您认为哪种方式所产生的效果更好?

12. 您平时制作课件花费的时间多吗?制作课件对您是否形成了一种负担?您希望通过怎样的办法来解决?

13. 在多媒体教学的过程中,您都遇到过哪些问题?有过哪些困难?您认为出现这些问题和困难的原因是什么?

14. 您对多媒体教学还有哪些看法及建议?

资料来源:王萍. 幼儿教师教研活动及写作指导[M]. 北京:中国轻工业出版社,2012:29-30.

第四节　调　查　表

一、调查表的基本特点①

在调查研究中，为了使调查内容清晰，研究者会采用表格的形式展现调查内容。调查表是研究者明确列出重要数据项目，并由研究者在收集完材料后认真如实填写的表格。调查表具有如下特点：

（1）调查范围较广，调查对象多是某一教育群体或某一地区教育现状。

（2）调查内容偏重于教育概况，教育发展的历史、现状和规划，以及某一教育现象的状况等方面的数据资料。

（3）对调查事项的表述简明易懂，避免了文字冗长的叙述。调查项目的内在联系也能在表上清楚地反映出来。

（4）调查表简明，便于统计。

二、调查表种类

调查表可以分为单项表和复合表。

（一）单项表

单项表即只有某一种项目的表格，也就是说该表格针对某一项目进行统计或比较。

（二）复合表

复合表即包含两种或两种以上项目的表格。两个项目的表格如表 6-2，多个项目的表格如表 6-3。

表 6-2　教师教龄结构调查表

学校：　　　　　　　　　　　　　　　　时间：

教师教龄	人　数	百分比
2 年以下		
3～5 年		
6～10 年		
11 年以上		
合　计		

① 马云鹏. 教育研究方法[M]. 长春：东北师范大学出版社，2006：124.

表 6-3 幼儿兴趣爱好调查表

兴趣 班级	唱歌		舞蹈		弹琴		画画	
	男	女	男	女	男	女	男	女
大班								
中班								
小班								
合　计								

三、调查表编制的基本要求

调查表要能反映问题的实质和本质，因此对于问题一定要具体明确，客观地反映事物的特性，便于比较分析。第一，标题应该醒目清晰，表达准确易懂。第二，表格内容要全面，包含所有相关的调查项目，切忌片面。第三，表格整体要求具有逻辑性和系统性。第四，表头或表尾标明调查单位、调查员或填表人姓名。第五，表内的数字不可省略。暂时未获得的数据用"……"表示；无法获得的数据用"—"表示；由推算来的数据要明确表明。

第五节 调查法的实施步骤

调查研究是一种有目的、有计划、有系统的活动，需要有严格的工作程序。就调查过程的顺序而言，一般由五个相互关联的主要步骤所组成：选择课题，提出假设；设计调查研究方案；收集资料；整理与分析资料；做出结论，撰写报告。以上步骤的基本顺序是根据人们对客观事物的认识规律而做出的逻辑安排，符合解决问题的心理，因此是不能随意更改的。在此过程中，每个阶段都有各自特定的具体活动和要求，研究者应根据实际情况进行适当的调整，以保证研究的顺利进行。这五个步骤构成一个相互联系的循环，与科学研究的一般过程相一致，如图 6-1。

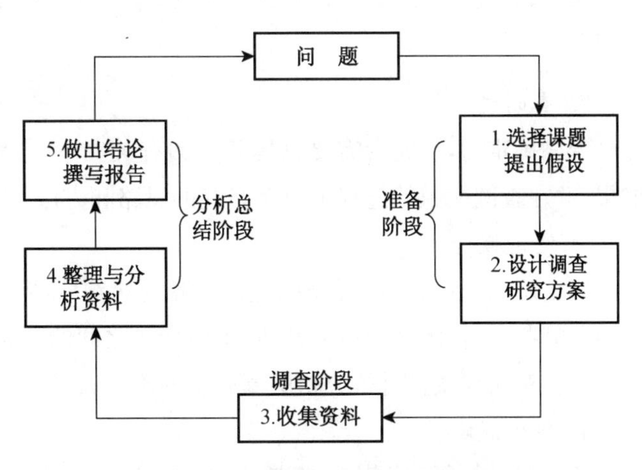

图 6-1 教育调查研究的一般过程

资料来源：杨世诚，等. 学前教育科研方法[M]. 北京：科学出版社，2011：70.

这五个主要步骤可以进一步归为三个阶段：第一步与第二步是调查前的准备阶段，第三步是调查阶段，第四步和第五步是调查后的分析总结阶段。

一、准备阶段

在准备阶段，主要包含选择课题和设计调查研究方案两个步骤，具体步骤包括以下几项。

（一）选择课题和提出假设

1. 选择课题

通过对教育领域中研究形势的把握和现实问题的探讨，来选择调查的课题。选择的课题一定要具体，有针对性，比如，“幼小衔接视角下大班幼儿学习习惯的调查研究”“学前教师工作投入特点的调查研究”等等。

隔代教养对幼儿心理健康的影响

小嘟嘟上幼儿园前是由爷爷奶奶带着的，爷爷奶奶对小嘟嘟可娇惯了，小嘟嘟4岁多了，吃饭还要爷爷奶奶一口一口喂；爷爷奶奶早上6点多就起床了，小嘟嘟却要睡到10点多，他一起床爷爷奶奶赶快把牛奶给他冲好，还哄着他喝下去；晚上11点小嘟嘟还不想睡，缠着爷爷讲故事，要不就看动画片……而小嘟嘟的这些“无理”要求，在爷爷奶奶面前都一一得到了满足，即使刚开始不答应，也禁不住小嘟嘟的撒娇。就这样，小嘟嘟养成了任性、蛮横无理的不良习性，很让爸爸妈妈不满。

隔代教养作为近年来凸显的一种社会现象已经引起教育界的广泛关注。评估隔代教养幼儿的心理健康状况，可以为提高幼儿的心理健康水平和心理素质提供参考依据。

请根据这一案例，说一说如何利用调查法进一步了解此问题的现状并对此问题进行研究。

2. 查阅文献

课题确定后，研究者需要收集并查阅有关文献，了解关于此课题的理论基础及前期成果，并在查阅文献的过程中思考研究的思路和方法，为后续研究打好基础。

3. 澄清概念

确定研究的指导思想和理论基础，澄清课题所涉及的基本概念，确定研究问题中主要涉及哪些变量，区分变量的性质，理清变量之间的关系，给变量下抽象性定义和操作性定义。在对研究变量进行分析的基础上准确地表述调查研究的目的。

4. 提出假设

研究假设是研究行动的指南，是构建理论的桥梁。有了研究假设就可以更明确地规定研究内容，也便于理解研究内容。研究者应根据研究问题和研究目的，经过对研究问题的初步探索，提出研究假设。

（二）设计调查研究方案

1. 确定调查研究的类型和方法

方法的选择既要考虑到研究的需要，也要考虑到实际的物质条件和研究者本人的能力。

2. 确定调查指标

将调查内容具体化和操作化，确定分析单位和调查指标。

3. 选择研究对象

按照一定的抽样方案，选择研究对象。任何研究都有研究对象，教育研究通常涉及人，如教师、学生、家长、管理人员等。选择研究对象涉及研究总体、研究样本、抽样方案。选取样本，要考虑研究总体范围、抽样的随机化、样本的代表性、合理的样本数量等因素。

4. 选择或编制工具

调查需要通过某种形式或工具去收集资料，如果是以观察为主的研究，需要编制观察记录表；如果是以测量为主的研究，需要编制教育测验或心理测验；如果是以调查为主的研究，则需要编制调查问卷。研究工具一般随研究方法而定，工具并非都要自行编制，若有合适的现成量表或测验，则可选择应用。

5. 制订调查的工作计划

划分工作阶段和程序，明确每一阶段的工作任务和要求，估算每阶段需要的工作时间，确定研究的组织形式，列出研究人员之间的分工职责和合作项目，研究经费的预算等，也包括研究经费的筹措、设备资料的准备、工作人员的培训和研究进度的安排。

教育调查的准备阶段是一项研究活动的起点，是为后面的其他步骤奠基的阶段，因此非常重要。如果准备工作比较充分，就能抓住现实中的关键问题，明确调查的中心和重点，避免盲目性，使调查的实施比较顺利。实践证明许多调查最后不能得出正确可信的结论，往往是由于没有严谨细致地做好调查的准备工作。

二、调查阶段

调查阶段是整个调查研究过程中最为关键的阶段，它的任务是按照调查设计的内容和要求系统、客观、准确地收集有关资料。

研究资料的收集可以通过不同的方式进行，如通过现场观察、实施测验、邮寄问卷、当面交谈、电话访问等。

此外，还可以通过查阅文献档案、收集个人记录等获取相关资料。收集资料要考虑研究的目的和内容，还要考虑材料的明确程度、范围的宽窄、聚焦点的大小、数据的性质等因素。

资料的客观性、准确性是一项研究成功的基本保证，为了获得真实可靠的资料应注意三方面的问题：一方面要熟悉被调查者及他们的生活环境；另一方面要协调好外部工作，获得被调查的地区、单位与个人的支持与协助；第三方面要对调查的过程进行监控，在调查的过程中及时总结工作经验，确保所收集的资料的质量。

三、分析总结阶段

分析总结阶段的主要任务是在全面占有调查资料的基础上，对资料进行系统的整理、分类、统计和分析，并写出研究报告以及对研究的成果进行评估和应用。

(一) 整理与分析资料

1. 资料的整理

对收集到的资料的真实性、准确性、完整性等进行审查，并通过分类、分组和编辑汇总等，将大量的原始资料简化、系统化、条理化，使之适宜于进一步分析。

2. 统计分析

对统计调查研究而言，要运用统计学的方法研究现象的数量关系，揭示事物的发展规模、水平、结构和比例等，为进一步思维加工，进而有效地检验假设和理论，令人信服地描述研究成果提供准确、系统的数据。

(二) 做出结论及撰写报告

1. 做出结论

运用逻辑思维的方法以及与调查课题有关的学科的理论和方法，对整理后的文字资料和统计分析后的数据进行分析研究。分析研究资料一定要紧扣研究问题和研究假设来概括研究的发现，说明现象的因果关系和规律，检验原有的研究假设，得出结论。如果是应用性的调查，还应进一步提出对策和建议。

2. 撰写调查研究报告

调查研究报告使研究结果用符号的形式保存下来，这样才能产生社会价值，成为人类精神财富的一部分。研究报告的内容包括研究问题、研究方法、研究结果、讨论与分析、结论与建议等部分。调查研究报告除了要说明调查结论，还要对调查过程、调查方法以及调查中的一些重要问题或下一步研究的设想等进行系统的叙述和说明。调查报告的写作要求简洁明了、客观可靠、通俗易懂。

3. 对调查研究成果进行评估

主要从科学性和研究价值这两方面进行系统分析，检查本项调查研究在方法、程序、事实、数据、统计分析、逻辑推理、研究结论等方面是否有错误，对研究成果的理论价值和应用价值进行客观评价。

4. 对调查工作的总结

总结本次调查研究工作中的优缺点，寻求改进调查工作的途径，为今后的调查研究提供一个良好的借鉴。

5. 调查研究成果的应用

将调查报告中的研究成果应用到实践领域或理论领域。应用的方式主要有公开出版、学术讨论和交流、政策论证、内部简报或汇编等。调查研究报告不能束之高阁，而应当把研究成果发掘和利用起来，为实践服务。

分析总结阶段实际上是对系统收集来的资料进行思维加工，得出一些理性的认识结论，然后返回到调查研究的出发点，即对教育领域中某一理论问题或实践问题进行解答，以便深化对教育的认识或制定解决问题的方针、政策和措施。

由此可见，教育调查研究的五个步骤、三个阶段是一个相互关联的、完整的循环过程。在进行一项调查研究时，如果能有一幅“全景式”的研究过程的规划图在心中，那么也就具备了进行初步科研的能力了。

第六节　调查报告的撰写

调查报告的撰写有统一的格式。所谓格式，就是根据研究目的和研究内容的需要而在结构上做出的不同安排。一般来说，一份调查报告的基本结构由题目、正文、结尾三个部分组成(如图 6-2 所示)。要写好一份调查报告，首先必须掌握调查报告的格式和基本结构。

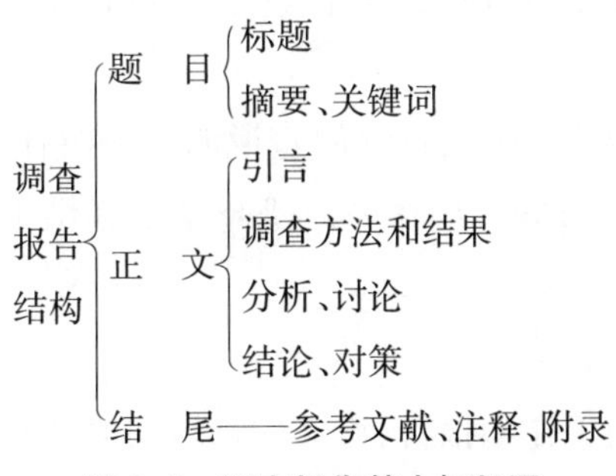

图 6-2　调查报告基本框架图

一、题目

(一) 标题

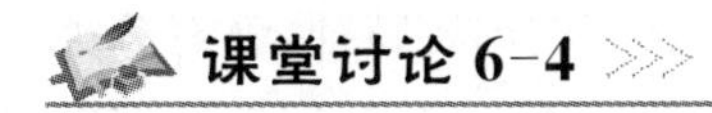

请说一说你所见过的调查研究的标题。

调查报告的标题通常有三种写法：

1. 用调查对象及其主要问题做标题

这是一种使用较广的单标题法。如“天津市单纯性肥胖幼儿现状调查及分析”“大班同伴交往不良幼儿的调查和教育干预策略的思考”，此类标题简明、客观、主题突出。

2. 用提问做标题

这也是一种单标题法，常常用于揭露问题和总结经验方面的调查报告。如“幼儿教师为何成为一种边缘性职业”。此种标题简洁明快,又尖锐泼辣,对读者有较强的吸引力。

3. 主标题与副标题相结合的复式标题法

此题法的主标题部分是一种判断或评价,副标题部分则是对主标题所做的必要补充和说明。如“无证幼儿园,在尴尬中顽强生存——福州市农民工子女学前教育调查”。这些标题的主标题既表明了作者的态度,鲜明地提示了主题,又富有吸引力,但是调查对象、调查范围以及所研究的问题在主标题中不易看出,因此,必须用副标题来加以补充说明。

实际上标题的写法很灵活,但不论采用何种方法,都要注意这样几点:第一,标题要与报告主题吻合;第二,标题文字要简洁,一目了然;第三,标题要有吸引力和感染力。

(二) 摘要与关键词

1. 摘要

论文摘要是为读者检索论文服务的,是便于读者用最短时间掌握信息,了解研究工作或文章的主要内容和结果,从而决定是否需要详读全文。对于摘要的总体要求是:读者即使不看全文而只看摘要,也可以获得文档的信息以决定是否有必要花时间阅读全文。所以从摘要中应该很容易看出该研究做了哪些具体工作,有哪些具体成果及与以往同类研究的不同之处。摘要是调查报告非常重要的部分,因为它要用最少的语句表达最重要的信息。

摘要一般要包括以下内容:研究目的(简短说明要解决什么问题,该部分可以省略)、研究方法和过程(对象、条件、原理、步骤等)、研究结果和结论。重点应突出作者研究的创新内容和结果。

2. 关键词

关键词是为了文献标引工作从报告、论文中选取出来用以表示全文主题内容信息的单词或术语。关键词应该主要包括研究对象、研究手段(方法)等。大多数文章选取的关键词一般在3～5个。当然,有的文章主题比较单一,关键词亦可少于3个;而有的论文是多元主题,关键词就需要多选几个,但也不要超过8个。关键词的作用有:一是关键词用于文献标引。文献标引是根据文献的特征,赋予某种检索标识的过程。如依据文献的外表特征(包括题名、著者等),就有题名标引、著者标引;依据文献的内容特征,就有分类标引、主题标引。关键词是主题词的一种(主题词还包括标题词、单元词、叙词等),即以能揭示和反映文献主题的关键词用作文献标引。所以,关键词的选定,实际上是文献标引的一个过程。二是关键词要反映文献主题。

二、正文

(一) 引言

引言又叫前言或序,是作者对调查报告主题、动机以及调查研究经过等内容的简单介绍。引言简短扼要地说明调查的目的、意义、任务、时间、地点、对象、范围等。要注意将调查的目的性、针对性和必要性交代清楚，使读者了解概况，初步掌握报告主旨，引起关注。它是报告的有机组成部分，对整篇报告起着总领和引导作用。引言写得如何，对激发读者兴趣，具有重要意义。

引言的写作方法一般有以下几种。

1. 主旨直述法

引言中着重说明调查研究的目的和宗旨。

2. 结论先行法

开门见山，直接把调查的结论写在前头，使人一目了然。

3. 提问法

开头首先提出问题，设下悬念，增强调查报告的吸引力。

调查报告引言的写作方法，形式多样，在具体的写作过程中，可根据所撰写报告的类型、目的、内容以及手头所掌握的资料和预计的篇幅等情况作适当的选择，灵活运用。

（二）调查方法和结果

此部分可谓正文的正文，一般包括两个内容，即说明本调查所采用的方法和并简单介绍此次调查的结果。正文是调查报告的核心部分，它是展开论题，对论点进行分析论证，以表达见解和研究成果的中心部分，占调查报告的绝大篇幅。

1. 阐明调查方法

（1）被试及取样方法

说明被试具有哪些特征，是怎样被确定的；说明样本从何而来，是怎样进行抽样的；要写明是普通调查还是非普通调查（重点调查、典型调查、抽样调查），是随机取样、机械取样还是分层取样，调查方式是开调查会还是访问或问卷等，以使人相信调查的科学性和真实性，体现调查报告的价值。

案例 6-4

《隔代教养幼儿的心理健康状况调查》中被试及取样方法

按幼儿园的规模大小在湖州市分层随机抽取 5 所有代表性的幼儿园，在每个幼儿园随机选取小、中、大各一个班进行调查，共调查幼儿 372 人，有效样本 359 人。其中，小班：102 人，男孩 54 人，年龄为 4.2±0.4 岁；女孩 48 人，年龄 4.1±0.32 岁；中班：127 人，男孩 62 人，年龄 5.2±0.3 岁；女孩 65 人，年龄 5.1±0.42 岁；大班：130 人，男孩 67 人，年龄 6.1±0.4 岁，女孩 63 人，年龄 6.2±0.4 岁。

资料来源：王玲凤. 隔代教养幼儿的心理健康状况调查[J]. 中国心理卫生杂志，2007，21(10)：672-674.

（2）材料与工具

首先要对研究的主要变量进行说明，它们是什么，是用哪些指标进行测量的，以及对这些指标进行评分，赋值的程序和方法；其次说明调查过程中所用的材料和应用的工具，如阅读材料、测量用的量表、调查所用的问卷等。

案例 6-5

《福建省幼儿教师职业倦怠现状的调查研究》一文中材料与工具写法

本研究采用郭文斌所编制的《幼儿教师职业倦怠量表》对幼儿园教师工作情况进行调查问卷。问卷主要涉及个人职业成就感、职业负荷和压力感受、工作热情衰减三个方面；包括 43 个项目，大多数题目侧重表达的是被调查者的内心感受和体验，如，“工作让我感觉身心俱疲”等。采用 5 级记分：1 代表完全不符合，2 代表比较不符合，3 代表界于符合与不符合之间，4 代表比较符合，5 代表完全符合。得分越高表示被试职业倦怠程度越严重。

资料来源：康丹，吴菊蓉. 福建省幼儿教师职业倦怠现状的调查研究[J]. 教育与教学研究，2011，25(1)：5-7.

(3) 数据处理方法

要说明采用何种分析方法对调查所收集数据进行分析，例如某篇调查报告在此处写了“利用 SPSS 统计软件进行了描述统计、方差分析、t 检验”。

2. 介绍调查结果

(1) 呈现结果，把调查结果展示给读者，以文字叙述或图表演示的方式均可，最好是以图表为主，辅以适当的文字说明。

(2) 概括描述，对调查研究的结果进行说明，详细解释结果中每个数据、每个变量，及其所代表的含义。

(3) 列出图表，进一步说明结果，比如表格、条形图、饼式图等，使读者有更直观的印象和理解。

(4) 假设检验，就是依据科学推断方法，对总体做出的判断，看是否与研究假设相符合。

这部分要把调查来的大量材料经过分析整理，归纳出若干项目，条分缕细地叙述，做到数据确凿、事例典型、材料可靠、观点明确。数据如能用图示的形式表示，可以增加说服力，一目了然。写作安排先后有序、主次分明、详略得当。调查报告大致有如下几种写法：按调查顺序逐点来写；按被调查单位的人和事的产生、发展的变化的过程来写，以体现其规律性；将两种事物加以对比，以显示其是非、优劣，找出其差异性；按内容的特点分门别类逐一叙述，这种安排较为常见。最后，要写清楚调查的结果。

(三) 分析、讨论

此部分是研究者对调查结果的评价或推论，凡是与课题有关的内容都可以进行分析讨论，从不同层面、不同角度展开。

一般而言，分析讨论的主题涉及以下几方面：解释调查结果；对结果做出理论上的分析和讨论；调查的不足之处及尚待解决的问题；可进一步朝哪些方面推广等。此部分与引言部分密切相关:引言里所出现的问题会在此部分再次出现。如果把一篇调查报告看作一个“沙漏”,引言相当于“沙漏”的上瓶,研究方法和结果是其最狭窄的部分——瓶颈,而分析讨论部分则相当于“沙漏”的下瓶。引言的叙述由宽到窄,而分析讨论则恰恰相反,由窄到宽。

(四) 结论、对策

调查结果是调查最终所获得的信息,是具体的事实;结论则是对此信息的说明,是对所获事实的推断和解释。分析讨论之后一般要下结论,针对假设,简洁中肯,要有概括力和普遍性,即交代调查研究了什么问题、获得了什么结果,说明了什么问题;或者,也可以给出作者对调查问题的某些建议,说明此调查所得到的启示,亮出自己的观点,提出建设性的意见。

结论是调查报告的结束部分,即解决问题的部分,它起着画龙点睛的作用,是整篇调查报告的归结,但不是研究结果的简单重复,而是经过综合分析,将各种数据材料连贯起来,思索判断,逻辑推理,形成总体论点。结论是去粗存精、由表及里、抽象出共同的、本质的规律,它与正文紧密衔接,与前言相呼应,使调查报告首尾呼应。它还要求结论写得措词严谨、准确、鲜明。

三、结尾

(一) 注释与参考文献

注释主要包括释义性注释和引文注释,一般排印在该页地脚或集中列于文末参考文献表之前;参考文献是作者撰写论著时所引用的已公开发表的文献书目,集中列表于文末。在文中所引用的书籍、期刊、年鉴、报纸等,均要以注释或参考文献的形式按照《参考文献著录规则》进行标注。

(二) 附录

有些资料太长不适于全部呈现于调查报告的主体部分,如各种调查表格、原始数据、研究记录、有关调查背景的照片等等。这些资料可以帮助读者进一步了解调查的细节,增加可信度,或回答在报告的正文部分由于篇幅所限而产生的某些疑问。附录位于报告的最后,但并不是每篇调查报告都有附录,视具体情况,在必要的时候才附上。

本章小结

1. 本章首先介绍了调查法的含义、特点、基本原则。
2. 重点介绍了调查法的主要种类——问卷法、访谈法。
3. 阐述了调查表的特点、类型和基本要求。
4. 介绍了调查研究的步骤。

5. 介绍了调查报告的格式。

拓展阅读

1. 杨阿丽,方晓义,涂翠平. 教师和家长关于儿童入学准备观念的调查研究[J]. 心理与行为研究,2006,4(2):133-138.

2. 黄英,刘云艳. 幼儿教师幼儿心理健康观访谈研究[J]. 学前教育研究,2007(7):94-97.

3. 刘海红. 通过纠纷处理培养幼儿的社会性——对日本幼儿园教师的访谈研究[J]. 幼儿教育:教育科学,2012(7):88-91.

4. 潘琼. 上海市 0～3 岁早教师资队伍现状调查研究[J]. 上海教育科研,2016(2):48-51.

思考与探索

1. 调查法的含义及优缺点是什么?

2. 假设你是幼儿园老师,想要了解本班幼儿的家庭情况,你会主要调查哪些情况?请针对这一情况设计一份由家长填写的问卷。

3. 访谈前的准备工作应包括哪些主要内容?

4. 请运用访谈法分小组就学前教育的某一主题进行模拟调查,3 人一组分别担任访谈员、记录员、访谈对象。

5. 调查研究的一般步骤有哪些?

6. 请围绕学前教育领域内的某一主题,使用问卷调查法或者访谈调查法,进行小范围的调查研究,并进行分析和总结,写出调查报告。

实验，是此处所要强调的一种最主要的科学方法，用最简单的话来说，是指对处于不同的环境下的团体或个人进行比较。

——萨克斯和法恩（Leonard Saxe and Michelle Fine）

第七章　教育实验研究法

- 理解教育实验研究法的含义及特点，了解教育实验研究法的类型
- 掌握实施教育实验研究法的一般程序
- 掌握教育实验变量的种类及变量的控制方法
- 理解教育实验效度，掌握实验效度的类型及影响实验内外效度的因素
- 理解教育实验设计的原则，掌握良好实验设计的标准
- 掌握教育研究中常用的教育实验设计模式

核心概念

教育实验；自变量；因变量；教育实验效度；教育实验设计

本章导读

教育实验研究法虽然是与调查研究法、观察法并列的方法，但是在使用过程中，并非是完全独立的，需要与其他研究方法结合使用。为了凸显教育实验研究法的独特性，本章探讨了如下问题：在界定教育实验研究法内涵的基础上，阐述教育实验变量的控制方法，并分析了教育实验效度含义，探讨了影响教育实验内在效度和外在效度的影响因素；为了使学习者能够初步地进行教育实验设计，阐述了教育实验设计的原则、良好教育实验设计的标准，并详细叙述了教育研究中常用的教育实验设计模式。

引导案例

班杜拉关于儿童攻击性行为习得的实验①

班杜拉认为，攻击性的社会化是一种操作性反应，如果攻击性是采取社会允许的方式表达，如打球、射击等运动，就得到成年人的鼓励。如果攻击性是采用社会不允许的方式来表达，如打人、骂人、破坏财产等，就会受到制止、批评，甚至惩罚。所以儿童在观察攻击的模式时，会注意什么样的攻击行为会被强化。凡是得到强化的模式便会增强模仿。

为了验证上述假设，20世纪50～60年代，班杜拉利用“充气娃娃”做了一系列的实验。其中有一个实验较为精致。班杜拉让4岁儿童个别观看一个男人坐在充气娃娃身上并拳击娃娃的电影。电影中攻击行为的结果分三种，第一种是攻击—奖赏型，即攻击者受到“勇敢的优胜者”赞扬并奖给巧克力、汽水等。第二种是攻击—惩罚型，即攻击者被斥为“大暴徒”，畏缩地逃走。第三种无结果，即未得到奖赏，也未得到惩罚。观看三种不同结果的电影的儿童被安置在实验室中，室内有充气娃娃和其他玩具，主试透过单向玻璃观察儿童的行为。结果发现，观看攻击—惩罚电影的儿童，其攻击性行为比其他两组少得多，几乎没有发生攻击性行为；而观看攻击—奖励型和无结果型电影的儿童都进行了模仿，即攻击充气娃娃。当主试回到房间里告诉儿童，凡能再一次模仿榜样行为的人可以得到果汁和一张美丽的图片时，所有的儿童，不论观看哪一种电影结尾的被试都模仿榜样行为，攻击充气娃娃，其模仿行为的过程是一样的。

从上述班杜拉所做实验的简要介绍中，我们得知教育实验研究法实施过程中要有明确的研究主题，并清晰地确定研究变量，为了确保实验效度，教育实验研究要根据良好实验设计的标准进行设计，且对变量加以严格控制。在进行教育实验研究法学习之前，我们需要思考如下几个问题。

1. 什么是教育实验研究法，它具有哪些特点？
2. 如何进行教育实验设计才能确保实验的内在效度和外在效度？
3. 实施教育实验研究时，控制无关变量的方法有哪些？
4. 教育研究中常用的教育实验模式有哪些？

第一节　教育实验研究法概述

一、教育实验研究法的含义及特点

教育实验研究法注重理论假设，强调严格控制，关注假设检验，从而主动地揭示教育

① 王振宇. 儿童心理发展理论[M]. 上海：华东师范大学出版社，2000：96-97. 题目是编者加的，引述过程中作了细微改动。

活动的规律性，它是一种综合性的研究方法。

所谓教育实验研究法，是指在人为的严密控制的条件下，有计划地逐步操纵实验变量，观测与这些实验变量相伴随的现象的变化，在一定时间内，将收集到的教育效果资料进行比较分析，反复验证，揭示教育的因果关系，揭示教育与人的发展规律。

阅读资料 7-1

适于实验法的议题

实验法特别适合于范围有限、界定明确的概念与假设……实验法特别适用于假设检验。实验法更适合于解释，而不适于描述。例如，假定我们试图研究对黑人的偏见，并想找出解决的办法。我们假设了解黑人对美国历史的贡献会减少对他们的偏见，我们就能通过实验来验证。首先，我们可以测出一组实验对象对黑人的偏见程度。然后，我们可以放映一部描绘黑人对美国科学、文学、政治以及社会发展做出卓越贡献的纪录片。最后，我们重新测量他们的偏见水平，看看这部影片是否有效果。

用实验法来研究小群体互动也很适合，并相当成功。我们可以把一小组受试者聚在一起，分给他们一项工作，诸如为推广使用停车场，然后观察他们如何自行组织并处理问题。这种实验做过几次之后，我们可以尝试改变工作的性质或奖励措施，然后观察在各种条件下，小群体如何以不同方式自我组织、运作，这样我们就可以对小群体互动的特性有更多的了解。

资料来源：[美]艾尔·巴比. 社会研究方法(第 8 版·上)[M]. 邱泽奇，译. 北京：华夏出版社，2000：295-296.

教育实验研究法特点表现在如下方面。

(一) 由“因”追“果”，是描述“未来事件”的研究

教育实验研究法把在一定条件下将产生什么结果的因果关系作为焦点。它是为了解决某一教育问题，根据一定的教育理论，组织有计划的教育实践，到规定的时间以后，就实验效果进行比较分析，从而得出科学的结论。教育实验研究法更加关注“未来”的实验结果。

(二) 有目的地控制研究变量

有目的地控制研究变量是教育实验研究法的精髓，没有控制，就无所谓实验。控制研究变量就是指研究者主动操纵自变量，客观地测量因变量，严格地控制有机变量、控制变量及减缓变量。自变量是实验者操纵的假定的原因变量；因变量是一种假定的通过自变量的作用而发生变化的结果变量；有机变量、控制变量、减缓变量是指除自变量以外一切可能影响因变量，并对实验可能起干扰作用的变量。

(三) 能够致物以变

研究者不用被动地等待所要观察研究被试心理、行为现象的发生，而是创造条件主动地引起被试的反应，以此来考察被试的反应与条件之间的关系，探讨事物的本质联系。

这样就可以扩大研究的范围与深度，使研究者在自然教育情境中难以观察到的现象也可以进行研究。

由于教育实验研究法能够致物以变，只要我们能够提出理论假设，又具备主客观条件，不管现实中能不能直接观察到，我们都可以研究，扩大研究范围。此外，也能通过实验研究确定某种特定变量的效果。

（四）具有教育性

教育实验研究法既是实验性的教育实践活动，又是教育性的实验研究活动，是实验性和教育性的统一。教育实验的教育性主要体现在如下方面：(1)一个教育实验工作者不仅是实验的设计者、组织者、实施者，同时又必须是一个教育者，必须在教育人的过程中研究教育，实验者与教育者的角色要融为一体。(2)教育实验研究法更多的是在真实的社会环境和学校环境里进行，而不是在专门的实验室中进行，这种真实的环境本身就是一种教育情境和教育手段。(3)教育实验研究法既要确认教育现象之间的因果联系，即旨在求真；又要探索有效的教育内容、教育方法、教育途径，旨在求善。它既要有求真做基础和前提条件，又要以至善为出发点和归宿，即要受到真理标准和价值规范的双重制约。

（五）具有可重复性

教育实验研究是能够以相同方式重复进行的，如此就可以验证实验研究结果的信度和效度。凡是通过理论假设正确，设计严密，操作严谨所得到的实验结果，重复验证一定能够成功。由于实验研究法可以重复验证，人们就可以通过大量的重复实验，以验证理论假设的正确。

（六）可精确记载实验的结果

在教育实验研究过程中，按照实验设计的程序和要求，研究者能够主动操纵自变量和有效地控制无关变量，运用测量及统计等手段对自变量和因变量的关系进行分析，以精确的数据记录实验结果，因而能够有效推断自变量和因变量是否具有因果关系。

二、教育实验研究法的类型

按照不同的分类标准，教育实验研究法可以分成不同类型。给教育实验予以恰当的分类，其目的主要是为了揭示教育实验的本质属性，明确教育实验的外延，并对不同类型教育实验的实施与操作、评价及进一步科学化问题提供依据。

（一）根据对实验变量的控制程度划分为前实验、准实验、真实验

前实验可以进行观察和比较，但对无关因素的干扰和混淆因素则缺乏应有的控制，因而无法验证自变量与因变量之间的因果关系，也很难将实验结果推论到实验以外的其他情形。

准实验是不能随机分派实验对象的，无法像真实验那样完全控制误差来源，只能尽可能地予以条件控制。准实验是在教育的实际情境中进行的，因而具有推广到其他教育实际中去的可行性。之所以说教育实验大多属于准实验，是因为教育实验的情境和教育实验对象的特殊性。教育实验难以满足一般科学实验的规范要求，在许多教育实验中，实验对象是处于正常的自然状态下接受实验的。

真实验是能随机分派被试，完全控制无关干扰源，系统地操作自变量的实验。真实验相对于前实验和准实验，是最规范的。

（二）根据教育实验中自变量因素的多少划分为单因素实验、双因素实验、多因素实验

单因素实验，又称作单一变量实验，是指在实验中只施加一种实验变量的实验。如在进行某学科教学时，对实验班和对照班，同一位教师将课时、教材、大纲等各种因素控制不变，仅将教法这一因素作为自变量，看是否会影响学习效果，这种实验即为单因素实验。

双因素实验，又称双变量实验，是指在实验中施加两种实验变量的实验。双因素实验较单因素实验对变量控制的要求更加严格，实验的结果也更加多样化。

多因素实验，又称组合变量实验，是指在实验中施加两种以上实验变量的实验。

（三）根据教育实验的目的划分为探索实验、改革实验、验证实验

探索实验是把教育研究放在第一位，按预先的研究目的操纵实验变量，目的是清楚地认识所要研究的某个问题的状况，即把某个教育问题弄个水落石出，探索教育规律。例如，如果要研究造成幼儿园分离焦虑的原因，就需要对各种可能引起幼儿园分离焦虑的因素进行探索性实验。

改革实验的做法是按实现制订的改革计划进行实验，看改革的方案是否可行。如进行幼儿园课程改革实验。

验证实验是对已经取得的实验结果进行重复实验，从而对已经取得的认识成果进行检验、修订和完善。

（四）根据实验的范围划分为单项单科实验、综合实验和整体实验

单项单科实验是针对学校教育中的某一方面、某一课题或教学科目范围内某门学科的教材教法而进行的单一实验。

综合实验是从多角度或多方面同时开展几项有关课题的实验，旨在探索有内在联系的多项教育因素的相互关系情形，以便对教育进行综合性的改革和治理。

整体实验是在系统论思想指导下，对学校教育的各阶段和各种因素进行系统设计和全面改革，以期达到整体最佳效果的实验。

三、实施教育实验研究法的一般程序

教育实验研究的全过程可分为准备—实施—总结与评价三个基本阶段。这是一个相对稳定的、有序的结构序列。

（一）教育实验的准备

教育实验准备阶段的总体任务是制定实验研究的实施方案，其具体任务包括如下方面。

1. 确定实验研究课题，明确实验研究目的

研究者要研究什么问题，试图达到什么样的目的，是进行教育实验之前必须明确的。教育实验研究课题的语言表述应该明确且具有操作性，对课题中涉及的基本概念应该含义清晰，避免模棱两可产生歧义。

2. 明确教育实验的理论基础，提出实验研究的理论假设

任何一个教育实验课题，都应该明确其理论基础。理论基础是提出研究假设的依据，也是实验过程的指导性理论，对实验研究的方向、范围乃至实验资料的收集都会产生影响。如“小学生主体性素质发展与培养的实验”，其理论基础是马克思主义关于人的全面发展理论和主体哲学思想，这种理论基础要求该实验探讨小学生主体性发展的内在机制和培养途径，实验资料的收集也要围绕这一方面来进行。

课题选定、理论基础明确之后，就要着手提出研究假设。教育实验研究假设是在经验总结、理论演绎或初步研究获得某些认识的基础上提出并完成的，它是有根据的推测。研究假设往往是把实验变量与因变量的关系用文字或数学模型表达出来。

3. 选择被试，分解实验变量，进行实验设计

选择、分解、进行，这是准备阶段的核心工作。实验课题、理论假设提出后，就要明确和分解实验变量。实验的自变量是什么？有多少个自变量？因变量是哪些？有哪些无关变量？这些问题都应该在实验开始之前确定。变量分解后，还需要对变量的操纵、控制，以及变量呈现顺序、实验的辅助手段、条件等方面进行规定，根据教育实验课题的性质、任务和类型，选择实验设计类型，进行合理的教育实验设计。实验设计过程中，还要考虑被试的选择方法，是用随机抽样法，还是用非随机抽样法，如果选择随机抽样法，还要考虑是用简单随机抽样法，还是随机数据表法或者其他。

4. 选择或者编制合适的统计测量工具和手段

教育实验研究中采用哪些统计和测量工具或量表观测因变量是实验开始之前要准备好的。统计和测量工具及手段，应根据教育实验研究课题的要求选择已有的合适的量表，或者重新编制有关量表，如调查问卷、观测指标、学业成绩测试量表，从而准确地描述和评价因变量的状况。

（二）教育实验的实施

实施阶段是教育实验的实质阶段，能否按照实验设计有条不紊地展开实验过程，是决定能否得出可靠的实验结论的关键。实施阶段的具体任务主要有三个方面。

1. 按照实验设计，操纵自变量。即进行实验处理，有步骤地改变所要研究的实验条件，向被试呈现自变量。

2. 控制无关变量。采取有效方法，消除无关变量对被试的影响，或者使无关变量对被试的影响相对稳定，甚至恒定。

3. 随时观察和测量因变量，收集实验数据和其他重要实验资料。在实验前、实验中、

实验结束时,分阶段收集被试和因变量的数据等资料。

(三) 教育实验的总结与评价

教育实验的总结与评价是实验的结束阶段。其任务主要体现在如下方面。

1. 对实验数据和有关资料进行统计分析,在统计分析的基础上,对变量做相关分析、因果分析,得出实验结论。

2. 评价实验结论。通过检验实验误差,分析实验的效度。必要时还需要进行小规模的重复实验。

3. 撰写教育实验报告。标准的教育实验报告通常由 7 个部分组成。(1)题目。题目必须简洁明了。它应该是对实验报告的主要观点的概括性总结,包括所研究的变量(即自变量和因变量)以及它们之间的相互关系。(2)摘要。摘要是对实验报告内容的简短而全面的概括,能够让读者迅速总览全文的内容;并且,与题目一样,摘要也是各种数据库中常见的检索对象。一篇好的摘要应该具备以下特点:①准确性。摘要应能准确反映研究报告的目的和内容,不应包含文中没有出现的信息。②独立性。摘要应自成一体,独立成篇,对所有的缩写、省略语和特殊术语做出说明。③简练而具体。摘要中的每个句子都要能最大限度地提供信息,并尽可能的简洁。(3)引言。引言往往包括提出问题、说明研究背景、阐明研究目的和理论基础等 3 部分内容。(4)方法。方法部分要详细描述研究是如何进行的,说明你对变量的处理过程。这样的描述可以使读者对你的方法的适当性以及你的结果的可靠性和有效性(即信度和效度)进行评价。通常方法部分被分成三个带标题的层次,这些层次包括被试、仪器(或材料)及程序。(5)结果。对数据的收集过程及所使用的统计或数据分析处理进行总结,这是结果部分的任务。在该部分中,你要向读者说明主要的结果或发现,尽量详细报告数据以验证结论。要报告所有相关的结果,包括那些与假设相矛盾的结果。个案设计或单样本研究,一般不需要报告单个被试的数据或原始数据。(6)讨论。讨论是一篇文章中最富创造性的部分。在这里可以对研究结果进行评价,并解释研究结果的意义,特别是与你的初始假设有关的结果。你可以自由地检验、解释和描述结果,并对结果进行推论。要强调对结果的理论分析以及所得结论的有效性,这一点很重要。(7)参考文献。参考文献写在文章的结尾处。文中凡是引用前人或他人的观点、数据和资料等,都要对它们在文中出现的地方予以注明,并列入参考文献表中;而且,参考文献表中的文章或著作也必须是在文中引用过。

第二节 教育实验变量控制及实验效度

一、教育实验变量控制

控制是教育实验的最本质的特征。研究者要提高实验研究的质量,就应加强对教育实验中变量控制的研究。变量的控制，从广义上讲，它包括实验进程中自变量、因变量及无关变量的控制，以及对因变量的观察、记录和测量。从狭义上讲，控制仅仅是指对无关变量的控制，而对自变量则使用“操纵”一词。

(一) 自变量的控制

自变量的控制，就是实验者对自变量的操作和具体处理。控制时，要令其有系统地变化，而且变化的差异要尽可能大。如，要研究时间(自变量)与遗忘(因变量)的关系，实验者怎么控制“时间”这个自变量呢？正确的控制方法是：时间的选择应采用1、3、5、7、9等日期的变化顺序，而不宜采用1、2、3、4、5、6等小时的变化顺序，因为后者变化差异太小，所产生的效果不易辨别。又如，以教学方法作为自变量时，则两种(或两种以上)教学方法应有显著的不同，实验效果才便于比较。譬如，要检验教学中启发式教学法的效果，比较组(即控制组)应采用讲授式教学法，而不应采用提问式或暗示式教学法，因为讲授法与启发式差异明显，而提问式或暗示式均与启发式有相似之处，若采用后两种方法，效果不容易进行比较。

此外，控制自变量还可以从如下方面着手。其一，对自变量进行明确界定，并写出操作性定义，令其重复不走样，推广不失实；其二，实验者严格按照预先界定的自变量的含义和要求去实施。如“用活动教具教大班幼儿画人物不同姿态的实验研究”课题，“活动教具”就是这个实验的自变量，研究者给“活动教具”下了操作性定义，即指用吹塑纸剪成一个长圆形、一个大长方形、四个小长方形，连接成正面、侧面两种模拟人形，连接处用针线订好，可以活动。实施实验时，如果实验者能够严格按照上述操作性定义对自变量进行操纵，那么就是对自变量的控制。

(二) 因变量的控制

因变量的控制主要包括指导语和指标的确定，其目的就是全面、客观地对因变量进行测量。

对指导语的控制，就是指必须使导语标准化，即对所用的词语、主试者的表情、语言、声调等方面都做统一化处理。指导语设计应具有指向明确、简洁明了、易于理解的特点，让被试清楚明白，并做出相应的反应。

指标是指对被试反应的观测或对因变量的度量指标。一般而言，在教育实验研究中，作为因变量的观测指标主要有如下几类。

1. 准确性方面的指标

正确率或错误率，它常用在观测被试的知识和能力等方面的发展状况。

2. 速度或敏捷度方面

这个方面通常有两种情况：一是工作量一定，完成工作所需要的时间；二是时间一定，所完成的工作量的多少。如搭建某一造型作品所需要的时间、每分钟阅读的速度等。

3. 概率或频率

某些反应出现的概率或频率，也常被用作反应变量的指标。

4. 各种成就测验与心理测验的量表分数及评价者的评定分数等

在教育实验研究中，究竟应该如何选用恰当的因变量指标，研究者要根据研究的需要及有关的研究经验确定。

阅读资料 7-2

确定因变量的指标的基本要求

1. 关联性。它是指选择的指标必须与研究目的和研究对象的特殊性相适应，指标能够度量某刺激引起的真实反应，而不是其他别的什么。

2. 灵敏性。它要求因变量的指标对于自变量的变化有较高的分辨能力。指标的灵敏性主要取决于指标变量范围大小。范围越大，指标越灵敏。

3. 客观性。它要求指标的解释不以研究者或被试的主观意志为转移。根据指标的来源，指标可以分为客观指标和主观指标两类。用客观方法确定的指标为客观指标，如测量分数、身高、体重、呼吸、脉搏等；用主观方法规定的指标就是主观指标，如课堂气氛活跃程度、学生的喜欢与否等。

在测验中，若光凭主观指标下结论是不能令人信服的，因为不同的研究者，对同一个问题的主观感觉是不同的。所以，确定因变量应以客观指标为主，主观指标只能作为参考。此外，用测验成绩作为因变量的指标时，测验应尽量选用客观型测试题。问答题应根据事前拟定的详细、明确的评分标准评分。

4. 稳定性。它要求在进行重复实验的时候，指标的数值接近。为了提高指标的稳定性，测量因变量的测验要有信度，要尽量设法减少实验误差。

指标的稳定性和灵敏性常常不能兼得；追求指标的稳定性，常须以牺牲指标的灵敏性为代价。反之，也是一样。

资料来源：吴振东. 学前教育科研方法[M]. 北京：教育科学出版社，2012：185-186.

（三）无关变量的控制

无关变量是指那些在教育实验研究中研究者操纵的自变量外一切能影响实验结果的变量。对于无关变量，研究者难以一一加以控制，通常的控制是指尽可能地将其中最明显的无关变量、对实验效果有重大影响的无关变量挑选出来，加以控制。控制的方法主要有消除法、恒定法、平衡法、随机法、抵消法、纳入法等。

1. 消除法。研究者设法排除或隔离教育实验中的无关变量，使自变量简化，从而突出自变量与因变量的因果关系。消除法虽然能很有效地控制无关变量，但是由此得出的实验结果会缺乏普遍的推论性。例如，只用男生为研究对象，将来结果就不适用于女生。因此，在实验设计中，消除法并不是很常用的方式。

2. 恒定法。研究者在教育实验研究中，尽量使无关变量恒定地作用于实验，从而不影响实验效果的推断。

3. 平衡法。在分组比较实验中,尽量使实验组和对照组(控制组)受到同等变化的其他变量影响。在教学方法的实验中,实验者经常使各实验组的教师水平和被试数目、智力水平、知识基础相当,使自变量均衡地作用于各组,最后把各组因变量之差合乎逻辑地归结为自变量的作用。

4. 随机法。在选择被试、安排实验处理顺序等许多实验环节上不受实验人员主观意图的影响,而由偶然机遇来决定。教育实验研究中,实际使用这种方法时,可以划分成两个步骤:第一步使用随机的方法将参加实验的所有人员进行均等分组;第二步是再以随机的方法决定哪个组是实验组,哪个组为控制组(对照组)。随机控制的方法,虽然在事实上未必各方面都完全相等,但理论上他们相等的机会是比较多的。

5. 抵消法。让同样的被试先后接受几种不同的实验处理,使每一种实验处理以不同的次序出现,列成机会均等的组合,并随机分派接受各个顺序的组合。

6. 纳入法。就是把影响实验结果的某种(或某些)因素也当作自变量来处理,将其纳入实验设计中,成为多因素实验设计。这样,不但可以收到控制效果,而且还可以进一步了解变量间的交互作用的结果。

二、教育实验的效度

(一) 如何理解教育实验效度

教育实验效度是指一个教育实验的有效性,它是衡量教育实验成败优劣的关键性质量指标。教育实验效度分为内部效度和外部效度。

内部效度是指在实验中自变量和因变量之间存在的关系的明确程度。内部效度用于理解数据,并从中得出结论。它对自变量是否能真正与因变量区分开来提出疑问。为回答这个问题,研究者需要确信能控制诸如无关变量,并且不会将产生的效应错误地作为实验处理效应。

外部效度是指设计实验结果的可推广度。实验可以推广到怎样程度的总体、变量、情境等。一般来说,内部效度越充分,结果推广度越大,研究越有用。

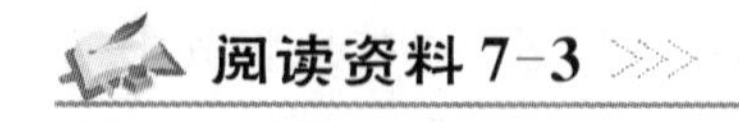

阅读资料 7-3

实验外部效度的构成

美国教育实验研究专家布拉切特和格拉斯(Bracht C. H. & Glass C. V.)于 1968 年发表《实验的外部效度》,对实验的外部效度的性质作了区分,提出了两种性质的外部效度:总体效度和生态效度。

总体效度是指实验的结果能推论到何种总体。实验结果可以从实验样本推论到既定总体。例如,从一个特定的学区随机抽取 100 名小学生进行活动教学的实验,实验结果显示活动教学比常规教学法效果为佳。这一实验结果,一般只能推广到作为样本来源的总体,即那个特定的学区。布拉切特和格拉斯称这一有限群体为“实验切近总体”。如果样本是随机抽样的,实验结果就完全可以推论到“实验切近总体”。有时,我们想把实验结果从“实验切近总体”进一步推广到更大的群体,如上例,进一步推广到全国的小学生,“全国小学生”这一更大群体称为“目标总体”。但如果做这样的推广,就需要比较“实验切近群体”与“目标总体”之间的相同程度。如果“实验切近总体”与“目标总体”的重要特征相类似,那么,由“实验切近总体”推广到“目标总体”也是可以的。

生态效度是指一种情境或条件下的实验结果推广到其他情境或条件的程度。如果实验结果受实验情境或条件限制,那么它的推广也要受到同样的限制。要提高生态效度,应注意如下问题:(1)应完整地描述实验所涉及的操作和实验背景。(2)推广实验结果时应考虑实验安排,尽量减少霍桑效应。(3)应考虑变量的代表性。(4)避免相互作用的效果影响,如前测提高实验对象的敏感性,其所获结果就难以推广到无前测的总体。(5)测量工具的影响。

资料来源:杨小微.教育研究的原理与方法[M].上海:华东师范大学出版社,2011:147.

尽管进行教育实验设计时,研究者都希望实验的两种效度保持在较高水平,但是有些情况下,确保一种效度,就会削弱另一种效度。随着实验的控制越来越严格,在实验中可发生的和在自然教育条件下可发生的两者间的一致性就越小。

当内部效度与外部效度相矛盾时,我们应该注重外部效度。正如莱瑞(Leary, 1995)指出的,科学更注重理论的推广性,而不是个别实验的结果,后者却普遍地被用来检验理论。如果我们知道理论已经被严格的实验所支持,我们就可以试探性地探究它的实践意义。

(二) 影响教育实验效度的因素

1. 影响教育实验内部效度的因素

(1) 偶然事件

偶然事件是指研究者在实验进展过程中没有预测到的影响因变量的事件的发生。例如,在相对较短的教学实验中,一组被试因学校停电而不能对其进行正常教学。

(2) 成熟

成熟是指在实验期间,实验对象的身心发生变化也会影响实验变量对因变量的作用。例如,实验对象在实验期间变得更成熟、健壮、疲劳、饥饿、分心、没兴趣等,这些改变均会影响实验结果。又如,教育工作者要测试一种新的阅读方法的效果,在一年的新的阅读方法教学过程中,实验对象因年龄增长而在认知能力方面自然发展和成熟或词汇的自然增长,都可能干扰自变量的效果,所以阅读能力的提高,就难以单纯归因于新的阅读教学法。

(3) 测验

测验是指测验的暗示对实验结果的影响。有些教育实验,为了比较实验前后的情况,往往在自变量之前进行测验,这时的测验称前测。被试在接受前测时产生的经验常常有助于自变量之后的测验(称后测)成绩的提高,尤其是前后测的题型基本相同时。这是因为实验对象在经过前测后,会熟悉测验的题型,掌握应对测验的技巧。所以,即使没有自变量的效果,也可能因前测经验的影响,而导致后测成绩的提高。

(4) 工具

工具是指测试手段对实验因变量的影响。测试手段是指由于测评者本身的疲劳、有单调感、注意分散以及其他主观因素和测试工具本身的变化,使测定和评级的精确性受到影响,从而降低内在效度。例如,两个主考官对同一项教学实验进行后测所用的程序和方法不同,从而导致实验结果的差异。

(5) 统计回归

数理统计学的基本原理告诉我们,在进行重复测量时,初测时获高、低极端分数者会在重测时倾向于向平均值偏移,即发生“统计回归效应”。如,在一项阅读教学的实验中,前测中阅读成绩差者组成的组,较之于成绩一般、好的组进步大得多。再如,我们对 200 个人进行数学推理的标准测验,这一测验有两个相等的形式,或我们知道的两个相等的版本。这一测验的平均分数值是 100 分里的 60 分。我们选出 15 个分数最高的和 15 个分数最低的,两组的平均分数分别为 95 分、30 分,然后我们用另一个版本重新测验。现在我们可以发现两组的平均分数分别是 87 分、35 分。在第二次测验时,这两个极端组的分数向平均数回归了:高分组的得分比第一次低些,低分组的得分比第一次高些。统计回归带来的危险在于,由于被试原先处于极端的位置,他们发生的变化会让人误判为实验刺激的效果。

(6) 选择的差异

所选择的两组或几组被试,在未受实验处理之前,本来各方面的能力就有所偏差或不相等,那么实验结果的差异,就不能说是单纯由实验处理所造成的。例如,进行英语教学实验,在实验方案要实施之前,实验组学生的英语基础就明显地高于对照组的学生。在实施实验方案后,测量的结果如果显示实验组成绩显著高于对照组成绩,这种差异可能并非完全由实验处理所造成,而是由实验组和对照组原来的英语基础的差异所导致。所以,在采用两组或多组的实验中,实验者必须考虑不同组别实验对象在各项特质上是否一致。如果组别之间实验对象的特质不一样,实验效果可能是原来实验组之间所存在的差异,而非实验处理的结果。

(7) 实验对象的流失

实验对象在实验期间的流失,如择校、转学、迁居、退学、死亡等,则可能使实验结果难以解释。

(8) 对照组成员的自暴自弃

在实验中,对照组(控制组)觉得受到差别待遇,就有可能因此自暴自弃。在教育实验中，自甘堕落的对照组成员可能会停止读书学习，寻衅滋事，而且愤愤不平。因为对照组成员的上述行为，将会导致实验的内部效度受到影响。

2. 影响教育实验外部效度的因素

(1) 测验的反作用或交互作用效果

测验的反作用指前测对后测的作用；测验的交互作用，指前测与后测的交互作用。有前测经验会造成后测成绩好。在有前测和后测的实验设计中，前测的经验往往会限制研究结果的推论性。因为，由于实验对象对实验处理具有敏感性，平常情境下未曾注意到的问题或现象，这时变得更加敏感和警觉，以至实验效果可能部分来自于前测的实验所产生的敏感性。因此，前测的实验结果，只能推论到有前测经验的情境，而不能推论到其他没有前测经验的团体中去。

(2) 被试取样的代表性

被试的代表性是影响实验结果推广的一个重要因素。只有参与实验的被试具有代表性，从样本推论总体才可靠。从抽样理论可见，只有从总体中随机取样，才能保证样本的代表性，但在实际中很难做到，特别是当总体非常大甚至达到无限的情况下。例如，"幼儿"是一个无限总体，包括中国的、外国的幼儿，过去、现在、将来的幼儿，就无法对其进行随机取样。

同样，由于取样的方法不当或取样错误，研究者选择参与实验的样本具有某种心理特征，这种特征与实验处理发生作用共同对实验结果产生消极或积极的影响，导致该样本的实验结果难以推论到总体。例如，如果选择一些智力水平较高的学生，进行发现学习和接受学习的比较，实验结果发现前一种学习方法优于后一种学习方法，但这一结果不能推论到实验外的其他智力水平的学生中去。

(3) 实验处理的多重性

同一被试多次接受实验处理时，由于前一实验处理通常不会很快消失，从而会对后一实验处理产生积极或消极的影响，发生重复处理的干扰，使被试产生练习或疲劳效应。有多重处理的实验结果难以推广到没有重复实验处理的情境。例如，坎贝尔和斯坦利证实，艾宾浩斯的遗忘曲线受到多重处理的干扰，因为他的发现只对已经学习了多列无意义音节的被试来说是正确的，而不能运用到只学习了一列无意义音节的被试。再如，比较集中学习法、分散学习法、整体学习法和部分学习法的效率时，让每位被试重复采用这四种学习方法，如果发现其中的整体学习法效果最好，研究者并不能将这种结果推论到仅仅接受一种整体学习法的处理情境，因为整体学习法之所以取得良好的效果，可能是和其他三种方法共同交互作用的结果。①

(4) 特异性效应

在教育实验研究中，由于实验和研究采用了新异的方法、特殊的材料和情景，或者使

---

① 杨小微.教育研究的原理与方法[M].上海：华东师范大学出版社，2011：147.

被试改变自己已经习惯了的活动、工作方式和环境，因而产生暂时的新异性反应，影响研究的效度。例如，学生知道自己被选择参加一项新的教学方法的实验，因而在实验期间表现出比平时更高的兴趣和动机，更强烈的学习主动性和积极性结果使实验结果发生很大的改变。

(5) 实验者效应

在教育实验研究中，实验者本身的个性特征、动机、情绪或其他细微而无意的行为均会把实验目的、结果的期望等也无意中传递给被试，从而影响被试的反应，使自变量与因变量之间的关系变得模糊不清，进而限制了实验的外部效度。例如，津古伯等人发现，当观察者在场时，母亲表现出了更多的耐心、温柔和关注。布罗迪等人也发现，当观察者在场时，兄弟(或姐妹)之间很少互相取笑、威胁和争吵。实验者可能并没有意识到他在被试出现正确反应时点了点头以示肯定，而对错误则皱了皱眉以示否定。实验者的性别、种族和伦理观念也是潜在的实验者效应。

第三节　教育实验设计

教育实验设计，一般以教育实验方案的形式表现出来。教育实验方案的形成，实际上是对教育实验的总体构想，是一个从明确研究目的，形成假设，确定实验研究变量，确定取样的方法和安排实验处理的一系列活动过程，而不仅限于对教育实验类型的选择。实验设计是教育实验研究的主体工作，也是整个教育实验研究关键的一环。教育实验设计的科学性是教育实验达到实验目的的重要保证。

一、教育实验设计的原则

(一) 确定变量关系

在教育实验研究中，一定有三种变量，即自变量、因变量和无关变量。任何一项实验，都是根据研究目的，操纵自变量，使其对被试产生影响，控制无关变量，使它们保持恒定，观察因变量以便揭示自变量与因变量之间的因果关系。

(二) 取样在量上和质上都要有代表性

取样就是从一个总体中选出一部分被试作为研究对象，抽取出来的那一部分被试叫做样本。由于研究范围的不同，抽取的样本容量存在差别。研究个别问题，取样每组为30人即可；研究带有普遍性问题，人数要更多一些。取样要考虑被试的年龄、性别、文化背景、心理水平的代表性，使样本能够真正代表全体，使结果具有真实性和全面性。

(三) 教育实验分组

在教育实验研究中，我们把接受自变量刺激的一组对象叫做实验组，而把不接受自变量刺激的一组叫做控制组(或对照组)。设置控制组的主要目的,是为了将研究本身对实验对象的影响与实验刺激(即自变量)的影响区分开来。为了达到这种目的,就要求实验开始前,实验组和控制组成员的各方面条件和状况相差无几,即基本上不存在大的差别。

针对实验组或控制组,研究者在进行样本分组时要考虑如下方面:(1)便于体现实验要求;(2)有利于限制无关因素的影响;(3)用尽可能少的实验次数取得最好效果。

教育实验研究中的分组一般存在三种情况。(1)单组。同一组被试先后接受所要研究的自变量的影响。(2)等组。就是把被试按相似条件分成两组或几组,分别接受自变量的影响,等组可以是两组也可以是3组或更多组。(3)轮组。就是以不同的顺序,使各组被试轮流接受所要研究的自变量的影响。

(四) 科学安排前测和后测

由于任何实验的关注点总是在于自变量(实验处理)的效果,所以,证明这种自变量确实产生了某种效果,就显得非常重要了。正是这种证实自变量在产生效果中的中心地位的需要,使得前测、后测设计在教育实验研究中具有重要地位。实际上,实验者所寻求的并不是自变量实施后的结果,而是因变量的变化——从自变量实施前的某个时间点到自变量实施后的某个时间点的变化。在实施实验处理以前对实验对象进行的测量成为前测;而在实施自变量后对实验对象的测量称作后测。

二、良好教育实验设计的标准

(一) 充分的实验控制

这个标准是指对实验条件有足够的控制,以便研究者能解释结果。实验设计被高度结构化,如果实验变量产生效应,就可被观察到。

(二) 不加人为修饰

教育研究的对象是以育人为目的的教育活动,因此,教育实验设计不可能像自然科学那样进行精确的控制与操纵。为了使研究成果能够在更大范围内得到使用,确保实验结果推广到非实验设计的教育情境中,研究者倾向于不对实验情境进行过多的人为修饰。

(三) 比较的基础

需要通过某种方式进行比较以确定是否有实验效果。在一些实验中,我们使用控制组——即不受实验处理的组。教学实验中的控制组常包含用传统方法施教的一组学生。比较还可以在两个或多个实验处理中进行,偶尔采用一些外在标准。

(四) 通过数据获得充足的信息

数据必须足以检验实验假设,应有对假设做出判断的足够的精度。

(五) 非污染数据

数据应充分反映实验效应,但不应被实验中出现的蹩脚的测量或误差所影响。来自不同组的个体不应互相影响而削弱实验效果，或导致实验效果不具代表性。

（六）无相关变量间的干扰

这一准则与充分的实验控制密切相关。可能存在其他正在操作的对因变量有影响的变量。如果这样，这些影响不应被错误地理解为实验效应。我们分离、控制这些效应的途径就是实验设计。

（七）代表性

研究者常希望将实验的结果推广到一些个体、条件、方法等中去。为了获得具有代表性的实验结果，研究者常采用某种随机方式，或者通过对实验被试的选择，或者通过对接受实验处理的被试的分配。

（八）省力原则

省力原则是指如果所有其他特征相同，我们更倾向于采用较简单的设计而非较复杂的。

三、教育研究中常用的教育实验设计

在阐述各种实验设计之前，我们首先把实验设计模式中所采用的符号及其含义做一简单说明。

- X：表示一种实验处理，即研究者操纵的实验变量（自变量）；在比较不同的实验处理时，以不同的下标来表示不同的实验处理，如 X_0、X_1、X_2……
- O：表示实验处理前或实验处理后的一种测量数据或观察结果，或评估结果。
- 自左向右：表示时间的次序或先后。
- 同一横行的 X 或 O，表示 X 或 O 作用于同一组被试。
- R：表示对被试进行随机化的选择和分配。
- G：表示组，即实验分组，不同的组用不同的下标表示，如 G_1、G_2、G_3……
- ——：表示没有实验处理。

（一）真实验设计

1. 仅施后测控制组设计

仅施后测控制组设计最简单的形式包含两个组，即接受实验处理的组和控制组。被试在实验前被随机分到两个组，实验组接受实验处理，控制组不接受实验处理。在实验结束时，测量两个组的数据并以此作为研究的因变量。这种测量最好在实验一结束就进行，特别是当因变量可能随时间而改变时更需如此。

仅施后测控制组设计对教育行政工作者来说是有效的设计，它不需要进行在很多情况下并不理想亦不实用的事前测试。仅施后测控制组设计只需要根据所在组被试确定，其他变量也可能在设计之中。

两个组的简单形式可以用符号表示如下：

RG_1	X	O_1
RG_2	——	O_2

仅施后测控制组设计还可以扩展到更多的组，也就是说，可以对两个或更多的组进行实验处理，增加组数至3个或者更多。从总体中抽取的被试应随机分组，各种不同实验处理的效应可以通过比较组间的行为表现来研究。从更广泛的意义上说，仅施后测控制组设计用符号表示如下：

RG_1	X_1	O_1
RG_2	X_2	O_2
⋮	⋮	⋮
RG_k	X_k	O_k
RG_{k+1}	——	O_{k+1}

案例 7-1

PBL教学模式对幼儿元认知、合作水平及提问能力的影响研究①

深圳市某幼儿园为了验证"基于问题式学习"(Problem-Based Learning，简称PBL)教学模式对幼儿元认知、合作水平以及提问能力的影响，进行了为期1年的实验研究。

他们根据随机取样原则，在大班中选择了一个实验班、一个控制班，并从愿意担任实验任务的教师中挑选了两位业务素质、教学水平、工作年限都相近的教师组织两个班的科学活动。实验班采用PBL教学方法，控制班采用传统教学方法活动。整个实验期间，除了教学方法不同外，幼儿园对这两个班的其他各项活动一视同仁，在大班下学期期末进行测验作为或后测成绩。

这个实验设计由于在实验前进行了随机取样，幼儿、教师的水平大体相当，况且在整个实验过程中对其他无关变量进行了控制，使无关变量对两个班的影响效果基本相同，因此可将实验班幼儿元认知水平、合作能力以及提问能力的显著提高归因于PBL教学方法所产生的效应。

2. 前测—后测控制组设计

在实施实验处理之前加上测量的话，仅施后测控制组设计就被扩展为前测—后测控制组设计了。增加的前测要得到什么信息呢？前测得分可能会作为分析中的一项统计控制量。在一些实验中，尤其是在教学领域，要分析得分(即后测与前测得分)的差异。

从最简单的形式来看，前测—后测控制组设计包含两个组——一组接受实验处理，另一组不接受实验处理。这种实验设计形式可用符号表示如下：

① 吴振东.学前教育科研方法[M].北京：教育科学出版社，2012：193.题目是编者加的。

RG_1	O_1	X	O_2
RG_2	O_3	——	O_4

在前测—后测控制组设计中，O_s增加了一倍，所以用奇数做下标的 O_s 表示前测，用偶数作下标的 O_s 表示后测。

前测—后测控制组设计可扩展到包含两个以上的组。总体上用符号表示如下：

RG_1	O_1	X_1	O_2
RG_2	O_3	X_2	O_4
⋮	⋮	⋮	⋮
RG_k	O_{2k-1}	X_k	O_{2k}
RG_{k+1}	O_{2k+1}	——	$O_{2(k+1)}$

上述符号表示有 k 个接受实验处理的组和作为控制组的一个比较组。如果使用两个或更多的实验处理，而不需要控制组，我们称该设计为前测—后测随机分组设计。

3. 所罗门 4 组设计

以最简单的形式把前测—后测控制组设计和仅施后测控制组设计组合起来可以得到一个新的实验设计，这是由所罗门提出的。所罗门 4 组设计包含控制组、实验组各 2 组，而实验组接受的实验处理是相同的。两种类型的组中各有 1 组接受前测，实验结束后对 4 个组均进行后测，每组被试都是随机分配的。

所罗门 4 组设计用符号表示如下：

RG_1	O_1	X	O_2
RG_2	O_3	——	O_4
RG_3	——	X	O_5
RG_4	——	——	O_6

因为是 4 组设计，实验包含 4 个组，只有一个实验处理。比较实验组和控制组后测得分可以确定实验效果。只有一个实验处理，X 就没有下标。组 1 和组 3 是实验组，组 2 和组 4 是控制组(图示中没有 X)。

因为对一些组进行了前测，而一些组没有前测，所罗门 4 组设计的优点在于能使研究者检验前测带来的可能效应。前测影响后测得分，前测与实验处理相互作用都是可能的。也就是说，实验处理的效应对有前测和没有前测的组是不同的。因为在实际的课堂实践中前测不是规定要做的，所以它经常是效度所要考虑的问题。

4. 多因素实验设计

多因素实验设计(也称因素设计)是操纵两个或两个以上自变量，以探讨每个自变量对因变量的影响，自变量之间的交互作用及其对因变量的综合影响。

多因素实验设计的基本构造在于，每一自变量的所有水平与其他自变量的水平结合使用。设计中至少需要 2 个自变量，每一个自变量至少有 2 种水平。这种最低限度的因素设计称为 2×2 因素设计。从理论上讲，可以有任意数目的自变量，而且每一自变量可以有任意数目的水平。因素设计可以用数字来命名设计，如 2×4 因素设计，阿拉伯数字的个数表示自变量数目，数字的值表示自变量的水平。自变量数目不必与其水平完全相同。在 2×3×5 因素设计中，有 3 个自变量，相应的变量水平为 2、3、5。

在多因素设计中，随着自变量和水平的增加，分组的数目也迅速增加。2×2 因素设计有 4 个组。但是若增加一个具有 2 个水平的自变量，就会使组数增加到(2×2×2)个即 8 个。如果一个 2×2 因素设计，每个自变量增加一个水平，则成了 3×3 因素设计，使组数增加到 9 个。由于水平必须包含在所有的组合中，故而组的数目就是指定的因素设计中所有阿拉伯数字的连乘积。

多因素实验设计的优点在于：多因素设计只需要一个设计，经济方便，并非要对每一自变量都提供不同的设计，且可以研究变量间的交互作用。

案例 7-2

多因素实验设计举例①

要探讨两种不同教学方法对两种不同能力水平儿童学业成绩的影响，研究涉及两个自变量，一个自变量是教学方法(X)，它有两种水平 X_1、X_2；另一个自变量为儿童的学习能力(Y)，它也有两种水平 Y_1、Y_2。这个实验设计是(2×2)因素设计。基本模式如下：

$$
\begin{array}{cccc}
RG_1 & X_1 & Y_1 & O_1 \\
RG_2 & X_2 & Y_1 & O_2 \\
RG_3 & X_1 & Y_2 & O_3 \\
RG_4 & X_2 & Y_2 & O_4
\end{array}
$$

5. 重复测量设计

在一些实验中，被试要接受多次相同的测量。例如在学习实验中，被试常常完成一系列任务，如解决一系列问题，以了解学习是否已经发生了。重复测量设计最简单的形式是对所有的被试进行实验处理。如果有 k 个实验处理和 n 个被试，则设计可以用如下形式表示：

$$
\begin{array}{cccc}
S_1 & X_1 & O\text{——}X_2\cdots\cdots X_k & O \\
S_2 & X_1 & O\text{——}X_2\cdots\cdots X_k & O \\
\vdots & \vdots & \vdots & \vdots \\
S_n & X_1 & O\text{——}X_2\cdots\cdots X_k & O
\end{array}
$$

① 郑金洲，陶保平，孔企平. 学校教育研究方法[M]. 北京：教育科学出版社，2003：225. 题目是编者加的。

S 表示特定的被试，所有被试接受相同方法的实验处理。O 表示每一实验处理之后都对因变量进行的测量。

重复测量设计特点如下：(1)对被试测试产生大量的数据。(2)所有观察结果并不是独立的。对不同被试的观察结果是相互独立的，但是对于同一个被试的几个观察结果则是相互联系的，这是因为它们来自同一名被试。在分析数据时，必须考虑这一点。

重复测量设计的缺点在于多次重复测量容易使人们熟悉这一特定的特征。解决这一问题的途径是均衡设计，即打乱问题的排列顺序，对实验处理进行平衡。

6. 时间延长设计

有时候，在研究教育变量和行为科学的其他变量时，把握显示变量影响需要的时间可能是困难的。对某些变量，影响的持续时间是未知的。实验的设计可扩展为核实可能的滞后影响或核实影响持续的时间。这些可以通过额外的观察，即时间延长来实现。如果研究者以这样的方式扩展仅施后测控制组设计，则可能的设计形式用符号表示如下：

$$RG_1 \quad X \quad O_1 — O_2 — O_3$$

$$RG_2 \quad — \quad O_4 — O_5 — O_6$$

在这个实验设计中，对 G_1 进行了实验处理后观察 2 个组。然后，在没有进行额外的实验处理的情形下，对 2 个组进行规定的、固定的、连续的观察。时间间隔的长短根据研究的变量而定。

(二) 准实验设计

在进行教育研究时，被试的挑选和组合不可能总是随机的。在教育领域中，有许多被试是既定的，如一个班级里的学生自然而完整地形成被试群体。当这种保持原样的组运用于一个实验中时，我们就称之为准实验设计。下面介绍几种典型的准实验设计。

1. 非对等仅施后测控制组设计

除了不是随机地将被试组成实验组外，许多准实验设计看起来与前述真实验设计很相像。

当运用“非对等”这个术语时，它意味着随机意义上的非对等，但并不是说实验组间不可能在相关变量或特征上具有相似点。对于准实验设计来说，其结果效度的可信性，很大程度上取决于保证实验组间的相似性。

非对等仅施后测控制组设计包含与实验处理次数一样多的实验组，再加上一个控制组。研究中使用现成的实验组进行，仅在实验处理实施后测量被试一次。

非对等组仅施后测控制组设计的最简单的形式用符号表示如下：

$$G_1 \quad X—O_1$$

$$G_2 \quad —O_2$$

这种设计表示：一个实验组接受实验处理，同时另一个实验组作为控制组不接受实验处理。对实验组 G_1 完成实验处理不久，同时对两个实验组进行后测。这种设计可推广为包括任意次的实验处理。对于 k 次实验处理，这种设计需要 $k+1$ 个实验组。

$$
\begin{array}{ll}
G_1 & X_1 —— O_1 \\
G_2 & X_2 —— O_2 \\
\vdots & \vdots \quad\quad \vdots \\
G_k & X_k —— O_k \\
G_{k+1} & \quad\;\; —— O_{k+1}
\end{array}
$$

任何实验的效度均依赖于特定的实验条件，采用非对等仅施后测控制组设计的实验效度一般都是较低的。这个难点可能产生于实施实验处理前挑选被试的偏差和缺少前测。除非能获得可以提供有关各实验组相似程度这样的现成资料，否则不应该采用这种实验设计。这些资料虽然不能消除被试挑选上的偏差，但它们提供的信息可以避免对实验结果的错误解释。

2. 非对等前测—后测控制组设计

非对等前测—后测控制组设计除了对被试也施加前测外，其他方面与非对等仅施后测控制组设计相似。加入有 k 次实验处理，其一般形式可以用符号表示如下。

$$
\begin{array}{ll}
G_1 & O_1 —— X_1 —— O_2 \\
G_2 & O_3 —— X_2 —— O_4 \\
\vdots & \vdots \quad\quad \vdots \quad\quad \vdots \\
G_k & O_{2k-1} —— X_k —— O_{2k} \\
G_{k+1} & O_{2k+1} \quad\quad —— O_{2(k+1)}
\end{array}
$$

这种实验设计的最简单形式仅需要两个实验组：一个实验组和一个控制组。

前测的结论对核实各实验组的相似性是非常有帮助的，因为前测的分数是与因变量有密切关系的变量。这种前测是在进行实验前在同样的条件下对所有被试都进行的测试，其分数也可用于统计控制。

案例 7-3

幼儿园进行的两种新的阅读教学方案实验

研究者在幼儿园中进行两种新的阅读教学方案的实验。同一学区幼儿园的 30 个中班按原编制参加实验，不进行随机取样，随机结合。每种方案有 10 名教师报名参加教学，即两种新方案和一种传统方案由 10 名教师来执行。当然，每个教师只能执行一种方案。教学时间为 18 周。实验前进行前测，学习结束后对全体幼儿进行后测。

3. 轮组实验设计

轮组实验设计，也称平衡设计，是对不同的组以不同的顺序，轮流施加不同实验处理的实验设计。操作时要使每一个组接受实验组合的影响，即让每组被试同时接受不同的实验处理。第一轮实验以后，测量两组的教学效果，再将两种处理轮换对调，进行第二轮实验，再次测量两组的教学效果，然后将测量结果进行比较。其基本模式用符号表示如下。

$$G_1 \qquad O_1 — X_1 — O_2 — X_2 — O_3$$
$$G_2 \qquad O_4 — X_2 — O_5 — X_3 — O_6$$

案例 7-4

轮组实验设计举例①

某幼儿园进行比较分组教学和集体教学的效果实验。选定中班两个班做实验班(假设是1班、2班)。实验开始时，先测量两班幼儿的智力，即进行前测。然后实验组进行分组教学，对照组进行集体教学。经过一学期后，进行第一次后测，分别求出每个班后测与前测成绩之差(假设分别为 S_{11}、S_{12})。然后1班进行集体教学，2班进行分组教学。经过一学期再测量两班的智力，即进行第二次后测。再分别求出第二次后测与第一次后测成绩之差，分别为 S_{21}、S_{22}，然后把 $S_{11} \pm S_{22}$ 与 $S_{12} \pm S_{21}$ 进行比较，如果前者高则说明分组教学效果好，反之则说明集体教学效果好。

在轮组设计中，主要无关因子对反应变量的影响在对调轮换过程中相互抵消了，因而实验设计较为可靠。但因对两组实验对象分别进行处理，实验时间延长了一倍，花费的人力、物力也相应增加了一倍，比较麻烦。况且途中轮换教材、教法不易保证学习的系统性，因此轮组实验在教学中用的不是很多。

课堂讨论 7-1

一项教育实验获得组别的最理想的方法是随机选择和随机分配被试。然而，采用原始的小组进行准实验设计有时也是必需的。当我们采用原始被试组时，可能会带来一些什么样的困难？

本 章 小 结

教育实验研究法主要探讨了如下内容：

1. 教育实验研究法的内涵、教育实验研究法的特征以及教育实验研究法的一般程序。

① 吴振东. 学前教育科研方法[M]. 北京：教育科学出版社，2012：195. 题目是编者加的。

2. 分析了教育实验中涉及的变量类型、变量的控制，尤其是无关变量的控制方法。

3. 阐述了教育实验研究的效度及影响实验研究内部效度、外部效度的因素。

4. 叙述了良好教育实验设计的标准，介绍了真实验研究、准实验研究的典型设计模式。

拓展阅读

1. 张宝臣，李兰芳. 学前教育科学研究方法(第 2 版)[M]. 上海：复旦大学出版社，2012.

2. 王彩凤. 学前教育研究方法[M]. 北京：北京师范大学出版社，2011.

3. [美]艾尔·巴比. 社会研究方法(第 8 版·上)[M]. 邱泽奇，译. 北京：华夏出版社，2000.

4. 威廉·维尔斯马. 教育研究方法导论(第 9 版)[M]. 袁振国，译. 北京：教育科学出版社，2010.

思考与探索

1. 什么是教育实验研究法?

2. 请确定一个教育实验研究课题，根据实验研究程序，撰写一份实验研究计划。

3. 控制教育实验研究中无关变量的方法有哪些?

4. 影响教育实验研究效度的因素有哪些?

5. 什么样的设计是良好的教育实验研究设计?

6. 在教育研究中，常用的教育实验设计模式有哪些?

绘画是言语的先导，表示美感之良心。要知儿童心理，不可不研究儿童的绘画。

——陈鹤琴

第八章 作品分析法

学习目标

- 了解作品分析法的含义、价值
- 理解作品分析法的不同分类及特点
- 掌握作品分析法的实施过程和具体分析维度
- 运用作品分析法分析幼儿作品

核心概念

作品；定性分析；科学评价

本章导读

作品分析法作为质性研究的一种，不同于观察法（用眼睛去观察）、访谈法（通过话语去分析），而是通过对作品资料的实物分析，探寻研究对象的行为、态度及心理发展状态。本章首先从含义、特点、价值、分类四个方面对作品分析法进行概述，进而具体阐述作品分析法的实施过程以及分析时所使用的维度，最后对作品分析法在实施过程中应当遵守的原则和幼儿成长档案袋的使用进行介绍。

引导案例

父子画鱼

曾经有这样一对父子，父亲画了一条鱼令4岁的儿子学着画，儿子却未依从其父，而画了许多歪歪扭扭的小线条表示鱼。儿子说，他画的鱼是活的，他看见鱼游的时候就是一扭一扭的，爸爸画的鱼是死的。

资料来源：姚全兴．儿童文艺心理学[M]重庆：重庆出版社，1990：180．题目为编者所加。

以上案例不禁引起我们的思考，为什么父亲画的鱼和儿子的不一样？为什么儿子不愿意跟随父亲学画？父亲能理解儿子所画鱼的含义吗？

其实，父亲画的是概念性的鱼，依据客观事实概括了鱼的基本特征；儿子画的是充满主观情感色彩的鱼，表现出儿童对于生命运动模式的直觉性感知。正是幼儿认识和感知世界的不同，使其对于艺术作品的表达充满了独特的魅力。在实际生活中，成人是否将类似的天马行空的涂鸦当作幼儿的作品，又能否从不同的维度去分析幼儿作品，从而探寻出幼儿作品背后的行为、态度及心理发展状态？本章将从什么是幼儿作品，为什么要分析幼儿作品，以及如何分析幼儿作品的角度出发，探寻作品分析法的实质内涵和具体操作步骤。

第一节 作品分析法的概述

一、作品分析法的含义

作品分析法又称产品分析法、实物分析法，是研究者通过对研究对象的作品进行定性分析，获取研究所需要的信息，了解研究对象的行为及心理活动，揭示隐藏在作品背后的研究对象的态度、价值观及行为影响因素等，从而对研究对象的发展做出科学评价的一种教育科学研究方法。

其中，“作品”包括文字作品、音乐作品、美术作品等；研究对象包括幼儿、教师、家长、幼儿园其他工作人员以及管理人员等。出于对本教材注重实践性的考虑，突出幼儿为主体的思想，为读者更好地将作品分析法运用到今后的教育实践中提供借鉴，本章在介绍产品分析法时将研究对象设定为幼儿，作品即幼儿完成的相关作品，而反映幼儿健康的记录表、体检表、教师观察记录等则不属于本章作品分析法的研究范畴。

二、作品分析法的特点

（一）间接性

作品分析法是以研究对象创作活动的作品为载体，通过对作品进行全面深入的解读，从而得出专业结论，对研究对象做出科学的评价。与观察法不同，研究者并不需要接触研究对象本身便可完成对作品的分析，因而作品分析法具有间接性的特点。例如，研究者想要对 5～6 岁幼儿绘画表征特征进行研究，就需要大量收集 5～6 岁幼儿的绘画作品，在收集绘画作品的过程中，研究者根据研究目的的需要，可以直接收集幼儿已经完成的不同主题的绘画作品，也可以限定主题，在幼儿完成绘画作品后进行搜集，这一搜集资料的过程，研究者均不需要与研究对象有直接接触便可完成。

由于具有间接性的特点，研究对象在完成作品时，并不知道自身正在接受被试，因而不具有防范心理,能够在自然的状态下完成作品,从而展现出自身的真实状态和水平,专注于作品完成的过程,这也使得研究者所搜集的资料来源更加真实、可靠,具有一定的客观性。

同样,也是因为间接性的特点,研究者并不能参与到作品的完成过程中,对于作品的情况是否真实,并不能完全保证,因而可能导致可信度不高的问题出现。例如,研究者所搜集的幼儿绘画作品是否是幼儿独立完成,幼儿完成作品时的情绪状态以及教师提供的绘画工具是否充足等都是无法捕捉到的信息,而这些信息都有可能影响到研究者对于研究结果的分析。因而,作品分析法在搜集作品过程中,需要研究者具有极高的科研素养,最大限度控制可变因素,提高搜集资料的可信度。

(二) 主观性

作品分析法作为质性研究的一种,是以研究者本人作为研究工具,通过对所搜集资料的分析对某一现象或问题进行整体性探究。在对研究对象的作品进行实物分析时,研究者的理论背景、专业能力以及个人情感倾向等直接影响分析的结果,因而,作品分析法具有很大的主观性的特点。

同时,由于研究者知识背景、自身阅历以及个人喜好倾向的不同,使得不同研究者对于同一作品产生不同的判断,出现仁者见仁、智者见智的情况,最终导致研究结果具有较大的偏差。这种偏差是研究中的正常现象,符合教育和教育研究具有导向性的特点,也在一定程度上说明了作品分析法的主观性特点。

另外,正是作品分析法具有较强的主观性,对于研究者的专业能力具有很大程度的依赖性,因而需要研究者具有专业的理论功底,尽量避免以自己原有的价值标准和文化规范给幼儿行为和表现赋予其他意义。例如,想通过作品分析法了解幼儿的创造想象力水平,不仅需要研究者具有美术方面的专业知识和基本的理论基础,同时需要研究者深谙学前儿童心理发展特点,二者缺一不可,在此基础上分析出的结果才更具科学性。

(三) 普适性

作品是作者具有独创性,并以一定形式表现出来的智力成果。它既包括通俗意义上的小说、散文等文学作品,也包括讲课、演讲等口语作品。同时,音乐戏剧、美术以及影视作品等都属于作品的范畴,对于这类作品的分析均可以使用作品分析法。因而,作品分析法具有普适性的特点。

在学前教育科学研究中,由于学龄前儿童心理发展的特殊性,使得幼儿的语言表达远不能满足其思维发展的需要。作品是幼儿思维表达的外在表现形式,通过作品的分析能够获得所需要的信息,因而,作品分析法对于学前教育研究而言十分适用。

三、作品分析法的价值

(一) 有利于全面了解幼儿的发展状况

幼儿的发展具有独特性,有着不同于成人的发展方式,对世界的感知和理解也与成人截然不同。幼儿的发展又具有个体差异性，不同年龄阶段幼儿有不同的需要、愿望和情感，也有自己对文化的诠释和表达方式。幼儿群体有自己的交往方式、话语体系、思维方式以及交往内容。另外，幼儿发展的顺序性、阶段性的特征决定了幼儿作为研究对象时的特殊性。正是幼儿的发展具有这样的特点，研究者对幼儿的研究在很多情况下不能像自然科学一样，通过操纵变量和自变量，控制无关因素，进行准确的归因和科学的解释。

作品分析法是以儿童的作品为载体，推断幼儿的探究能力和心理发展特征。研究者认为，对幼儿的表现进行水平划分，并依据不同的发展水平给予相应的教育建议，能够帮助教师全面了解幼儿发展水平。将评价服务于教学，进而满足幼儿的不同需求，能促进幼儿在原有水平上的提升。如对幼儿续篇故事进行分析，可以推断幼儿的口语表达和文学创作能力；对幼儿的泥塑、积木等手工类作品的分析，可以推断出幼儿的动作发展、观察能力、想象能力和创造力的发展水平。

另外，对于实物的搜集分析，在一定程度上比语言更具有说服力，可以表达出语言无法表达的思想与情感。例如，对于幼儿语言发展状况的研究，访谈法受限于幼儿语言发展水平实施起来有一定的难度，行动研究耗时又耗力，而幼儿的作品是静态的，通过作品分析法可以长时间反复分析一幅作品或对不同的作品放在一起进行对照比较，为研究者提供评析和研究的个性化资料，是最为适宜的研究方法。对于作品的分析能够使教师关注到平时被忽视的孩子，例如一名教师在对全班幼儿科学活动中的记录观察表进行分析时发现，平时比较内向，很少受到关注的豆豆，是一个观察能力很强的孩子，能够熟练地运用感官和工具进行观察，并利用符号记录，观察的持久度和专注性也很强。

（二）有利于对幼儿进行科学评价

传统的教育评价以衡量幼儿最终获取知识的多少为标准来评价教育成效，追求的是一个静态的结果。这种评价把事实的积累、知识量的扩大作为终极目标。学前教育评价要以形成性评价为主，总结性评价以形成性评价中积累的幼儿评估信息为依据，形成性评价以总结性评价为参考，对幼儿的发展又做出新的评价。形成性评价是在教育过程中为了不断了解幼儿的发展状况进行的评估活动，以便及时地调整与改进教育措施、教育计划，向幼儿提供最适宜的教育指导。形成性评价可以采用日常观察、情景观察、交流、档案记录、儿童作品分析等多种方法进行。作品是幼儿记录生活和表达观念、情感与需要的一种手段，更是他们喜欢的一种游戏活动。因此，平时观察所获得的具有典型意义的幼儿行为表现和所积累的各种作品等，是评价的重要依据。

作品分析法作为一种量化与质化相结合的评价方法，不仅注重幼儿学习的结果，也更加注重其学习和发展过程，能够体现幼儿在活动、游戏中的真实情况。它并不是简单地评价幼儿在一段时间内，语言方面掌握了多少词汇，学会了几个句式，而是关注幼儿在成长过程中对语言的运用情况，包括对语言的经验、兴趣与感受。

（三）有利于提高幼儿教师的科研水平

苏霍姆林斯基曾说："如果你要想使教师的劳动能够给教师带来一些乐趣，使天天上课不致变成一种单调乏味的义务，那你就应当引导每一位教师走上从事一些研究的这条幸福的道路上来。"[①]随着学前教育改革的深入与发展，要求幼儿教师不只是停留在教学层面上，而应当通过研究不断促进自身的成长与发展。在传统的研究范式中，教师通常处于研究对象的位置，被观察、被访谈、被评价，很少成为研究的主人，而量的研究强调通过数据进行论证，注意对统计数据的分析和应用，对于日常工作十分繁忙的幼儿一线教师而言，要耗费大量时间完成大量数据的搜集、统计与分析，无疑是一个难题。

作品分析法的重要研究对象即为幼儿的作品。一线教师作为一手资料的掌握者，具有极大的便利开展各方面研究。首先，幼儿教师可以在自己的班级和幼儿内部进行小规模的研究，不必专门设置人为情境，可以在日常教育活动中随时进行。其次，幼儿教师还可以根据自己对班级幼儿的了解，对个体进行深入研究，不受时间、空间的限制。同时，也可以根据个人兴趣和精力，调整研究进程，实现边工作边研究。作品分析法的简单易操作性保证了幼儿教师的科研时间和研究资料的来源，因而，极大地降低了幼儿教师对于科研的畏难情绪，为一线教师成为教育科研的主人提供了可能，有利于提高幼儿教师的科研水平。

（四）密切与家长的沟通联系

家长是幼儿的第一任教师，是幼儿学习的重要伙伴。密切与家长的联系有利于家园共育的实现，也是教师班级工作的重要内容之一。有效的沟通联系，有利于家长及时了解幼儿在园情况，了解幼儿园的教育要求，与幼儿园一致配合实施幼儿教育。家长学校讲座、家访、家长会、家长委员会等形式的家园联系并不是经常性的，其具有单向传输的特点，内容、时间、形式一般由幼儿园决定。

幼儿教师通过对幼儿作品的分析，能够进一步了解幼儿发展水平，为幼儿健康成长提供合理化建议。同时，将幼儿作品以及对于作品分析的结果提供给家长，一方面是家长了解幼儿发展状况的最直接的途径，比教师的单向语言更具有说服力；另一方面能够密切家园联系，为实现家园共育奠定良好的基础。

四、作品分析法的分类

从广义的角度来看，作品分析法可以应用到各个领域，因而分类也不尽相同。在学前教育领域中，研究对象可分为幼儿，幼儿教师、幼儿家长，幼儿园其他工作人员和管理人员三个层面，本章作品分析法的主要应用研究对象为幼儿，因而，根据幼儿作品的特点，分为绘画类作品、语言类作品、手工建构类作品三个方面。

---

① B A 苏霍姆林斯．给教师的建议[M]．杜殿坤编译．北京：教育科学出版社，1984：6.

(一) 绘画类作品

绘画类作品是指幼儿根据一定的主题运用符号、绘画工具等表达内心想法而形成的成果。绘画类作品的呈现方式是以如画纸、油画布等易于长期保存的材料为载体,以幼儿绘画作品为主,如模仿画、线描画、彩笔画、水粉画等,也包括幼儿在其他活动中通过绘画来进行探索的过程,如幼儿在进行科学领域活动时,通过绘画的方式记录所观察到的现象,或者幼儿个体或与同伴共同完成的简易图画书等。

例如,教师在沉浮活动中,组织大班幼儿探索物体的沉浮现象。教师想了解幼儿通过日常的观察来猜想哪些物体能够沉下去或浮上来,同时,在操作中进行验证。于是老师设计了操作单。首先出示物体的照片,老师每介绍一样物品,就请幼儿通过日常观察和经验用"↓"和"↑"符号表示物体的沉浮,然后在实验中验证自己的猜想。并将实验的结果同样用"↓"和"↑"记录在操作单上。这样带有幼儿符号记录的操作单也属于幼儿的作品(如图 8-1, 8-2)。

沉与浮

	1号	2号	3号	4号
猜一猜?	↓	↓	↓	↑
结果!	↓	↓	↓	↓

图 8-1

沉与浮

	1号	2号	3号	4号
猜一猜?				
结果!	↑			↑

图 8-2

绘画类作品分析的主要内容包括绘画工具和材料的选用、整体构图、色彩的运用与搭配、线条的流畅性、创造力和想象力等方面。一般而言,托班、小班和上学前的幼儿仍处于绘画的涂鸦时期,分析时应当着重关注幼儿对于绘画工具和材料的正确使用以及图形与线条的运用。而中大班幼儿的绘画已具有具象性特点,分析时应当着重关注画面安排、配色方面的运用。

(二) 语言类作品

语言类作品是指将幼儿口头叙述、即兴讲述、创编表演故事等内容以录音、视频等形式进行记录而保存下来的作品。幼儿的语言类作品非常丰富,包括幼儿的谈话活动、讲述活动、文学活动、早期阅读活动以及听说游戏中的语言表达作品。① 其中,口语资料(如谈话活动中)不同于绘画类作品之处在于,它利用动态记录的方式,使研究者能进一步关

① 袁晗,张莉.作品分析法在评价幼儿语言发展中的应用[J].教育导刊,2013(11).

注到作品完成过程的细节。在语言类作品中,单独的照片很难说明幼儿的发展情况,不宜作为记录幼儿作品的有效方式。

一般而言,影像视频类作品主要针对幼儿的语言能力水平以及社会交往状况进行分析。托小班幼儿可以将分析重点放在语言的完整性与连贯性,以及对事件表达方面;而中大班幼儿可以适当关注其语言的运用能力,如续编故事、故事角色扮演等。

幼儿语言领域主要作品类型及重点分析例举:

表 8-1　幼儿语言领域主要作品类型及重点分析

语言活动类型	作品类型	重点分析角度
谈话活动	日常生活中的谈话	谈话的积极性、语言形式的丰富程度
	有计划的谈话	是否紧扣主题
讲述活动	实物讲述、描述性讲述	讲述的多角度、全面性
	议论性讲述	是否有理有据、条理清晰
文学活动	故事欣赏	对故事的理解程度及述说故事的完整性
	幼儿创编故事	故事的创造性及想象力,优美语言的使用
	儿歌、谜语、诗歌	节奏与吐字的清晰程度
早期阅读活动	绘本欣赏	对绘本内容的理解和表述情况
	写图画记事日记	幼儿对生活中图像的表现方式、创意
	制作简易图画书	情节丰富程度,叙事连贯程度,细节的注意,如是否添加了作者的姓名等
听说游戏	语音游戏	发音的正确性
	词汇游戏	词汇的丰富及灵活使用程度

资料来源:袁晗,张莉.作品分析法在评价幼儿语言发展中的应用[J].教育导刊,2013(11).

(三)手工建构类作品

建构类作品是指幼儿根据自我理解将具有一定制作原理的材料或零部件组装搭建完成的作品。手工和建构类作品是以立体形式展现的,如果材料是可重复利用的,如乐高、拼插玩具等,可进行下一次作品的再创造。幼儿作品的保留需要通过照片的形式保存,而其他不可重复使用的材料,如折纸、泥塑等则可以长期保存。如图 8-3、图 8-4 为大班幼儿用雪花片拼插的"生日蛋糕"。

建构类作品的分析主要包括对幼儿精细动作的发展状况,对制作原理的理解,对材料的选择以及制作时创造与想象力水平发挥的分析等。一般而言,托小班幼儿可以将分析重点放在材料的理解以及撕、拼、粘、贴、搭、拼、插等基本技能的掌握方面;中大班幼儿分析的重点是材料的运用创造以及分工合作能力的发展状况方面。

图 8-3

图 8-4

第二节 作品分析法的实施过程

一、明确研究目的

通常，研究人员在从事具体教育科研工作时，要解决的问题有两个，即研究什么和怎样研究。前者是研究的先决条件，影响整个研究的方向和思路。因而，在作品分析法进行课题研究之前，研究者应当首先解决研究什么的问题，即明确研究目的，明晰想通过分析幼儿的作品获得与幼儿发展相关的哪些方面的信息，在此基础之上，开展下一步的工作。

二、搜集研究资料

搜集研究资料是研究者按照研究目标，使用一定的研究工具有针对性地获取所需要的事实材料和数据的过程。针对作品分析法而言，搜集资料的过程就是研究者获取幼儿作品的过程。其中，幼儿作品的主题可以是研究者根据研究目标事先设定好并请班级教师和幼儿配合的，也可以是幼儿之前完成的与研究者研究目标相吻合的作品。在搜集幼儿作品的过程中，研究者还应当注意以下问题：

(一) 搜集作品时应当征得当事人的同意

对于成人研究对象而言，研究者可以直接以口头或书面的形式征询当事人的意见；当以幼儿为研究对象时，必须征得幼儿监护人(家长和教师)同意后，才能进行搜集工作。在与幼儿监护人进行沟通时，研究者应表明研究目的，承诺对所获取的幼儿作品实施保密性原则，研究结果具有分享性原则，告知对方具有随时更改自己决定的权利等。如果得到对方的允许，一定要表示真诚的感谢，如果遭到拒绝，也不能出现无礼行为或强求对方答应。

（二）搜集作品时应当确保实物的真实性

对于研究者而言搜集幼儿作品资料的方式有很多种。在征得对方同意后，既可以将作品直接拿走或借走，也可以通过复印、拍照等方式留存。如果幼儿教师自身是研究者，便可利用自身优势，较为便利地搜集幼儿作品。如果研究者并不是幼儿教师，那么在征得搜集作品的同意后，研究者应当最大限度争取作品的真实性。与幼儿教师协商如何搜集作品，搜集多少作品，是利用日常教学搜集，还是需要通过专门的教育活动来完成。在教师代为搜集的过程中，给教师明确的搜集目标和搜集过程的指导与要求，能够有效保证幼儿作品的真实性。除此之外，提前告知当事人，分析结果并不是评比类指标，不会为教师今后工作造成困扰。消除当事人的担忧也是研究者在搜集资料时需要完成的工作。

三、选择分析指标

对搜集到的幼儿作品进行科学分析和解读，是作品分析法的关键一环。然而，现实中教师收集了大量的幼儿作品，对于作品的解读无从下手，面对作品中呈现出的信息，教师往往困惑于从哪些角度进行分析。因而，确定作品分析指标，显得十分必要。

不同作品具有不同的构成要素和评价指标。一般而言，无论研究者进行哪类作品的分析，都需要反映出幼儿教育的总目标，在此基础之上根据研究目标，逐级细化指标，首先是一级指标，之后再确定二级指标、三级指标，层层深入。对于幼儿评价而言，一般将情感态度、能力、知识经验三个方面作为一级指标进行分析。作品分析法作为一种针对幼儿作品进行分析的研究方法，本章将常用的分析维度，即一级指标总结如下：

（一）时间

时间是指幼儿完成作品所用的时间，既可以指幼儿个体的完成时间，也可以与整体进行的平均时间进行比较。一般来说，时间维度反映幼儿思维能力、反应能力、记忆能力等方面。但切忌盲目计算幼儿完成作品使用时间量的多少，也不能简单地将所用时间的多少与幼儿的某一方面的能力相匹配。

（二）形式

形式是幼儿完成作品所采用的方式。例如，在语言类作品中，表现为幼儿采用口语、书面语，或是附带动作与表演的形式来完成故事讲述；在建构类作品中，表现为幼儿是独自完成、小组合作，或是在教师指导下完成的作品。形式是影响幼儿作品质量的重要因素，同时也反映幼儿的技能水平。

（三）内容

内容是指幼儿完成的作品与主题的切合程度。例如，在绘画类作品中，幼儿所使用的符号或者图案等元素是单一还是丰富；是否具备人物、基本情节等内容；人物的基本特征是否完备等。内容是幼儿经验水平和运用能力的直接反映,可以有效促进研究者对幼儿发展状况的了解。

(四)心智倾向

心智倾向是指幼儿在完成作品中所表现出的典型而稳定的心理特征。如专注性、独立性、创造性、自我感知等,是作品分析法的一项重要内容。

由于作品分析具有主观性的特点,因而不同研究者从不同角度出发,具有不同的评价方法和标准。罗恩菲尔德根据儿童在美术作品中所反映的感情、智慧、生理、知觉、社会性、美感、创造等七个层面的发展情况作为主观评价的标准,作为补充,从发展的阶段、技巧和作品的组织三个方面制定了客观评价标准(具体见表 8-2、表 8-3)。

表 8-2 幼儿美术作品的主观评价标准

评价项目	成长的属性	等级		
		很少	一般	很多
感情的成长	非定型的表现			
	非概念性的表现			
	经常改变表现符号			
	自我经验的表现			
	自由地使用线条和笔触			
智能的成长	包含许多细节			
	色彩的变化			
	其他主动知识的呈现			
身体动作的成长	视觉和动作的协调			
	身体动作的表现			
	身体意象的投射			
	技巧熟练			
知觉的成长	视觉经验的表现:光、影、空间透视、颜色变化			
	非视觉经验的表现:触觉、纹理组织、听觉			
	运动经验的表现:(身体动作)			
社会性的成长	体验他人的需要			
	呈现社会环境的特征			
	参与团体制作			
	欣赏其他文化			
	乐于与人合作			

（续表 8-2）

评价项目	成长的属性	等级		
		很少	一般	很多
美感的成长	思想、感情和知觉的统整			
	对于色彩调和的敏感性			
	对于纹理调和的敏感性			
	对于线条调和的敏感性			
	对于形体调和的敏感性			
	喜爱装饰性的设计图案			
创造的成长	独创而不抄袭			
	独创而不模仿他人风格			
	独创的内容			
	表现方式与他人不同			
	作品整体与他人不同			

表 8-3 幼儿美术作品的客观评价标准

评价项目	评价标准	评价等级		
		很少	一些	很多
发展阶段（表现是否符合所属阶段特征）	人物			
	空间			
	色彩			
技巧	所用技巧适于表现			
	所用技巧是作品整体的一部分			
	作品中所呈现的努力程度			
作品的组织	作品的一部分有细节表现			
	作品的一部分表现了真实环境			
	作品的一致性			
	作品任何改变影响作品意义的程度			

资料来源：罗恩菲尔德. 创造与心智的成长[M]. 王德育，译. 长沙：湖南美术出版社，1993：70-72.

多彩光谱项目按具象性表现水平、探索程度、艺术水平三个主要方面对儿童美术作品进行考察与评价（见表 8-4、表 8-5、表 8-6）。

表 8-4 视觉艺术评分标准之一

具象性表现水平：创造可辨认的符号来代表物体的能力，如人、植物、动物、房子以及在空间上把这些元素组合在一起，成为一个整体的能力(Feinberg, 1987)。

元素	水平 1	水平 2	水平 3
基本形式	垂直线、斜线和水平线孤立存在、包含着结构的图画被涂得乱七八糟，涂鸦是任意而胡乱的	倾向于把某些几何图形(圆、矩形、三角形)组合成更复杂的形式	轮廓线开始出现，所画的画上不是用几何图形凑到一起，而是勾勒物体的轮廓，包括剖面图和侧视图
	基本物(如人和房子)不完整(如蝌蚪缺少突起的部分)	能包含物体的主要特征(如人的胳膊、腿和眼，狗的眼睛、耳朵和嘴，代表窗户的简单方块)	明显的细节特征(如人的手指、眉毛、鞋子和衣物，用交叉方块代表窗户)
	物体内和各物体之间的比例不一致(如人的头比身体大，婴儿比母亲大)	物体内部自身的比例(而不是物体之间的比例)与现实一致	比例接近现实，所画的人、物本身和之间的比例均能一致(如手比脚小，人比房屋小)
颜色	颜色的使用随意，与所画的对象没有联系	使用多种颜色，且使用颜色中至少有一些是真实物体的颜色，或者完全就是真实物体颜色的反映	使用多种颜色作画，且大多数都能有意地使用颜色(如金黄色的太阳、蓝色的天空或绿色的草)，画中极少出现与现实不符的颜色
空间组合	画中各物体模糊地浮在空中，所画的人物、物体和动物是颠倒的、倾斜的、偏离的，散布在画的四周	对基线有着初步的认识，物体和人物之间常常彼此不相关，或局限于纸上的某一个地方(如在某个角落或在纸中央)	所画的画有明显的基线感(如大地和天空)，所画的各对象间彼此相关且在纸上融为一体，对上端、下端、里和外的认识很明显

表 8-5 视觉艺术评分标准之二

探索程度：儿童的设计、具象性绘画和儿童使用艺术材料所反映出的灵活性、生产性、创造性和变化性的程度(Feinberg, 1988; Gardner, 1980; Goodman, 1988; Strauss, 1978)。

元素	水平 1	水平 2	水平 3
颜色	每一幅画基本上都是单色调，颜色很少变化	使用多种颜色，多用色彩做简单的画	有效地运用多种颜色表现情感和气氛，色彩的对比和混合很明显，所作的画多彩而有意味
变化	图案和构思重复而且很少或根本没有变化，画中所表现的组合非常有限，具象性表现的形式极少或根本没有变化(如总是用同样的方式画房子)	许多组合(如点、线、椭圆、字母样的符号等)交织在一起或出现在所收集的图画中具象性图画在图案、物体或主题上有中等程度的变化	在设计中以多种多样的方式使用线条和形状。如开放的和封闭的，爆发性和控制性的具象性图画在形式上或主题上有明显的变化
动态	一直生硬、僵化地使用线条、形状和形式；仅仅依赖基本的几何图形，而很少使用斜线、虚线和飘逸的线条。所作的画是静态的、重复的	在具象性图画和设计中，大量或游戏似的使用线、形和形式。所作的画流畅而自由、奔放	线条、形式和色彩生动地表现出节奏、平衡与和谐，显示出动态

表 8-6 视觉艺术评分标准之三

艺术水平：指运用不同艺术元素如线条、形状、色彩来表现情感、制造效果以及装饰艺术作品的能力(Feinberg，1988，1990；Gardner，1980；Goodman，1968，1988；Winner，1982)。

元素	水平 1	水平 2	水平 3
表现力	画中几乎没有明显的情感表现(如人没有任何面部表情)，画几乎不能引起情感共鸣或反应	具有比较明显的通过线条、形状引发感觉和情绪的能力，但还不够明确	通过实际的具象(如微笑的太阳，哭脸)和抽象的手法(如用黑色和下垂的线表现悲伤)表达强烈的情绪色彩。画呈现出“活泼”“悲伤”或“有力”
饱满感	线条的变化(如果有的话)不能加强画的效果	用线条的变化来造成图案或具象性图画中一两个特定事物(如头发或眼睛)的效果	图画中用深浅不同的线条表现几个事物的结构，产生了一定的效果(如表现明暗或阴影)
美感	缺乏美感，很少有意装饰、精心描绘。有时也使用多种色彩，但不是为了加强效果，而是画画本身需要(如画彩虹)	为了修饰的需要而有意选择某些颜色，虽然修饰可能夸张或卡通化(如把脸画得特别圆)。个体的形状表现出一定的美感与和谐感	十分注重装饰、图式或复制品都表现出韵律并经过修饰，形式经过了仔细的安排。图画多彩，充满平衡感和韵律感。儿童能用有意义的方式参与到美的自我表现过程中来

资料来源：玛拉·克瑞克维斯基.多元智能理论与学前儿童能力评价[M].李季湄，方钧君，译.北京：北京师范大学出版社，2002：194-198.

四、分析研究作品并得出结论

确定好作品分析指标之后，研究者便可着实对研究资料进行分析，综合，概括总结得出研究结论，形成研究报告。当结论形成后，研究者还需要认真分析研究存在的局限，并进一步从当前的课题与研究结果、结论，发现新的研究线索，从而把当前的研究作为今后新的课题或进一步研究的基础。

第三节 作品分析法应当遵循的原则

根据作品分析法的特点和操作过程，将该研究方法在使用中应当遵循的原则总结如下：

一、情境性原则

情境性原则是指在确定幼儿作品的分析指标时，应当设置与作品活动相关的真实、有意义的情境性指标，能够细致反应幼儿不同水平的行为表现和行为特点。具体来说，情境性原则要求幼儿作品分析指标应当是具体、可操作的，只是针对于一种类型的幼儿作品，而不是放之四海而皆准的空泛化指标，用在任何类型的幼儿作品，甚至是教育活动的分析指标上都可以。

二、全面性原则

全面性原则是指在分析幼儿作品时，应根据幼儿全面发展的要求，涵盖幼儿发展的各个方面，包括知识经验、能力发展、情感态度发展的各个方面，而不只是涉及幼儿发展的某个方面，避免从单一维度对幼儿的发展状况进行分析。这样能多角度、多侧面地了解幼儿发展的特点和优势，了解幼儿各方面发展的真实情况，并识别出幼儿的强项和弱项，从而有针对性地采取措施，扬长避短，增强幼儿的自信心，以强项带动弱项，促进幼儿全面发展。

三、发展性原则

发展性原则是指在总结幼儿作品的分析结果时，应确保分析结果的应用能够有效促进幼儿的发展、教师的成长和课程的完善。各项分析指标的设定与作品所涵盖的基本要素紧密相连，能够使研究者分析后的结果反馈到教学中，改进教学，促进幼儿的发展。因而，研究者分析结果的确定应当是在分析已有文献资料的基础上，通过专家咨询、教师座谈等多种方式或与其他研究方法的结合、多轮筛选和反复推敲，最后形成作品分析的结果。

第四节　幼儿成长档案袋

一、幼儿成长档案袋的含义

档案袋的英文单词为“portfolio”，有“代表作选辑”的意思。最初画家、摄影家、音乐家或者建筑设计师会使用这种形式保留个人成果，以此展现个人的设计风格和成长历程。

幼儿成长档案袋是对幼儿在真实情境中呈现出的各种信息有目的地进行搜集，基本成分是幼儿的作品，同时还包括“成人对幼儿所做的观察记录等，并附有幼儿自评、同伴互评或教师、家长的评语”①，以此来记录幼儿的学习过程和成长历程。“如果幼儿、教师和家长对学习的反思是档案评价的心脏，那么幼儿的作品就是档案评价的脊椎。幼儿原创的图画、写作和各种立体创作都是幼儿认知和创作能力的真实反映。”②

---

① 姚伟. 幼儿园教育评价行动研究[M]. 南京：南京师范大学出版社，2012：43.

② Elizabeth F. Shores, Cathy Grace. 幼儿学习档案：真实记录幼儿学习的历程[M]. 何厘琦，译. 南京：南京师范大学出版社，2004：52.

二、幼儿成长档案袋资料的类型

（一）反映幼儿发展状况的材料和幼儿作品

幼儿成长档案袋的基本内容应当包括幼儿的绘画、手工作品、各类书写作业、讲故事的记录、照片、录音以及体检材料等，应当注意的是这些作品和材料应配有作品的创作时间、创作主题等基本情况和材料搜集的说明。

幼儿的作品是多种多样的，具有代表性的作品，能够反映出幼儿成长关键性事件的作品都应当搜集在幼儿成长档案里。但并不是说只有好的作品才能留在档案里，有一些失败的作品同样也可以放在档案里。例如，幼儿最初不能很好地掌握沿轮廓剪的基本方法，教师可以将幼儿由失败到成功的作品制作过程，用照片的形式保存下来，以此记录幼儿的成长动态。

（二）教师、家长对幼儿的观察记录和个案研究

教师和家长是幼儿成长的最重要的陪伴者和见证者，对幼儿的成长发展最为了解。因而，教师或家长通过对幼儿一定时期内持续的或者是间断性的详细观察记录，抑或是对幼儿日常生活中的趣事记录，都可以作为幼儿成长发展的有力依据。

除此之外，对于幼儿教师而言，从专业的角度出发针对具有某种特质的幼儿或者幼儿某些方面的行为发展和存在问题进行的个案研究，也可以作为幼儿成长档案袋的内容。

（三）幼儿自评、同伴评价以及教师、家长的评价

对于幼儿的成长记录应当是全方位、立体式的，因而幼儿、同伴、家长、教师组成的多元化评价主体，有利于更客观、公正、全面地反映幼儿各个方面的成长与进步。其中，幼儿自评包括自我介绍、自画像等个人情况与自我认知内容的个人资料小档案。同伴评价可以包括“我的好朋友”“大家都爱我”等幼儿的好友介绍或者是好友对幼儿的评价以及与同伴一起经历的趣事记录等。

三、幼儿成长档案袋制作时存在的误区

在制作幼儿成长档案袋的过程中，教师常常面临许多困惑与问题。因此，及时发现问题，澄清认识，有利于少走弯路，提高制作档案科学性和有效性。

（一）把幼儿成长档案袋当作幼儿作品集

教师在收集幼儿成长档案袋资料的过程中，一般会以选取幼儿作品作为资料的主要来源。这样做的直接结果是致使有的幼儿成长档案袋仅是幼儿某段时间内、某一领域中的作品展示，缺少必要的作品分析和说明等。例如，幼儿数学学习活动的练习页、美术活动中的绘画、元旦或者家长开放日等活动中的照片等。这些资料的汇集仅构成了幼儿作品的资料夹，缺乏体现幼儿成长的过程性资料，如当时的情境、幼儿的状态，以及教师对

于作品和幼儿发展水平的评价等方面的说明。

这种舍本逐末的资料呈现方式，重形式而忽视必要的内容介绍，偏离了幼儿成长档案袋的真实目的。其原因主要在于幼儿教师自身由于专业理论、专业素质的局限，未能真正理解幼儿成长档案袋的实质内涵。因此，在资料收集过程中，应当以幼儿教师自身的专业理论素养的提高为基础，构建专家、教研人员、幼儿教师“三位一体”的“研究共同体”形式，从而在从思想上帮助教师形成对幼儿成长档案袋实质和内涵的正确认识，即幼儿成长档案袋的目的主要是通过资料的呈现，展示幼儿的成长轨迹，并通过幼儿成长轨迹的动态发展，对幼儿的发展水平及发展过程进行动态评价。更重要的是，由此激发教师在行动中积极实践，不断调整资料收集的行为，反思教育教学措施的效用，从而采取正确的教育教学方案。

（二）把幼儿成长档案袋当作成果汇报

通过观察教师收集幼儿成长档案袋的资料，我们发现他们筛选繁多的幼儿资料时，对幼儿一定时期内某方面的显著变化或者明显进步的作品，往往会做出迅速而明确的选择。就幼儿成长档案袋资料收集的结果而言，主要是幼儿一个阶段内某一方面的终结型、成果型作品，即幼儿在一定时期内完成的基本达到教育教学目标的练习或者作品。如幼儿在数学活动中完成得较好的练习，在美术活动中创作的比较符合教学目标的绘画作品，在语言活动中达成语言目标的口头作文等；幼儿的各种测查表，包括幼儿以学期或者月、周为单位的语言、社会交往等方面的测查记录；幼儿获得的各种奖励，包括幼儿在幼儿园运动会，各级书法、绘画、舞蹈等比赛中获得的奖状、证书以及各种荣誉称号等。

有的教师认为上述这些体现幼儿明显发展或显著进步的作品，是幼儿成长过程中最具有代表性的作品资料，符合幼儿成长档案袋资料选择的典型性原则，体现了幼儿的全面发展。但是，他们忽视了幼儿成长档案袋的核心是质性评价，即过程性评价。幼儿成长档案袋资料作为过程性评价的依据，需要体现幼儿成长的过程，因此不仅应有幼儿某段时间内某方面已经“发展了”的成果型、终结型资料，还需要体现代表幼儿在该领域“开始发展”的情况、水平，以及“发展着”的过程资料，只有具有“开始发展”“发展着”以及“发展了”的资料，才是幼儿发展过程的真实体现。除此之外，幼儿成长档案袋资料收集的典型性不只是纸制的成果型、终结型资料，还应当包括最能体现幼儿特定时间内某方面“开始发展”以及发展过程中的声音、录像等多种形式的典型资料。

制作幼儿成长档案袋的过程就是教师和家长走进幼儿世界的过程。“我们只有通过活生生的个体的灵性去感受，去理解，走入儿童的生命世界，把自己的生命与儿童的生命融为一体，而不是通过理性的逻辑分析解剖儿童，阉割儿童的世界。只有以体验和生命为依据，才能了解真实的儿童，才能真实地了解儿童。”①

---

① 姚伟. 儿童观及其时代性转换[M]. 长春：东北师范大学出版社，2007：42.

（三）幼儿成长档案袋与教育教学相脱节

在幼儿成长档案袋的制作过程中，有的教师会将档案袋的制作与日常教师的教育教学工作当作两条平行的工作线。即档案袋是档案袋，教学是教学，致使档案袋的制作与教育教学过程相脱节。

幼儿成长档案袋不仅仅是一种评价幼儿的记录方式，同时又是一种教学工具，能够改进日常教学的方式和途径。在资料收集、制作的过程中，首先，教师应在观念上更新传统的教学评价观，明确幼儿成长档案袋是日常教育教学相结合的整体，幼儿档案袋应当服务于教学以及教师工作的，不是额外的工作负担。其次，在日常教学中，幼儿成长档案袋的制作应与教育教学的目标相结合。幼儿成长、发展的依据或是表现为与自身纵向比较各方面的变化，或是基于日常教育教学目标，或是反映幼儿在特定时期的发展变化等，教师应依据教育教学目标收集幼儿的成长资料。再次，幼儿成长档案袋的制作应与教育教学活动设计、教育教学策略的实施相结合。这样，幼儿成长档案袋的资料的收集、制作过程实质上是对幼儿的发展进行分析的过程，有利于教师及时、准确地获取有关幼儿学习与发展的信息，把握幼儿的最近发展区，促进幼儿富有个性地发展。最后，幼儿成长档案袋的制作应当是帮助家长了解幼儿发展、认识幼儿教育、建立经常性家园联系的有效载体。

总体而言，幼儿成长档案袋的制作应避免孤立地“展示”幼儿作品以及忽略幼儿完成作品的过程或者与幼儿教师教学相脱节等问题，使得档案袋成了一般意义上的幼儿作品收集袋。事实上，幼儿成长档案袋中的资料应该是有目的地组织起来的幼儿作品、相关评价记录以及幼儿后续活动计划等，系统地展示幼儿在某一方面或某些领域中所付出的努力、取得的进步和进一步发展的规划，以促进幼儿的可持续发展。

阅读资料 8-1

幼儿美术作品评价项目一览表

涂　鸦　期
1. 杂乱线 2. 单一线 3. 圆形线 4. 命名线
象　征　期
1. 圆(○)直线(一)曲线(～√) 2. 圆＋直线 3. 圆＋放射线 4. 同心圆 5. 同心圆＋直线 6. 同心圆＋放射线

(续表 8-1)

形象期	
造型	一、形状的发展变化 1. 由简单形状组成的复杂形象 A. 圆十数条方向不同的直线 B. 同心圆数条方向不同的直线 C. 圆与圆的结合 D. 方形以上各形 E. 长条以上各形 F. 三角形以上各形 G. 不规则形以上各形 2. 局部有融合痕迹的形象 3. 完整轮廓的形象
	二、形象组成方式的发展变化 1. 放射关系 2. 垂直—水平关系 3. 倾斜角度关系
	三、形象深度的发展变化 1. 统为一形 2. 正侧面同在 3. 单一面 4. 多面变形
	四、形象的发展 1. 只有头脚,枝叶不分(简略形) 2. 分化出头、四肢、五官、枝叶门窗(功能形) 3. 服装与装饰(细节与装饰形) 4. 区别出男女长幼(自然类别形) 5. 借物表现之动作 6. 社会角色 7. 表情 8. 独立表现之动作
构图	一、形象数量的增加 1. 1 个形象 2. 1 种形象(2 个以上重复同一形象) 3. 2～3 种形象 4. 4～5 种形象 5. 众多形象
	二、形象的分布方式的发展 1. 零乱式 2. 垂直式 3. 并列式 4. 散点式 5. 多层并列式 6. 遮挡式

(续表 8-1)

<table>
<tr><th colspan="2">形　象　期</th></tr>
<tr><td rowspan="2">构图</td><td>三、形象主次关系的发展
1. 罗列形象
2. 以空间关系安排形象
3. 形成主体与背景
4. 形成特定环境</td></tr>
<tr><td>四、主要形象相互关系的发展变化
1. 无活动
2. 独自活动
3. 共同活动
4. 形成特定环境</td></tr>
<tr><td rowspan="2">设色</td><td>一、选色
1. 不考虑色彩
2. 对一两种色彩讨厌或喜欢
3. 发生情感反应的色彩增多
4. 对色彩的情感分化
5. 开始考虑用固有色</td></tr>
<tr><td>二、涂色
1. 数量
A. 不涂色
B. 小面积涂色
C. 大面积涂色
2. 质量
A. 不分化地任意涂
B. 有控制地顺轮廓涂</td></tr>
</table>

说明:此表中所提项目的每一栏中的各项为递进关系,所以在评价一幅作品时,以所出现的最高水平为准,每一栏中只可画一项为"是",不可凡有必画,否则最后结果就无法统计比较了。

资料来源:张念芸.学前儿童美术教育[M].北京:北京师范大学出版社,2004:97-99.

本章小结

1. 作品分析法又称产品分析法、实物分析法,是研究者通过对研究对象的作品进行定性分析,获取研究所需要的信息,了解研究对象的行为及心理活动,揭示隐藏在作品背后的研究对象的态度、价值观及行为影响因素等,从而对研究对象的发展做出科学评价的一种教育科学研究方法。

2. 作品分析法具有间接性、主观性、普适性的特点。

3. 作品分析法有利于全面了解幼儿的发展状况,有利于对幼儿进行科学评价,有利于提高幼儿教师的科研水平,有利于密切与家长的沟通联系。

4. 作品分析法可以分为绘画类作品、语言类作品和手工建构类作品。

5. 作品分析法的实施包括明确研究目的、搜集研究资料、选择分析指标、分析研究作品并得出结论四个步骤。

6. 作品分析法应当遵循情境性、全面性、发展性的原则。

7. 幼儿作品搜集与分析是幼儿成长档案袋的重要内容。

拓展阅读

1. 玛拉·克瑞克维斯基. 多元智能理论与学前儿童能力评价[M]. 李季湄,方钧君,译. 北京:北京师范大学出版社,2002.

2. Claire Golomb. 儿童绘画心理学[M]. 李甦,译. 北京:中国轻工业出版社,2008.

3. 杨景芝. 中国当代儿童绘画解析与教程[M]. 北京:科学普及出版社,1998.

4. 边霞. 幼儿园美术教育与活动设计[M]. 北京:高等教育出版社,2009.

5. 林琳,朱家雄. 学前儿童美术教育[M]. 上海:华东师范大学出版社,2006.

6. 张念芸. 学前儿童美术教育[M]. 北京:北京师范大学出版社,1997.

7. 姚伟. 幼儿园教育评价行动研究[M]. 南京:南京师范大学出版社,2012.

8. 刘晶波. 学前教育研究方法[M]. 北京:人民教育出版社,2007.

9. 陶保平,钱琴珍. 学前教育科研方法[M]. 上海:华东师范大学出版社,2014.

10. 陈向明. 教育研究方法[M]. 北京:教育科学出版社,2013.

11. 唐立宁. 幼儿积木游戏中模拟搭建行为的研究[D]. 上海:华东师范大学硕士论文,2011.

12. 张莹,华爱华. 游戏时长对幼儿积木游戏行为与作品的影响[J]. 学前教育研究,2009.

思考与探索

1. 如何利用作品分析法科学分析幼儿作品?

2. 为确保幼儿作品分析的科学性,作品分析法可以与哪些研究方法结合使用?

3. 为确保幼儿作品分析的科学性,研究者应当具备哪些方面的专业知识?

4. 去幼儿园搜集幼儿相关作品,尝试从不同维度进行分析。

5. 选择一所幼儿园,了解其不同年龄段班级幼儿成长档案袋的制作情况,并尝试为调查班级教师提供相应的制作建议。

唯一能使我们不随风而逝的，就是我们的故事。故事给我们命名，给我们定位，让我们彼此相连。

——汤姆·斯潘鲍尔（Tom Spanbauer）

第九章 教育叙事研究

学习目标

- 了解教育叙事研究的概念
- 理解教育叙事研究的特点和意义
- 掌握教育叙事研究的基本操作步骤
- 能应用教育叙事研究的方法开展研究

核心概念

叙事；教育叙事研究

本章导读

近年来，教育叙事研究是深受教育界关注的研究方法之一。它以叙事的形式进行一系列观察记录，再通过叙事的方法呈现出研究成果。它在拓展研究方法的同时，也丰富了教育研究的成果。本章通过介绍教育叙事研究的核心概念和意义，通过呈现研究的操作方法及其基本步骤，来引导教师做教育叙事研究。

引导案例

王小刚为什么不上学了

王小刚说导致他辍学的原因除了老师打他以外，还因为他自己学习成绩不好，对学习没有信心："我想自己是一个差生，学不进去了，也就不学了……念不来了，学不进去。我不想学……退学是因为我的学习成绩不太好，没信心。"我们采访的其他人都认为这是王小刚辍学的主要原因。他的母亲认为儿子逃学"主要是学习跟不上，他就不想学了"。班主任刘老师和小刚母亲所说的基本一致："是因为有厌学情绪，对学习没兴趣，成绩退步。"官校长朦朦胧胧地记得:"他期末考试没来,成绩不好。我和班主任都去过他家。他对学习没有一点兴趣,学不进去,老师讲的课他听不懂,学习跟不上,便不来了。"

小刚的母亲认为儿子逃学还受到村里其他孩子的影响:"村子里有的娃娃不上了,对他有影响,有不上的就劝他也别上了,别学了,他就不上了……有的孩子不上了,到这儿玩,到那儿玩去了,也影响他。"这和小刚自己的解释不一样:小刚认为自己辍学没有受其他人的影响:"我没有受他(指比他前几天退学的学生)的影响,就是被老师打走的……"

资料来源:陈向明.王小刚为什么不上学了——一位辍学生的个案调查[J].教育研究与实验,1996(1):41.

根据上面的情节,回答下列问题:

第一,谁在叙事?

第二,所叙何事?

研究者本人以访谈的方式,收集包括王小刚本人在内及他的家长、老师、校长和同学们对于看待王小刚辍学的不同观点,进而撰写一系列教育故事来讲述研究者认为的教育问题,比如:为什么家长始终坚定地站在老师的一边。研究者在其中不断地分析老师和家长、家长和学校的关系等等。

第一节 教育叙事研究概述

一、教育叙事研究的起源和发展

(一) 教育叙事研究的历史渊源

叙事在小说、文学中有着悠久的历史。叙事甚至可以追溯到亚里士多德的《诗集》(Poetics)和奥斯丁的《忏悔录》(Confessions)中。由于叙事集中关注人类经验并以故事的形式作为探索人类经验现象的一条途径,使叙事正在被广泛地引入其他学科领域。

教育叙事研究起源于北美国家,1968年杰克逊(P. W. Jackson)最早在教育领域中引入叙事研究,他运用这种方法研究了学校课堂活动中的师生关系。1980年,伯克(L. Berk)就提出了自传是教育研究的首要方法。1988年,学者艾斯纳(E. Esiner)在有关经验的教育研究评论中提出,叙事与以质化为指向的教育研究一致,并把它与经验哲学、心理学、批判理论、课程研究以及人种志相提并论。[①] 1990年加拿大学者康纳利(F. Connelly)和克莱丁宁(D. Clandinin)在美国权威教育刊物《教育研究者》上合作发表《经验的故事和叙事研究》,文中引用了大量的叙事研究在社会科学领域里的应用实例,并详细地

① 康纳利,克莱丁宁,丁钢.叙事探究[J].全球教育展望,2003(4):7.

阐释了在教育研究领域应如何进行田野文本数据的搜集，如何建构叙事研究的框架以及如何撰写叙事研究报告等①，他们用系统的研究大力推动了叙事研究在教育领域里的运用。

（二）教育叙事研究在中国的兴起

20 世纪 90 年代末，教育叙事研究在我国兴起并得以推广。“教育研究领域中那种试图安排人类精神的宏大叙述以及实证哲学的研究范式都没有令教育研究摆脱一种困惑，即教育研究越精细，与人类经验的联系越少。为克服这种弊端，以描述和解释社会经验为特征、关注教师日常教学生活以及反思的叙事研究便应运而生。”②一方面，教育理论界在反思传统研究范式基础上，涌现了一批颇有影响的研究成果。其中，丁钢不仅发表了关于教育叙事研究的一系列论文，而且在他主持的《中国教育：研究与评论》中，推出了系列教育叙事研究的报告，在国内引起较大反响。刘良华对中小学教师进行的日常教育活动从教育叙事研究的角度给予了解读，并发表了许多教育叙事研究的文章，其主持的以“教育叙事研究”命名的主题网站也拥有极高的人气指数。③ 另一方面，中小学教师开始主动运用教育叙事研究的方法来体现自己的实践智慧，与教育叙事研究相关的概念不断被中小学教师提及和使用。

教育叙事研究短时间内在我国得以推广主要得益于三个有利条件：其一，20 世纪 90 年代国内进行的基础教育课程改革提出了具有鲜明时代特色的教学理念，需要从抽象的思想转为教师能自觉践行的行为，教育叙事研究为转化的实现提供了可能。其二，在提高教师教育职后培训质量的背景下，以提升教师个人实践知识和能力为重点的培训与体现个人实践智慧的教育叙事研究取得了共鸣。其三，对比传统的研究范式，更贴近真实教学现场和个人教育经验的教育叙事研究更容易被一线教师掌握和运用。

二、教育叙事研究的概念

“叙事”是人类理解世界优先采用的话语形式。在人类历史上广泛使用的神话、史诗、民间故事、叙事诗、占卜与科学事件等等莫不以“叙事”为基本的形式。④ 叙事主义者相信，人类经验基本上是故事经验，人类不仅依赖故事而生，而且是故事的组织者。进而，他们还相信，研究人的最佳方式是抓住人类经验的故事性特征，记录有关教育经验故事的同时，撰写有关教育经验的其他阐述性故事。这种复杂的撰写的故事就被称为叙事(Narrative)。写得好的故事接近经验，因为它们是人类经验的表述，同时它们也接近理论，因为它们给出的叙事对参与者和读者有教育意义。⑤ 叙述不仅只是为了解释，而是要

---

① 华国栋. 教育研究方法[M]. 南京：南京大学出版社，2005：180.

② 丁钢. 教育叙述何以可能？[M]. 北京：教育科学出版社，2002：50.

③ 王枬. 教育叙事研究的兴起、推广及争辩[J]. 教育研究，2006(10)：17.

④ 刘良华. 论教育“叙事研究”[J]. 现代教育论丛，2002(4)：52.

⑤ 丁钢. 教育经验的理论方式[J]. 教育研究，2003(2)：23.

寻找到故事背后的意义。

在教育研究中,“叙事研究”又称“故事研究”,以叙事的形式描述并呈现人类经验,是一种对人类体验世界方式的研究。教育叙事研究着力于描述教育情境中的现象,从深入发掘隐藏于教育现象背后的意义、思想和理念中来构建教育生活的意义。

三、教育叙事研究的特点

(一)“质的研究”为方法论

“教育”是土壤,“质的研究”是方法论。没有教育的滋养,就没有教育事件产生的根由,所叙之事就无从叙起;没有对教育事件质的揭示,叙事本身就失去了意义,也就没有叙事研究的可能。叙事是为了研究,研究是为了剖析事件的质,解释现象背后的真实。因而,叙事正是在质的研究中展开、分析、描述并完成的。① 教育叙事研究是运用了质的研究方法的一种表现形式,它强调在自然的情境中,从当下发生的事实出发,以研究者本人作为研究工具,运用多种方法收集第一手资料,直接面对教育事实本身,以归纳的方式获得教育现象的内在本质属性,解释现象背后的真实意义。

(二)“教育中的故事”为研究对象

教育叙事所叙之事取材于教育现实中的故事,故事蕴藏着丰富的个人经验和意义感受,是展现个人心灵轨迹实录的第一手资料。教育叙事不是为叙事而叙事,是要从所叙之事中揭示教育现象,发现教育问题,提高教育感悟能力。正是由于这些故事源于亲历之事,对于阅读者而言具有强大的教育感染力,胜过许多说教;对于叙述者个人而言具有里程碑式的意义,因为所叙之事具有不可重复的唯一性。

 **案例 9-1**

让感谢成为习惯

我在幼儿园担任体育教师,一个偶然的机会,我被临时安排到大班带生活活动课。自主游戏后便是喝牛奶时间,我请孩子们排队来我这里打牛奶。我有个习惯,就是要等孩子说“谢谢老师”后,我才把牛奶递给他,这是几年前当保育员时形成的习惯。这倒不是我想满足被孩子尊重的虚荣心,而是想让孩子学会感谢别人。

第一个来打牛奶的小男孩什么也没说,只是用力拉我手中的杯子,表情疑惑,似乎对我的举动很是不解。我也没说什么,只是对着他笑,杯子在空中僵持了一阵,我小心地松开手,叮嘱他回座位的时候要小心。接着第二个孩子将杯子递过来,第三个、第四个……直到最后,也没有一个孩子想到说“谢谢”,我有些失落。等孩子们喝完牛奶后,我忍不住举起紧握在手中的杯子,对孩子们说:“刚才可能不少小朋友已经注意到,老师在给你们

① 王枬.关于教师的叙事研究[J].全球教育展望,2003(4):12.

打牛奶的时候,没有把牛奶马上递给你们,是吗?"

孩子们都注视着我,表情疑惑。

我用平静的目光从他们天真无邪的脸上一一滑过,说道:"老师给你们出一道思考题:你怎么才能让老师将打好的牛奶马上递给你?"话音刚落,孩子们七嘴八舌地说开了。

"趁老师不注意,一下夺过来!"一个铜铃般的声音。

"那如果牛奶泼出来烫伤人怎么办?"我否定了她的回答。

"挠老师的痒痒,这样老师的手就松开了。"坐最后一排的小男孩大声说道。

"这个小朋友动了脑筋,但要思考怎样才能让老师心甘情愿地把牛奶递给你?"我示意他坐下再思考。

这时,坐在角落里的一个扎羊角辫的高个女孩引起了我的注意,她的手犹豫地举到半空又怯怯地缩了回去,反复了几次。

我慢慢走过去,一边微笑着用眼神鼓励她,一边示意她回答。

"……亲亲老师的脸…"她站起来怯怯地说。孩子们一听,顿时哄堂大笑,乱成一团。

这个回答还真出乎我的意料,我示意孩子们安静。"这倒是一个很不错的方法,那你为什么要亲老师的脸呢?"

"因为……因为老师帮我打了牛奶……"小女孩一边说,一边挠着耳朵。我连忙接过她的话:"因为老师帮你打了牛奶,你心里很……"

"感激!"孩子们抢着帮她回答了。我满意地笑了笑,示意她坐下。接着,孩子们你一言我一语地抢答,什么帮老师捶背,帮老师捏胳膊,话音此起彼伏。

等孩子们的声音逐渐减弱时,我说:"刚才你们所说的方法都是想表达对老师的感激之情,其实有一种方法更简单也更有效,那就是对老师说一声——"我故意拉长了声音。

"谢谢——"孩子们积极应答。

我笑着说道:"记住,以后老师给你们打牛奶或盛饭的时候,在你们有困难得到别人帮助的时候,千万别忘记说声'谢谢'。"

这事已过去一段时间了,但孩子们接过牛奶时那理所当然的眼神时常在我脑中闪现,他们对这一切似乎已经习惯了。我并不责怪他们,因为他们毕竟还小。而作为教育工作者不去教孩子这些为人处世的道理,则是失职。在一个集体教学活动结束后,教师因为口渴,叫一个孩子帮忙把桌子上的茶杯拿过来,喝完后又叫他放回去,认为这是天经地义的,没必要向孩子说声"谢谢";在区域活动中,教师因为不小心碰掉了桌子上的一盒跳棋,玻璃弹珠蹦了一地,孩子自发地停下手中的"工作",争先恐后地去捡拾弹珠,而教师却木然地站在一边,去张罗其他的事情。有一句话是这样说的:"播种思想,收获行动;播种行动,收获习惯;播种习惯,收获性格;播种性格,收获命运。"这不正指向教师肩负的责任吗?感恩之心是沉睡在孩子心灵深处最美的天使,愿天下所有教师能用一颗感恩的心去叩开孩子的心扉，去唤醒这个“天使”，让感谢成为习惯。到那时，我们的世界就会弥漫着爱的芳香。

资料来源：代卫国.让感谢成为习惯[J].幼儿教育，2007(19)：31.

(三) 叙事内容具有情节性

教育叙事研究着重记录教育生活中的生动情节。情节性是教育叙事研究区别于其他研究形式的重要特征。

教育叙事以其“引人入胜”的情节再现了教育教学过程的现场，教师在倾听和阅读故事中的情节时会倍感亲切并从中获得启示。教育叙事情节中暗含的某种矛盾冲突，使故事富有特殊的典型意义，增强了教育叙事的可读性。

(四) 由研究者描述和分析

教育叙事由研究者进行解说。研究者可分为两种：一种是教师本人充当研究者，研究者记叙他们自己的教育故事，在对自己经验的整理过程中反思并生成个人的教育智慧；另一种是研究教师的人充当研究者，带着自己的个人经验进入教育现场，将建构的主线和对叙事的分析交叉呈现。

在叙事的解说中，研究者有时“在场”，有时“隐身”。① “在场”的叙事更多地表现为研究者不仅描写故事，而且就故事包含的价值观、情感、心境以及涉及的伦理等等进行深入分析和价值判断，展示出研究者的立场和理论视角；“隐身”的叙事则是把研究者亲历的故事作为“真相”，研究者力求客观地再现故事本身，尽可能地不夹杂本人判断，使阅读者可以凭借自己的“前经验”对叙事做出个人独特的判断。

四、教育叙事研究对教师发展的意义②

教育叙事研究促使教师自觉而深刻地思考并叙述自我教育经验，使教师在教育教学生活中不断反思自己的教学实践，增长教育智慧。具体体现在以下几个方面：

(一) 锻炼教师在日常教育生活中的观察能力

叙事将教师引向教学实践，直面教学事实本身，使得教师细心观察教学实施过程。这无疑会增强教师对教学实践的观察力和敏感性，从而见微知著，使教师从看似琐碎的日常教学生活中感悟教育的真意。

(二) 洞悉个人实践知识

教师个人实践知识通常是内隐、难以言明的，但它却在很大程度上支配着教师的教育行为。叙事研究内含在教师过去的经验里、在教师当前的行动中、教师未来的计划内。教师撰写和讲述故事是探究、洞悉个人实践知识的最佳方法。

---

① 王枬.关于教师的叙事研究[J].全球教育展望，2003(4)：12.

② 王凯.教育叙事：从教育研究方法到教师专业发展方式[J].比较教育研究，2005(6)：28-32.

（三）提高教师反思探究的能力

教师撰写故事不是对已发生之事的简单追述，而是在故事中重温教育经验，体验教育过程。教师撰写教育故事的过程是通过回顾和反思自己过去教学经历而进行的再理解、归纳和再探索过程。教师在展现故事的过程中不断发现前所未有的教育意义并建构对教育新的理解。教师通过故事可以“更为清晰地看到自我成长的轨迹和内在专业结构的发展过程”①。

案例 9-2

“反思”促进幼儿教师专业成长

我们通过对A教师周围的重要他人进行访谈，对A老师进行“持续的反思”后的变化进行了调查。姚老师是A老师的搭班教师，她认为：“A老师以前都很听老教师的‘经验之谈’，但现在，A老师开始‘审视’这些经验，有选择性地听，这在以前是没有过的。”陈老师是A老师的“师傅”，陈老师说：“自从A教师进入我们的研究后，现在她有个特点，就是会思考。这点是非常好的……所以说这一年来，她的进步不是一点点大，而是很大的。”曹老师是A老师的邻班教师，她告诉我们：“持续的反思对于A老师提高自己的创新素养提供了一定的渠道，她这个变化还是蛮明显的……而且变得爱看书爱交流了，会大胆表达自己的观点了，专业发展的主动性也增强了。”贺园长是A老师所在幼儿园的园长，贺园长觉得A老师：“比以前更有勇气和底气了……A老师这一学年的关注面非常广，不局限于教学，还涉及其他各方面。”透过以上几位横跨老中青三代、职务角色各不相同的“旁观者”的眼睛，我们不难看到A老师在反思前后所发生的显著变化。

资料来源：陈岩，姜勇，汪寒鹭.“反思”对幼儿教师专业成长作用的个案研究[J].学前教育研究，2010(2)：38.

（四）提升教师的课程意识

课程意识作为对课程存在的反映，其基本形式是观念层面的，它在本质上就是教师教育行为中或明确或隐含的“课程哲学”。② 教师的“课程哲学”蕴含在教师的经验中，通常教师以列举自己教学实例的方式来阐明自己的教育观点。但教师个人的教育观点往往被权威的、官方的、理论的、流行的话语所埋没，教师成为教育中“沉默着的大多数”。

撰写教育故事给了教师一个倾诉、发声的绝好机会。教师在真实的故事中捕捉个人教育观念，在个人教学实例的故事中发现属于自己的教育“真理”，厘清个人“课程哲学”与权威理论的关系，看到个人“课程哲学”的价值，从而使教师不再为权威所束缚，实现个人“课程哲学”与权威理论的对话，在不断对话中，增强教师的课程意识。

① 叶澜，白益民.教师角色与教师发展新探[M].北京：教育科学出版社，2001：319.

② 郭元祥.教师的课程意识及其生成[J].教育研究，2003(6)：33.

第二节 教育叙事研究的操作步骤

教育叙事研究在有“事”的基础上进行“叙事”和“研究”，教育叙事研究的每一个环节都有自己独特的操作过程、方法与技术，具体操作步骤如下：

一、确定研究问题①

教育叙事研究的研究问题源于实践领域中的教育现象。研究者可以采用不断聚焦、凝练的方法从教育现象中确定值得探究的教育现象以及内隐的研究问题。选择问题的过程需要考虑三方面的因素。一是研究问题要有意义。“‘有意义的问题’起码有两重含义，一是研究者对于该问题确实不了解，希望通过此项研究对其进行认真的探讨；二是该问题涉及的地点、时间、人物和事件在现实生活中确实存在，对被研究者来说具有实际意义，是他们真正关心的问题。”②比如：“农村幼儿园转岗教师在新岗位是如何完成角色转变的”这样的问题。因为“农村幼儿园转岗教师”是一个“新”出现的教师群体，教育界对此方面的研究刚刚起步。二是所探究的教育现象及内隐的研究问题要有新意，新意既包括这类教育现象或问题至今尚未探究，也包括对别人而言不是新问题，但相对于研究者本人而言，这些教育现象或问题仍然存在疑问或被其困扰。三是具有可行性，即具备主观条件、客观条件和时机条件。主观条件是指研究者要考虑自己的知识储备以及能力是否能够驾驭研究工作，是否了解叙事研究方法，研究过程中能否及时补充所需要的知识等；客观条件是指具备探究这类教育现象或问题的环境；时机条件是指研究者当前及其后一段时间内可以对这类教育现象或问题进行持续探究。

案例 9-3

在“亲历”中成长——一位幼儿教师个人教育观念的叙事研究

在本文中，我们通过对一位幼儿教师个人教育观念形成历程的叙事研究，呈现出她个人教育观念的现状、形成过程以及影响因素，并进行简单的分析。当然，本文的目的决不仅仅是为了向读者叙述一个故事，更期望通过“重述和重写那些能够导致觉醒和变迁的教师的故事，以引起教师实践的变革”，并借助于叙事方式所蕴涵的对教育经验的重构意义，促进教师的专业发展与教育实践的不断进步。

资料来源：易凌云，庞丽娟. 在“亲历”中成长——一位幼儿教师个人教育观念的叙事研究[J]. 学前教育研究，2005(2)：40.

---

① 傅敏，田慧生. 教育叙事研究：本质、特征与方法[J]. 教育研究，2008(5)：38.

② 陈向明. 质的研究方法与社会科学研究[M]. 北京：教育科学出版社，2000：78.

二、选择研究对象

在质的研究中，一般采用抽样的方法来确定研究对象。抽样的具体方法可以根据研究需要采用“偏差型个案抽样、强度抽样、最大差异抽样、同质型抽样和分层目的型抽样等方法”①。教育叙事研究的特点决定了其需要采用综合抽样策略，即以目的性抽样方式为主，兼顾就近和方便的原则选择能为研究问题提供最大信息量的个体作为研究对象。质的研究很大程度上受到研究者和研究对象间关系的影响。研究者和研究对象保持合适的研究关系是教育叙事研究顺利进行的保证。

案例 9-4

在“亲历”中成长——一位幼儿教师个人教育观念的叙事研究

高寒是一位有18年教龄的幼儿教师，自从18岁毕业于北京幼师开始，她就一直耕耘在幼教一线。多年的实践经验与理论学习使高寒在面临许多教育问题时都有自己独特的看法，可以认为高寒已经形成了较为稳定的个人教育观念。

资料来源：易凌云，庞丽娟. 在“亲历”中成长——一位幼儿教师个人教育观念的叙事研究[J]. 学前教育研究，2005(2)：40.

三、搜集叙事资料，形成现场文本②

“第一手资料”在教育叙事研究中被称作“现场文本”更为恰当。现场文本是由研究者和研究对象共同创造的代表现场经验的文本。它们被称作现场文本而不是资料，因为文本有叙事的性质。普通意义上的资料是指研究者对事件的客观记录，而现场文本是产生于现场经验的复杂混合体，牵涉到研究者和研究对象之间的合作关系，是经过选择、演绎解释的经验记录。③ 如果现场文本内容积累少且缺乏时间的连续性和内容的延续性，将使教育叙事研究无法继续进行。现场文本能帮助研究者处理与研究对象、研究现场的距离问题，能帮助研究者记忆、补充被遗忘的教育故事及其丰富的细节。

教育叙事材料形成现场文本的类型较多，不同类型现场文本的建构方式有所不同。形成现场文本的方法主要有两类。

一类是研究者在研究现场与研究对象合作共同获取的，其中渗透着研究者和研究对象的经验和体验，主要包括访谈、谈话、口述史、故事和现场笔记等。

1. 访谈

访谈是一种带有特定目的和一定规则的研究性交谈，通过口头谈话的方式，研究者

---

① 陈向明. 质的研究方法与社会科学研究[M]. 北京：教育科学出版社，2000：107.

② 康纳利，克莱丁宁，丁钢. 叙事探究[J]. 全球教育展望，2003(4)：8.

③ 康纳利，克莱丁宁，丁钢. 叙事探究[J]. 全球教育展望，2003(4)：8.

从研究对象那里搜集研究资料。

2. 谈话

谈话较访谈的状态更轻松，交谈双方可以随时进行口头交流（除现场交流外，还包括网络交流和书信往来），具有敏锐洞察力的研究者往往可以捕捉到比访谈更多的有价值的信息。

3. 口述史

相对于文字资料而言，口述史是指通过有准备的，以录音机、摄像机为工具的采访，搜集当事人或知道情况人的口头资料。它的基本方法就是通过调查访问，采用口述手记的方式收集资料，经与文字档案核实，整理成文字稿。①

4. 故事

与口述史密切相连的另一方法是讲述或撰写故事。在人类和社会经验中，总是充满了故事，透过这些故事可以来了解人类的发展历程。

5. 现场笔记

现场笔记是标准的人种志收集资料的方法。在研究中，通常思路由研究者草拟，现场笔记可以由研究对象撰写。现场笔记可以有多种形式，如描述性记录、理论备忘录、观点摘要、一己之见和推论等等。研究者如果期望真实地反映现场经验，可以用录音或摄像代替记录。

另一类是实物搜集法，搜集与研究问题相关的文字、图片、音像、物品等，分析特定背景下特定文化的产物。

1. 年鉴和编年史

年鉴是为个体或机构而做的关于重要时间或事件的简略的资料历史。年鉴可以为研究者提供研究事件的历史背景。编年史是年鉴更具主题性的描述。

2. 文献分析

文献是公共记录且往往代表官方立场，可以帮助研究者了解机构内部的相关情况。研究者在分析这些资料时，需要结合当时当地的情况，不能简单地把文献作为“客观事实”而全盘接受。

3. 日记、信件、自传和传记

日记是个人内心情感的自然流露，通过对日记内容的分析可以了解研究对象当时看待世界的观念。由于日记撰写者通常是按照时间顺序来记录，所以更便于研究者从中了解某过去事件的来龙去脉。信件中除了传达写信人当时的真实状态外，还包括写信人与收信人之间的联系，对于想要了解研究对象与有关人员的关系有很大帮助。由于日记和信件涉及个人隐私，要求研究者在使用时遵守研究伦理。自传和传记相比阐释生活经验

---

① 焦鸿根.论口述史研究在教育科学研究中的方法论意义[J].兰州商学院学报，1997(4)：84.

的日记和信件更为综合。自传或传记的现场文本是对已经存在故事的再阐释。

4. 照片

照片是非常有价值的实物资料，可以为研究提供丰富的信息。照片不仅可以非常清楚地描述了场景、人物和事件的具体细节，还可以反映拍摄者当时看待世界的价值观念。照片可以为观点和事实进行解释和佐证。

5. 其他实物

被赋予特殊意义的实物是人类经验的仓库，它们可以揭示经验的重要性和深度。

四、编码并重新讲述故事

“资料有它自己的生命，只有当我们与它待在一起到一定的时间，与它有足够的互动以后，它才会相信我们，才会向我们展示自己的真实面貌”①。资料搜集工作结束后，研究者需要系统分析研究对象故事的现场文本，并重新叙述研究故事，具体过程可分为以下步骤：②

（一）阅读现场文本，写出原始故事

这一阶段相当于完成从现场到现场文本的建构工作。有些故事，如利用录音或摄像设备搜集记录的故事需要在其转译稿基础上制作成为现场文本。如果已经是研究对象提供的文稿形式的故事，或者提供的某些反映自己教育故事的书面材料，就可以直接进入下一阶段。

（二）编码和转录故事

把搜集到的现场文本的故事由研究者按照故事所包含的基本元素进行编码、转录。研究者首先要根据研究目的和研究问题所包含的基本元素建立一套编码体系。如奥勒莱萨提出的组织故事元素成为问题解决的叙事结构，将故事所包含的基本要素分解为：背景、人物、活动、问题和解答五个方面（见表 9-1）。

表 9-1　组织元素成为问题解决的叙事结构

背景	人物	活动	问题	解答
故事背景、环境、地点条件、时间、地点位置、年代和纪元	故事中描述的个体的原型、个性，他们的行为、风格和做事模式	贯穿在故事中的个体的动作，说明人物的思维或行为	要回答的问题，或者要描述或解释的现象	对问题的回答，对引起人物发生变化的原因的解释

资料来源：Creswell, J W. Educational Research: Planning, Conducting and Evaluating Quantitative and Qualitative Research[M]. New Jersey Merrill: Prentice Hall, 2002:530.

研究者可以参考如上结构分析现场文本故事的基本结构，可以使用字母编码并在现场文本中标记，如背景、人物、活动、问题和解答的语句可以分别用（英文名的首字母）S、

① 陈向明. 教师如何做质的研究[M]. 北京：教育科学出版社，2001：163.

② 傅敏，田慧生. 教育叙事研究：本质、特征与方法[J]. 教育研究，2008(5)：39.

C、A、P 和 R 来进行标注。这些编码过程不一定出现在研究文本重新讲述的故事之中，但这一过程是规范的叙事研究过程实施不能缺少的环节，它们是评估研究的合理性与准确性的重要依据。编码完成后进入转录环节，它是将故事的基本元素从故事中抽取出来的过程，即将上述标有字母 S、C、A、P 和 R 的句子按照顺序转录在一起，这样形成一个反映原始故事精神实质的压缩的精短的"骨架"型故事。

(三) 利用故事的基本元素重新书写故事

研究者把已经转录出来的"骨架"型故事，按事件发生时间的顺序(用年代学方法)重新书写成清晰的包含故事基本元素的一个序列性的文稿，往往以第一人称讲述。如上述编码后重新讲述的故事的序列内容是背景、人物、活动、问题和解答这些基本要素。故事的重新讲述以地点和人物开始，然后是事件。

五、确定个体故事包含的主题或类属①

完成故事的重新讲述后，研究者需要考虑如何处理多个重新讲述的故事之间的关系，其中有三种思路可供选择：其一是演绎思路。基于某种理论框架将故事分为不同主题或类属，将已有故事对号入座。其二是归纳思路。根据故事基本元素的特点将故事归类，同一类故事反映、支持共同的主题或类属，这些主题或类属代表着从故事里发展出来的主要思想。其三是归纳与演绎相结合的思路。主题或类属在先，它们来源于对编码、转录的故事的分析；主题或类属确定之后，可以考虑让某些理论加入，帮助分析主题。叙事研究倾向于后两种思路。这样，多个重新讲述的故事基于上述思路按照主题或类属得以组织，用来支持、理解和解释个体教育生活的经验和意义。

六、撰写研究文本，确认评估研究

撰写叙事研究报告是一项复杂而困难的工作，克莱丁宁和康纳利将其称之为"来来回回"的过程。② 研究报告的呈现是对前期大量工作而进行的总结性归纳，力图在丰富的研究现场中分析出种种关系，诠释隐藏在现象表面背后的教育思想。

教育叙事研究在写作形式上可以灵活多样地呈现给读者。它的正文一般包括研究的背景与意义、研究对象的选择、研究实施的过程、研究的结果与讨论四部分。由于研究需要的不同，研究报告呈现的顺序也会有所调整。教育叙事研究的研究文本中不要求进行专门的文献综述，因为文献综述往往会被有机整合到研究结果与分析讨论部分之中。

确认和评估研究的准确性是教育叙事研究一项非常重要的工作。为确保研究结论的真实可靠，研究者需要检查和确认以下问题：研究者的关注焦点是个人经验，是单一个体或

---

① 傅敏，田慧生. 教育叙事研究：本质、特征与方法[J]. 教育研究，2008(5)：38.

② D Jean Clandinin，F Michael Connelly. 叙事探究：质性研究中的经验与故事[M]. 台北：心理出版社股份有限公司，2003：201.

少量的几个人;搜集了个人的教育故事;对参与者的教育故事进行重新讲述;形成的中期研究文本听到参与者以及研究者的声音;从建构现场文本的教育故事里浮现出不同主题或类属;教育故事里包含了有关参与者的背景或地点的信息;教育故事按照年代学顺序组织;研究文本有研究者与参与者合作的证据;教育故事恰当地表达了研究者的目的和问题。①

 **案例 9-5**

在"亲历"中成长——一位幼儿教师个人教育观念的叙事研究

对高寒的专业学习经历及其影响的研究兴趣源于知道她参加了北京师范大学研究生进修班,可以说她属于那种受到了高水平的、相对系统的幼教专业训练的教师。那么,这种受教育的经历对她的各种具体的个人教育观念的影响如何呢?进一步说,各种教育理论的学习到底对高寒的专业发展有怎样的作用呢?

"读幼师时学习的东西,后来觉得能在工作中用到的只有技能技巧方面,教育理论方面的一般用不上。比如说工作以后发现自己一节活动都不会组织,其实在幼师都学过,就是因为学的时候没有实际经验做基础,没有理解。倒是工作了一段时间以后,我再回过头去看那些教育理论,会明白其中的一些道理。

"刚参加工作时很少看东西,跟着老教师们学习一些土方法来管住孩子。那个时候你学什么东西肯定挺功利的,要马上能用上。我觉得教育理论很难有这种效果,这个只能从实践中去摸索、总结。我在读首都师大的大专时也听到了一些以前没有听过的东西,比如说管理学,让我觉得原来还有这样的理论啊,有一种另一片天的感觉,激发了我进一步学习的愿望。

"我的本科学校是北京师大,教育水平就高一些了,所以也学习到很多新的东西。主要是那些国外最新的东西对我特别有影响,比如多元智能、行为塑造等。上课时老师讲的一些内容很令人长见识,对我的工作也有所启发。因为已经有了很多的经验,知道怎么样把这些理论用到工作当中去。我觉得对所学的教育理论就有很多感受,一是因为有了一定的工作体验了,可以联系自己的经验来理解一些教育理论;二是因为读本科时我已经很用功,不是纯粹为了文凭来学习。我觉得从这时候开始,我在学习中能够理解运用一些东西了。

"现在读研究生觉得特别开心,因为已经有了很多的实际经验,也不需要有那种功利心了,纯粹是为了学习知识。我们的同学来自不同的行业,大家在一起学习还可以扩大知识面。虽然我现在做的管理工作,对我来说还是缺少经验,但我已经能够把学的很多理论用到工作中去,比如刚学习了团体咨询,我就用到工作中去激发、调动老师的积极性了。"

资料来源:易凌云,庞丽娟.在"亲历"中成长——一位幼儿教师个人教育观念的叙事研究[J].学前教育研究,2005(2):42.

① 傅敏,田慧生.教育叙事研究:本质、特征与方法[J].教育研究,2008(5):40.

第三节　教师如何做教育叙事研究

一、幼儿园教师叙述何事

教育叙事研究中的“事”就是幼儿园教师在日常教育活动中所经历的各种事件。幼儿园教师可从自身、幼儿和幼儿园的一日生活方面去挖掘叙事题材。①

(一) 幼儿园教师题材

幼儿园教师题材主要是指教师亲身经历的事件或是与教师本人有密切相关的事件。

案例 9-6

新课改背景下教师专业认同图景与建构过程

研究发现,新课改话语蕴含的专业期望与教师专业认同自我建构之间存在张力,使其形成相互冲突的专业认同。从专业认同的建构过程来看,新课改专业期望与幼儿教师专业认同的自主建构之间具有复杂的关系,包括主动回应、浅层次回应、自发经验契合与经验方向偏离四种模式,教师的专业认同建构在很大程度上也受到个人生活史、人际互动的影响。本文指出,教师专业认同的建构过程是新课改制度、理论话语与教师的实践话语博弈的过程;而课程改革与决策也应该关注与考虑教师在个人发展、历史情境和各种因素影响业已形成的专业认同,并提供相应的专业支持。

资料来源:张文军,陶阳.新课改背景下教师专业认同图景与建构过程——基于对幼儿教师Y的叙事探究[J].教育发展研究,2014(10):50.

(二) 幼儿题材

对幼儿题材的叙事主要指伴随幼儿成长过程中的各类事件,比如:幼儿独特的思考,看待问题、解决问题的方式等等,还包括幼儿与同伴、教师、家长等关系的事件。

案例 9-7

金鱼被捏死之后

区角活动时,自然角里突然传来扬扬的大叫声:“金鱼死了,航航捏死了金鱼!”大家吓了一跳,都涌了过来,只见航航洋洋得意,一脸兴奋,那神情似乎在说:怎么样,我了不起吧!

看到这情形,韩老师没有直接批评航航,而是以低沉的声音对孩子们说:“小朋友

① 徐俊华.学前教育科学研究方法[M].合肥:安徽大学出版社,2014:207.

们，早上老师给金鱼换水的时候，它们还在快乐地游来游去，可现在，金鱼死了……”韩老师哽咽了，一颗泪珠顺着她的面颊流了下来……从未看见老师流泪的孩子们突然安静了下来。过了好一会儿，有的孩子轻轻地说：“老师哭了！”“金鱼太可怜了！”“航航太坏了！”“是航航把老师弄哭的！”……大家的责怪让刚才得意洋洋的航航有一点不知所措。过了一会儿，韩老师又说：“人是有生命的，动物、植物虽然不会说话，可它们也是有生命的，比如金鱼、兔子、猫、狗，还有花、草，我们也要爱护它们，珍惜它们的生命，知道吗？”孩子们都懂事地点了点头，航航此时也全神贯注地看着韩老师，似有所悟……

接下来，韩老师让孩子们将死掉的金鱼掩埋起来，并让大家对死去的小金鱼说一句话。航航怯生生地跟在大家后面，轻轻地说了声：“对不起，我错了。”韩老师走上前去，摸了摸他的头……

当天下午离园时，韩老师和航航的母亲交流了这件事，没想到航航的母亲说：“这个孩子在家里也是这样，买几条金鱼就捏死几条，而且老要我给他买金鱼，又老捏死它们，真是太调皮了，为这事我打了他不知道多少次了……”韩老师听了很不是滋味，她立刻诚恳地指出了航航母亲在育儿方面的问题。首先，孩子犯了错误不能用打骂来解决，孩子被打之后就会想发泄，容易产生攻击性行为。其次，他的母亲在航航捏死金鱼之后又给他去买，让他多次在近乎残忍的恶作剧中寻求刺激和乐趣。听了韩老师的话，航航母亲也认识到了自己的错误，并表示以后一定要改变教育方法。

这件事情过去后，韩老师一直关注着航航，同时在全班开展了一系列培养幼儿同情心的活动，使班上的孩子们发生了很大的转变：攻击性行为大大减少了，同情心和责任感明显增强，自然角里的花草因大家的悉心照顾变得更茂盛，动物区里的小动物也更活泼、更可爱了。家长也反映孩子们变得懂事了，懂得关心别人了……航航的母亲自那次谈话后也改变了对航航的教育方法，韩老师多次主动与她交流教育经验和方法，在双方的密切配合下，此后航航再也没有捏死过金鱼，攻击性行为也明显地减少了。

一个孩子在众目睽睽之下做出了如此残忍的事，这对教师的教育工作提出了挑战，韩老师冷静、机智地处理了这件事，先以真情打动了孩子的心，然后及时与家长沟通，找出了航航出现捏死金鱼行为的原因，纠正了家长的不正确做法，与家长一起对航航进行了一系列有效的教育，成功改变了航航的行为。与此同时，教师还在班级开展一系列培养幼儿同情心的活动，唤起了幼儿的同情心，使孩子们从以自我为中心到逐渐学会关心别人。

资料来源：华留智．金鱼被捏死之后[J]．幼儿教育，2010(16)：22.

（三）幼儿园一日生活题材

幼儿园一日生活题材主要指在幼儿园一日生活活动中发生的各类保育与教育事件以及活动之间的过渡等等。

案例 9-8

仅仅蹲下来是不够的

平时和孩子说话，我总是喜欢蹲下来，这既是尊重他们，也便于我从孩子的视角看事物。但是有一天发生的一件小事却让我体会到仅仅蹲下来是不够的。

那天，两个孩子正准备洗脸。忽然，其中一个孩子兴奋地叫起来："我俩的毛巾是一样的！"我蹲下一看，果然两块毛巾有同样的动物图案，但颜色不同。当时，我想都没想就说："怎么是一样的呢？你们看它们的颜色一样吗？"他俩把头凑过来看，没有马上做出回答。我接着说："这条是淡黄色，那条是粉红色。它们哪些地方是一样的呢？"他们还是没有作声。我很奇怪，刚才还很兴奋地说着自己的发现，怎么一下子就没了兴趣呢？猛然间我意识到问题出在我身上。孩子在说"我俩的毛巾是一样的"时，显然已经发现了两条毛巾的共同点，但是被我的一句"怎么是一样的呢"全盘否定了，而我还想强拉他们跟着我的思路去观察两条毛巾不一样的地方。我很后悔，如果我当时好好引导，顺着他们的话惊喜地回应："真的吗？你们发现哪里一样呢？"引导他们说一说自己的发现，然后启发他们想想是不是真的完全一样，并留给他们充分观察的时间，那么孩子的积极性就会被调动起来了，也许还能培养细心观察事物的兴趣呢！在以往的时间里，我曾多少次这样自以为是地"引导"孩子，"怎么是这样的呢？""那样做不对，应该这样做！""怎么这么容易都不知道呢？"不经意间浇灭了孩子主动探究的火花。忽然，我意识到如果不是真正尊重孩子、真正平等对待孩子，那么，仅仅蹲下来是远远不够的。

资料来源：阳先. 仅仅蹲下来是不够的[J]. 幼儿教育，2009(4)：33.

二、对幼儿园教师开展教育叙事研究的建议

（一）幼儿园教师要善于积累叙事研究素材

教育叙事研究中的"素材"是承载着一定教育意义的故事或经验。教育素材的积累需要教师在教育教学实践中多体验、多感悟。教师要注意素材收集的"长"度，素材的收集需要经历一个漫长的过程，伴随"事件"的深入发展，教师也要随其进行深入挖掘，并且在收集的过程中不断补充，逐步将素材丰富和完善。

（二）幼儿园教师要善于发现问题

日常素材积累是为做研究打下基础，想要完成接下来的研究任务，就需要研究者体会其中蕴含的教育问题，将个人体会与相关的教育教学理论相联系，深入挖掘事件中蕴含的问题。

（三）幼儿园教师要善于反思

当幼儿园教师试图"发现"和"讲述"自己所遇到的某个教育问题或教育事件时，需要进行反思；当问题或事件发生后，又将用什么方式方法去解决问题，需要深入思考；对问

题或事件的解决过程、解决到什么程度、方式方法如何、总体效果如何等，还需要深入反思。反思是叙事研究的灵魂①，反思可以使幼儿园教师更新教育教学观念，可以从根本上改进教育教学工作。

（四）幼儿园教师要善于揭示故事中深藏的教育意义

意义性是叙事研究的本质属性，叙事研究依赖于故事，但故事本身并不是最终的追求，那些真实可感的、鲜活的故事只不过是教育意义披在身上的一件漂亮外衣，叙事研究的价值不在于为讲故事而进行叙事，而是在于故事背后的意义②，幼儿园教师要对故事进行深入理解和思考，充分揭示和发掘故事中深藏的教育意义和价值。

阅读资料 9-1

教师的研究能力

“教师的研究能力，首先表现为对自己的教育实践和周围发生的教育现象的反思能力，善于从中发现问题、发现新现象的意义，对日常工作保持一份敏感和探索的习惯，不断地改进自己的工作并形成理性的认识。从这个意义上，教育研究成了教师作为专业人员的一种专业生活的方式，他自己创造着自己的专业生活质量，这是教师在专业工作中自主性和自主能力的最高表现形式。教师研究能力的进一步发展则是对新的教育问题、思想、方法等多方面的探索和创造能力，运用多方面的经验和知识、综合地创造性地形成解决新问题方案的能力，这使教师的工作更富有创造性和内在魅力。同时，教师创造意识和能力的形成，在教育实践中的成功，会使他十分看重对学生创造意识和能力的培养，无疑，这是未来教育十分期望实现的价值。”

资料来源：叶澜. 新世纪教师专业素养初探[J]. 教育研究与实验，1998(1)：46.

课堂讨论 9-1

1. 教育叙事研究的特征有哪些？
2. 教育叙事研究的操作步骤有哪些？

本 章 小 结

通过本章的学习，可以初步掌握教育叙事研究的概念并理解其特点和意义，能在掌握教育叙事研究操作步骤的基础上，应用教育叙事研究的方法开展研究。教育叙事研究作为与传统理论思辨研究相对应的另一种研究方式，更强调人的经验的重要性。教育叙

① 李明汉. 教师校本科研与教育叙事研究[J]. 中国教育学刊，2003(12)：49.
② 宋时春. 教育叙事研究与教师专业发展[J]. 全球教育展望，2011(10)：65.

事研究把有关教育的理论思想回归到各式各样的教育经验中,通过对经验的叙述促进人们对教育及其意义的理解。

拓 展 阅 读

1. 陈向明.质的研究方法与社会科学研究[M].北京:教育科学出版社,2000:78.

2. 陈向明.教师如何做质的研究[M].北京:教育科学出版社,2001:163.

3. 丁钢.教育叙述何以可能?[M].北京:教育科学出版社,2002:50.

4. 刘良华.论教育“叙事研究”[J].现代教育论丛,2002(4):52-55.

5. 丁钢.教育经验的理论方式[J].教育研究,2003(2):22-27.

6. 康纳利,克莱丁宁,丁钢.叙事探究[J].全球教育展望,2003(4):6-10.

7. 华国栋.教育研究方法[M].南京:南京大学出版社,2005:180.

8. 王枬.教育叙事研究的兴起、推广及争辩[J].教育研究,2006(10):11-15.

9. 傅敏,田慧生.教育叙事研究:本质、特征与方法[J].教育研究,2008(5):36-40.

思 考 与 探 索

1. 教育叙事研究本身有什么特点?

2. 教育叙事研究的操作步骤有哪些?

3. 你认为成功的教育叙事研究报告的标准是什么?

4. 假如你是一位想要做好教育叙事研究的老师,那么在日常工作中,你要做好哪些准备和积累?

教师成为行动研究者

——英国教育学家约翰·埃利奥特(John Elliott)

第十章 教育行动研究

学习目标

- 掌握行动研究的概念和特点
- 掌握教育行动研究的过程并能运用在具体的研究中
- 掌握行动研究计划及开展阶段的评价标准并运用在具体的评价中
- 理解行动研究在幼儿园开展中存在的问题,并能提出一些促进教师开展行动研究的策略

核心概念

教育行动研究

本章导读

本章主要厘定了教育行动研究的含义、发展历史及基本特征;提出教育行动研究的一般程序;分析了教师在开展教育行动研究方面存在的问题;探讨了促进教师成为教育行动研究者的策略。

引导案例

降低男孩打人行为频率的行动研究

某教师班上有个男孩经常打人,或扰乱别人的活动,这使老师十分伤脑筋。于是,该教师决定开展一个行动研究,尝试或探讨降低该幼儿打人行为频率的有效办法。她可以根据该幼儿的情况和特点,参照有关理论与文献,制定出1～2个认为是最合适的措施,然后逐一进行实验,观其效果。假定她决定尝试采用奖励的办法,按下列步骤进行。

第一周:观察该幼儿行为共5天。每天在自由游戏时间内请助手用时间抽样法每隔10分钟观察记录该幼儿的打人行为,作为基线(A)记录在图10-1内(观察开始之前,教师就应预先准备好该记录图表)。从图10-1中可以看到,这周内该幼儿的打人频率基线全距为每小时 9～12 次。

第二周：实施实验处理(B)：每小时内如无打人行为就给一个奖品（该幼儿喜欢的小玩意儿或吃的东西）。同时，依然按第一周的方法观察并记录打人频率，连接诸点，做频率曲线图，看处理是否有效。从图 10-1 中显然可见，该幼儿的打人行为降至每小时 1～6 次。

第三周：停止处理，看有关因变量是否回复到基线(A)。从图 10-1 可见，停止给奖品后，打人行为频率又升高至每小时 7～10 次。

第四周：再次施以相同的处理(B)，再测定因变量，如有改进，则可有充分证据说明处理(B)有效。

本例记录图显示：当重复对“不打人行为”加以奖励时，打人频率又显著下降。

从以上 4 个星期的实际研究可见，奖励对降低该幼儿打人行为频率有效果，然而，教师不可能永远这样用给奖品的办法使幼儿不打人。于是，该教师逐渐加长给奖品的间隔时间，从 1 小时内不打人就给奖品，增加至 2 小时、3 小时、半天、1 天，甚至 1 周。或者不定时给奖，使他无法预知什么时候给。再后来，逐渐用言语奖励代替物质奖励，再逐渐加长言语奖励的间隔时间，等等。这样，该幼儿的打人行为就可以比较稳定地减少。

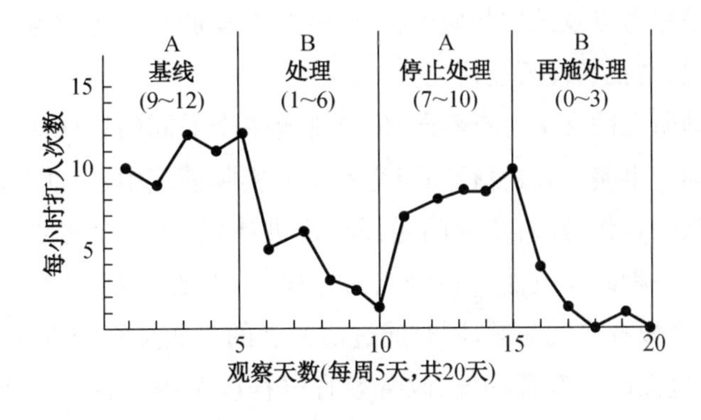

图 10-1 行动研究记录图

资料来源：王坚红. 学前儿童发展与教育科学研究方法[M]. 北京：人民教育出版社，1997：181-183.

案例中的教师实施行动研究降低了男生打人的行为频率，收到了较好的效果。那么，什么是教育行动研究？教育行动研究具有什么特点？教育行动研究又该如何开展呢？本章将逐一为您解答。

第一节 教育行动研究概述

一、教育行动研究的含义

关于什么是教育行动研究，可谓众说纷纭，不同的研究者从各自的研究背景给出了

不同的定义。归纳起来，大致有以下三种：①

第一种观点：教育行动研究者用科学的方法对自己的行动所进行的研究。持这类观点的人强调用量化的科学方法来验证假设，用科学的方法来解决教学中的实践问题。该观点反映的是技术——科学性行动研究。它注重用"科学工具"来观察行动的过程，目前这类研究受到很多批判，认为它只是形式上而非实际上的行动研究。

第二种观点：行动研究者在自身所处的教育情境中，通过发现实际存在的问题，在分析问题后提出改进策略并付诸实施，从而改进实践，提升实践知识并达到专业理想的状态。持这类观点的人强调行动研究是由教师针对实际问题进行研究的一种方法。该观点反映的是实践性行动研究。这类研究的推动力量是行动研究者自己，它要解决的是自己在教育教学过程中遇到的实际问题，这类研究从选题、实施到行动研究报告的撰写都主要由教师本人完成，高校专家作为"咨询者"的角色出现。

第三种观点：行动研究者对自己的实践进行批判性思考，以"理论的批判""意识的启蒙"来引起和改进运动。持这类观点的人强调行动研究是追求自由、自主解放的，从而把行动研究看做教师的一种自我反思的研究。该观点反映的是独立性行动，它要求教育工作者通过批判性的思考以及采取相应的行动，使教育摆脱传统的教育理论和教育政策限制，因此，有人称之为"批判性行动研究"。

虽然关于行动研究的含义各有不同，但是都有一个共同的特征就是强调为改变自身的处境而采取行动。事实上，教育行动研究就是在实际情境中，由幼儿园教师、幼儿园管理者与园外专家共同合作，针对实际问题提出改进计划，通过在实践中实施、验证、修正而得到研究结果的一种研究方法。在研究的过程中，需要各方共同合作，需要研究者不断探索、改进和解决教育实践问题，同时通过研究者的自我反思和批判，调整其对教育实践与理论的认识，进而改变教育环境、改善教育过程以及提高自身专业素养。美国学者帕森斯认为，当教师运用系统的方法进行观察和数据搜集时，他们就进入了行动研究领域。②

二、教育行动研究的发展历史

（一）国外教育行动研究的发展历史

1. *教育行动研究的兴起*

美国学者麦克尔南认为，"教育行动研究"(Educational Action Research)作为一种社会科学领域中的研究方法，其兴起可追溯到19世纪晚期"教育科学化运动"(Science Movement in Education)。白金汉姆(Buckingham)1926年在《为了教师的研究》(*Re-*

---

① 刘玉莲. 在学校教育中学做研究[M]. 北京：首都师范大学出版社，2006：320.

② [美]Richard D Parsons，Kimberlee S Brown. 反思型教师与行动研究[M]. 郑丹丹，译. 北京：中国轻工业出版社，2005：5.

search for Teachers)一书中倡导了可辨认的行动研究,同时其关于"教师成为研究工作者"的讨论也使得教育领域开始关注行动研究。

20世纪40年代,德国社会心理学家库尔特·勒温(K. Lewin)和其学生在与犹太人和黑人进行的一项合作研究中指出"社会科学必须是实践的,社会科学理论与社会行动应结合起来"的观点,主张实践者以研究者的身份参与研究,在1946年出版的《行动研究与少数民族问题》一书中指出"没有无行动的研究,也没有无研究的行动"。受勒温行动研究思想的影响,哥伦比亚大学的米尔与本妮等,将行动研究应用于中小学教师改进课堂教学的研究中。前哥伦比亚大学师范学院院长史蒂芬·科瑞(Stephen Corey)在1953年出版的《改进学校实践的行动研究》一书中,第一个系统地将行动研究定义到教育中来,提出:"所有教育上的研究工作,经由应用研究结果的人来担任,其研究结果才不致白费。同时,只有教师、学生、辅导人员、行政人员及家长、支持者能不断检讨学校措施,学校才能适应现代生活之要求。故此等人员必须个别及集体采取积极态度,运用其创造思考,指出应该改变之措施,并勇敢地加以试验;且须讲求方法,有系统地搜集证据,以决定新措施之价值。这种方法就是行动研究法。"①该书详细介绍了教育行动研究的理论基础、特点、实施原则和程序,从而确立行动研究在教育研究中的合法地位。

科瑞和傅谢将行动研究应用于改善学校以及与学区的关系中,并总结出"校本行动研究"的有效经验。后来,在希尔达·塔巴(Hilda Taba)和亚伯拉罕·沙姆斯基(Abraham Shumsky)等人的推动下,行动研究进入教师在职培训和教师专业发展领域。塔巴比较关注提高教师在课堂上的洞察力,而沙姆斯基更关注教师的自我发展与有个人特色的研究。

2. 教育行动研究的衰落

随着美国1958年《国防教育法》(*The National Defense Education Act*)的颁布,大规模的教育改革开始实施,教育行动研究的合法性在美国受到了种种责难和冷落,教育行动研究的方法论模式被以实证主义为导向的"研究——开发——普及"(RDD, Research Development Diffusion)模式所取代。RDD模式倡导的是"理论构建工作由专家、学者承担,将理论付诸实践由教师、教育实际工作者完成,对实践效果的评估由专业认识做出"的范式所包含的理论和关系的基本前提假设,与教育行动研究的理论大相径庭。20世纪60年代中期,由于RDD模式受到推崇,一度导致教育理论与实践的脱离。

3. "教育行动研究"的复兴

20世纪70年代,英国课程论专家斯腾豪斯(L. Stenhouse)大力倡导"教师即研究者""研究是教学的基础",促进了教育行动研究的复兴。斯腾豪斯认为,没有一线教师的参与就没有课程编制,必须要让教师从事课程研究和课程编制工作。而且认为教师专业特

① 戴长河,许天英,陈振兴,等.行动研究概述[J].教育科学研究,1995(1):42-43.

性发展的过程和机制就是“教师要成为研究者”——把教学实践与教育研究结合起来，在实践中发展对教学的理解和研究能力。

20世纪70年代，在斯腾豪斯的影响下，在约翰·埃里奥特(John Elliott)、凯米斯(S. Kemmis)、埃伯特(Ebbutt)和麦克纳(Mckernan)等学者的支持、充实、修正和完善的基础上，在英国和澳大利亚掀起了“行动研究运动”浪潮，行动研究开始得到包括美国在内的很多国家的重视与推广。人们对教育行动研究重新产生了兴趣，其最大推动力来自约翰·埃里奥特和克莱姆·阿德尔曼(Clem Adelman)领导的、在英国成立的(1973—1976)福特教学研究机构(Ford Teaching and Research Institution)的工作。约翰·埃利奥特自参加福特教学研究机构以来，始终继续发展行动研究的理论与实践，并在剑桥教育学院(Cambridge Institute of Education)成立了课堂行动研究网(Classroom Action Research Network)。[①] 在美国，施瓦布(J. J. Schwab) 20世纪70年代提出课程探究的“实践模式”的思想。舍恩(D. Schon)20世纪80年代提出的“反思的实践者(reflective practioner)”思想，也为行动研究的发展注入了新的血液；中南美、非洲和亚洲一些地区的行动研究的发展则很大程度上得益于弗莱雷(P. Freire)的思想；20世纪80年代以来，受德国哈贝马斯(Herbemas)提出的“批判的社会科学”思想的启发，以英国的卡尔(F. Carr)和凯米斯(S. Kenunis)等人为主要代表，提出“批判的教育科学”的设想，也作为一股力量，促进了行动研究的发展；而80年代以来，行动研究也由最初的“解释”特性开始转向“解放”或“批判”，行动研究参与、改进、系统与公开的特质逐渐形成[②]，并很快风靡全球。

(二) 教育行动研究在中国的发展历史

1. 译介引入阶段(20世纪80年代—90年代初)

在我国，行动研究的概念最早是由台湾学者王文科引入的[③]，行动研究的概念最早由心理学家陈立教授引入中国大陆。[④] 蒋楠通过《“行动研究”简介》一文向教育领域翻译和介绍了行动研究[⑤]，王坚红向学前科研工作者推荐行动研究方法。[⑥] 但是由于人们在认识上的不足，这个时期行动研究仅停留在比较肤浅的翻译和介绍层面。

2. 发展推广阶段(20世纪90年代初—90年代末)

行动研究在我国真正被关注、应用和推广始于20世纪90年代。教育研究者开始探索中小学教育行动研究的实践模式，思考教育实验研究与行动研究之间的异同，并在不同学科教学与心理健康教育中尝试采用行动研究方法进行研究。通过深入实践领域，鼓励教师与研究者进行合作研究，使得行动研究迅速推广。

---

① S凯米斯. 行动研究法(上)[J]. 张先怡，译. 教育科学研究，1994(4)：34.
② 刘良华. 行动研究的史与思[D]. 上海：华东师范大学，2001：37.
③ 王文科. 教育研究法[M]. 台北：五南图书出版公司，1980.
④ 陈立. 行动研究[J]. 外国心理学，1984(3)：2-5.
⑤ 蒋楠. “行动研究”简介[J]. 比较教育研究，1987(1)：47-51.
⑥ 王坚红. 向幼教科研工作者推荐行动研究法[J]. 教育研究，1987(1).

3. 多样化发展与应用阶段

进入21世纪,教育行动研究呈现出多元发展的态势,行动研究被广泛应用于课程、课堂教学、校本培训、学校管理等领域。此外,教育行动研究还被广泛应用于培养教师的课程领导能力、促进学校发展、探索和建构学习模式、设计有效的教学策略、促进教师专业发展等方面。有学者指出,在我国教育行动研究繁荣兴盛的背后存在着教育行动研究概念的泛化甚至滥用、混淆教育行动与教育行动研究、许多教育行动研究表现出"去理论化"的倾向三个方面的问题。①

三、教育行动研究的基本特征

在学前教育研究中,教育行动研究主要包括以下几点。

(一) 研究的目的——以解决学前教育中遇到的问题为主

在教育领域中,教育行动研究关注的不是纯粹的理论或学术问题,而是教育决策者、幼儿园园长、教师们日常遇到和亟待解决的实践问题。所以教育行动研究不囿于某一学科的主张或某一种理论知识,而主动容纳和利用各种有利于解决实际问题,提高行动质量的经验、知识、方法、技术和理论,特别重视幼儿园教师和园长等实践工作者对实践问题的认识、感受和经验。因此教育行动研究的目的是为行动而研究,它以解决学前教育实际问题为主要任务,为学前教育实践本身的改善而展开研究,而不是去建构或者论证理论。通过行动与研究的结合,透过实践行动来改善教育工作情境中所面临的问题,关注问题的圆满解决,进而改善学前教育实践工作情境。教育行动研究强调研究的应用价值性,此价值性旨在改善研究者的工作情境,解决教育教学实践中遇到的问题。

(二) 研究的情境——行动者实践工作情境

教育研究旨在解决幼儿园教师实际工作情境中所遇到的问题,它以幼儿园教师及幼儿园管理者的实践情境为依据进行研究。学前教育行动研究适合的范围较小,与行动研究者工作无关之情境通常不在行动研究范围之内。由于每位教师所处园所、任教班级及面临的学生、家长不同,使用的教材,采取的教学方法和手段的不同,使得教育行动研究情境有其独特性,不宜做情境推论,研究结果无法类推至其他的实践情境。

(三) 研究的主体——幼儿园教师(园长)即研究者

在教育领域中,一般教师是被研究者,是研究的客体和对象。而在教育行动研究中,幼儿园教师成了研究的主体,不是被动地接受专家学者的研究成果,而是对自己所从事的教育教学实践进行研究,通过研究与行动的密切配合,提高专业能力和教育教学质量,改进教育实践。

---

① 卢立涛,井祥贵.教育行动研究在中国:审视与反思[J].教育学报,2012(8):49-53.

(四) 研究成果的应用者——一线教师

在学前教育行动研究中,幼儿园教师不仅仅是研究的参与者,也是研究的应用者。行动研究的目的就是改善他们所处园所的工作情境,解决她(他)们在自己的幼儿园工作实践中所面临的问题。因此,教育行动研究可以使幼儿园教师成为教育工作者、研究者与研究成果的应用者的合一,从而摆脱教育理论与教育实践相脱离的"两层皮"情况。

(五) 研究的过程——重视协同合作

由于受到个人专业素养、研究水平、研究技术等方面的限制,幼儿园一线教师单独进行研究往往存在着很多困难。因此,教育行动研究并不仅仅是幼儿教师的"单独行动",它强调团体成员间彼此协同与合作进行研究。这是一种成员间彼此平等的协同合作研究,而不是发号施令的高压强迫研究。教育行动研究更强调共同合作,要达成此目标,需要幼儿园教师与其他专家学者或在同一幼儿园内的教师共同来参与研究。幼儿园教师最了解问题的实质,而外来的专家能够给予专业的支持与客观的评价。教育行动研究注重协同合作。在幼儿园中不论是教师或是行政人员虽然都拥有丰富的实践性知识,然而对于行动研究的基本理论与操作技巧,可能较为缺乏。因此,在从事行动研究时,如果有专家学者从旁协助指导,则可以避免错误和提高效率。而专家学者也可以通过与教师的合作研究,通过深入教育现场进行观察、调查,从真实的教育情境中获得第一手资料,可以使自己的研究成果更具有针对性和适切性。不过,幼儿园教师仍然是主要的研究者,专家只是具有咨询顾问的地位。教育行动研究注重研究参与者的分工合作、经验分享、脑力激荡,共同做决定与成果分享,从而使研究的成果更能够解决实际问题。

(六) 问题的解决——即时应用性

教育行动研究着重研究单一、个别的教育问题,重视研究结果的应用性。幼儿园教师通过行动研究可有效解决教育问题,改善教育工作情境,提高教育质量。通过教育行动研究,可以提供某一教育情境中改进教育工作的方法与策略,这一方法重视的是研究的实用价值性。强调研究结果的即时应用,而不是学术理论的验证或建立。

(七) 研究的效益——解决问题与促进教师专业发展

解决教育教学实践中的问题是教育行动研究的宗旨和出发点,因此获得解决问题的研究效益不言自明。行动研究鼓励幼儿教师扮演研究者角色从事教育教学研究,从中发掘问题,通过批判反思探究,提出解决问题的行动方案。在行动研究过程中,教师不但需要掌握一定的研究技能,而且需要在实践中提出问题,设计研究方案,而且要求教师具备良好的应变能力,需要根据情境的变化对行动进行诊断、修改和调整。在行动研究的过程中,教师的教育研究能力、交往合作能力、反思与批判等能力都得到了提升。所以研究的过程同时也是教师在职训练的一个过程,有利发展教师的专业技能。

从动机来看,教师从事教育行动研究,须具备致力于教育改革的品质和具有解决实际问题的意愿,而且每一位教师所从事的研究均是和专业发展相关的研究。在教育教学实践中发生的问题，通过教育行动研究加以解决后，教师不仅改善了教育教学现状，也获得了教育和研究经验，实现了问题解决与自我专业发展的有机统一。

（八）研究的理论基础——人的发展，自我反思、自我教育

教育行动研究本质上是基于对现有教育教学实践的不满而寻求更合理的教育教学实践的过程，旨在使教师获得一种内在启蒙和解放的力量，打开新的思考维度和新的探询方向，增强实践能力和自我超越的能力。如此，教育行动研究就超越了传统意义上对"研究"功能的界定——真理知识的获得，而成为"人的发展"的一个过程。在这个过程中，教师需要借助于自我反思、自我批判、自我教育来实现自我的更新和内在的超越，走向自我发展。在行动研究过程中，教师需要根据面临的实际问题和教学情境不断地对原有的行动方案进行调整，而且旧的问题解决了，新问题又会成为行动研究的对象促使教师不断进行反思、行动。教师在行动中也实现了自我的超越和发展。

（九）研究的方法——质量结合，以质为主

教育行动研究过程中，量或质的研究方法均可采用，但多数情境中，以质的研究方法为主，在资料的验证上常采用多种方法以搜集资料。但无论采用何种方法，都要确保收集的资料客观真实，要确保研究的科学性和可靠性。

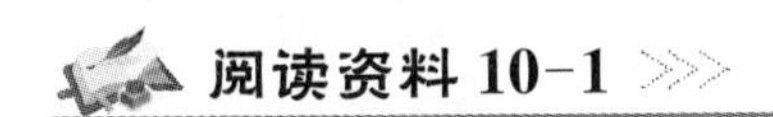

阅读资料 10-1

行动研究对一线教师意味着什么

"教师作为研究者"已成为教育领域的共识。然而，一线教师要做什么类型的研究？如何做才能对自己工作有实效？——这些问题仍旧困扰着我们。根据我自己对教师工作的理解，我认为教师应该做行动研究。

教师行动研究是这样一种研究：教师作为研究的主体，研究的问题（困惑）来自他们的日常工作，研究的目的是解决问题，提高教师改善自己生存状态的意识和能力。与纯粹的学术研究不同（其目的主要是求真），行动研究走的是行动科学的路线，即当行动者面对真实的困境时，采用积极干预的方式对自己所处的社会文化场域进行批判性反思，寻找合适的解决之道，创造实用的知识。当然，作为研究的起点，教师也需要了解和理解自己当前面临的困境，但是这需要在行动中进行，因为"真实"在改变中最容易呈现，在干预中才能使其中隐藏的矛盾和张力凸显出来。因此，检验行动研究结果的标准不再是传统意义上的效度、信度、推广度，而是"问题"是否得到了解决，教师批判和改造世界的意识和能力是否有提高，他们所处的教育环境是否有所改善。因此，我们可以说，教师行动研究的主要旨趣是求善，而不仅仅是求真。

行动研究于一线教师之所以重要，是因为它是教师专业学习和成长的一个有效途径。近年来越来越多的研究发现，教师工作现场的学习对教师的专业成长更有助益。

工作现场出现的问题最真实、最迫切、最能激发教师的意识冲突，因此也最能激发教师的学习动力，而教师解决问题这一过程本身就是学习。在众多教师工作现场学习方式中，行动研究是一种重要的方式。与日常教师零散的、独立的问题解决过程不同，行动研究中，教师们会组成团队，根据工作中面临的真实困惑，形成可操作的探究方案，收集一手资料，对资料进行描述、解释和分析，在获得充分证据的基础上形成研究结论，然后采取恰当的干预措施，评估干预的效果。如果此问题解决了（或缓解了），本行动研究的循环就完成了其使命。而如果问题没有解决，教师们会进入新一轮循环，重新框定问题，探寻自己更深层次的理解和价值观，用新的视角和方法对这个问题进行探究。

在这个不断探究、螺旋式循环上升的过程中，教师们能够创造出属于他们自己的新知。传统的理性主义知识观和经验主义知识观均只认可“命题性知识”，即主体对事物的本质或外在客观事物的正确认识。而行动研究遵从的是实用主义的知识观，认为只有那些对行动者有用的知识才是有价值的知识。这种知识观是往前看的，认为“知识”是行动者解决困惑后所获得的结果。因此，这种知识总是在不断自我否定、不断更新的过程中发展，没有一定之规。教师们不直接套用前人的理论，而是根据自己的经验，对面临的问题进行框定，在权衡利弊中采取中庸的对策，不断生成新的经验，并将其提炼为实践性知识。

行动研究还有利于变革教师文化。教师在改变客观环境的同时，也在不断改变人（包括他们自己）和各种社会关系，进而也就改变了所处的文化。一想到教师文化，各种负面词语便会跃入脑中，如“个人主义”（单打独斗、孤立无援）、“竞争主义”（鼓励个人冒尖、缺乏合作机制）、“派系主义”（学科之间、学段之间相互排斥）、“行政主义”（教师被迫参与自上而下的改革）。这些林林总总的“主义”在很大程度上消耗了教师的抱负和精力。而行动研究中教师们自下而上自己发起，针对自己遇到的真实困惑，联合来自不同社会地位和工作岗位的有心人平等互动，这无疑有助于教师文化逐步往合作、对话、自主的方向转变。

教师文化的转变不仅能够使教师获得更加愉悦的生命感受，而且能够获得更加明确的、更有自信的身份认同。21 世纪以来，以外部导向为主的教师专业化要求（如学历要求、学生学业问责制等）水涨船高，各种行政指令和专家指导令教师模糊了自己内部的行业标准。教育作为人类一项最复杂的社会实践，个中的艰辛、美感和精神感召只有教师自己知道。行动研究是教师自己作为主体的一种研究，它赋予教师主人翁的地位，让他们自己来决定什么问题值得研究、应该如何来研究、如何让这种研究最大限度地为自己服务。虽然外部环境仍旧难以很快改变，但行动研究因其求善的旨趣，能够在可能的范围内为教师增能赋权，让他们获得更多的自尊和自信。

资料来源：陈向明. 行动研究对一线教师意味着什么[J]. 教育发展研究，2014(2).

第二节 教育行动研究的开展和评价

一、教育行动研究开展的过程

教育行动研究因其解决实际问题的研究旨趣而使得不同的研究课题有不同的研究过程和研究模式，一般而言，教师开展教育行动研究过程大致有以下几个环节：

(一) 选择题目

选题是进行教育科学研究的第一步，而且是甚为关键的一步。它决定了整个教育科学研究的方向和水平，在教育科学研究过程中具有重要的战略地位。因此，要有效地开展教育科学研究，必须首先学会如何选题。在教育行动研究中也不例外，确定研究课题是行动研究的第一个环节。

1. *发现问题*

幼儿教师在教育教学过程中会遇到很多问题，如幼儿入园焦虑、幼儿和他人发生激烈冲突等问题，但有些教师对身边的问题缺乏热情，视而不见，不去关注和研究；有些教师认为这些问题是不需要研究的问题，认为随着幼儿的长大，这些问题自然会消失；还有些教师不知道自己该研究些什么，常常觉得没有问题可以发现和研究。那么，要进行研究，确定研究课题，就需要教师具有问题意识，要善于发现问题。

教师发现问题有以下几种方式：通过反思自己的教育教学实践来发现问题；从新的教学观念、思想与自己的教学实践对照发现问题。这就要求教师平时要勤学习理论并结合自己的实践来确定问题。通过自己的教学与别人的教学对比来发现问题。

下列六个关键性的问题，有助于教育实践工作者探究其面临的实践工作问题，进而发现行动研究问题，并作为教育行动研究的起点①。

(1) 身为一位教育实践工作者，您所关注的问题是什么？此问题具有何种性质？此问题的产生背景是什么？

(2) 您为何会对此问题产生兴趣，此问题具有何种重要性？

(3) 您对于此问题能做些什么贡献，其可行性与预期目标是什么？

(4) 您能搜集到什么样的证据资料来帮助您了解或判断此问题？

(5) 如何搜集这些证据资料？

(6) 如何能确认您对此问题的判断是正确的？

---

① Jean McNiff. Actions Research for Professional Development[J]. Hyde, 1995.

教师应该在日常工作中养成积累问题的习惯，使之成为自己日常工作的一部分，而不是迫于外部压力，突击寻找问题。只有平时能做到问题积累，才能使日后的研究有更好的经验基础，才能激发出自己的研究灵感，找到好的研究选题。在这方面，教师在日常工作中勤记“教历”、写教学反思日记、与同行交流研讨可能是比较好的方法。

表 10-1　一种可行的“教历”格式

姓名		学科		班级		时间	
事由							
表现							
归因							
措施							
反思							

资料来源：张晓辉. 教师如何开展行动研究[M]. 长春：东北师范大学出版社，2010：5.

2. 筛选问题

教师一旦发现问题之后需要认真分析这一问题是否是急需解决的、有研究价值的问题。研究课题要基本符合这样几个要求：(1)研究课题具有实践性。行动研究的课题应该是针对教育教学实践，以改进实践为目的的课题。(2)研究过程的可行性。教师应该选择那些从时间、自身能力和外部资源等方面来看比较可行的选题，问题的难度要适度，否则就会影响到选题的可行性。(3)研究结果的可行动性。也就是说，教师应该选择那些自己认为可以根据研究结果采取行动的选题。可行动性和实践性是休戚相关的。行动研究要为教师教育教学实践的改进服务，如果其研究结果不能转化为实践，不能在实践中应用，则违背了行动研究的初衷。

3. 陈述问题

在筛选适合的问题之后，需要先对问题进行粗略的陈述，然后通过查阅文献以及自己的思考使问题具体化，最后完成陈述。一个好的陈述应该指明总体的中心议题和问题的前后背景，即在研究问题的陈述中不但要包含研究的问题或者内容，而且要通过明确研究的对象、研究的方法等来明确研究问题的背景。例如，“人际交往主题绘本促进幼儿人际交往能力发展的行动研究”即包含以上条件。此外，典型的行动研究的问题陈述表达通常为“……对……的影响的行动研究”，前一个省略号的关键要求是“可操作性”，它代表某种具体的“可操作”的某个教育变革行为与措施，这个变革行为相当于“动名词”。后一个省略号的关键要求是“可测量性”，它代表某种教育变革所引起的教育效果，而且这种效果最好是可测量或者可言说、可观察的。由此可见，如果填充第一个省略号的变革措施过于宏大、庞大以至于不可操作，那么这个行动研究就可能失败。同样，如果填充第二个省略号的影响或变化过于抽象、模糊以至于不可测量或不可言说、不可观察，那么这个行动研究也可能失败。如“素质教育对幼儿创造能力的影响的行动研究”就是失败的行动研究，因为“素质教育”不具体且很难操作，“幼儿创造能力”也很难测量。按照这个思路，可以将“素质教育对幼儿创造能力的影响的行动研究”做一个转换，如“主题绘本教学对学生识字量的影响的行动研究”。

课堂讨论 10-1

下面这些问题陈述符合规范吗？

1. 幼儿教师对学生性格影响的行动研究。
2. 幼儿发散思维培养的行动研究。
3. 幼儿园新教师专业发展的行动研究。

(二) 收集资料

资料的收集贯穿于整个研究过程的始终。收集资料的方法包括自述与回忆、观察法、角色扮演、轶事记录法、连续记录法、问卷法、访谈法等，也可以借助于文献资料、录音、录像、档案资料等。观察和记录情境对于收集资料来说尤为重要。观察时要注意事件出现的背景、人物及其身份、数量、相互关系，人物的动机、人物的社会行为以及事件发生时间、频率、延续期等也是应该注意观察的要素。观察法在运用时要严格遵循要求，如在自然发生的条件下观察，防止观察者对事件的干预，要选择观察的典型对象、时间、地点等，要进行长期持续的观察。

(三) 分析资料

资料收集上来后，需要对其进行分析和整理，以便对问题及其情境了解得更为清晰，对问题的本质分析得更为透彻。

资料分析可以分为以下几个步骤：

(1) 阅读资料。仔细阅读资料，在阅读时回忆所呈现的事件和经验，了解被研究者到底做了什么，说了什么。

(2) 选择资料。区分重要与不重要的资料；聚集类似的资料；将复杂的资料排序、简化，从资料中找出不同主题之间的关系。

(3) 呈现资料。用比较容易理解的方式呈现被选择的资料，可以用图表或者线条的方式对资料中的有关主题进行强调。

(4) 解释资料及做结论。对资料中呈现的一些关系做出意义解释，建构可以应用的实践性理论(或模式)，理论要符合研究的情境，与研究的重点有关，并且有助于教师了解自己的教学工作。

案例 10-1

行动研究的分析历程

事例描述	分　析
一位老师在观察一位低成就学生的行为表现,她的名字叫苏西。在这之前他没有特别注意她。	1) 观察事件的发生。 2) 观察的焦点有所选择,主要放在低成就的学生身上。
现在他开始注意到她在听他讲课,过了一会儿,她问了一个敏锐的问题,使他对她的印象立刻加深了。	3) 事件被系统组织起来以后呈现为一个和谐的心理图像,即形成了一个情境理论。老师把一些从不同角度获得的信息相互联系起来(如苏西在听,她问了一个敏锐的问题)。 4) 解释所知觉的情境:老师对苏西的行为做了一些结论。
老师很快有了一种感觉:"苏西参与进来上课了。""也许她今天心情比较好。""也许我低估她的能力了。"但是这位老师仍旧不是十分确定:"她是真的参与上课了,还是假装而已,她又没有记什么笔记。"他为了更加确定自己的这个想法,问了苏西一个问题,如果她真的在听课,就应该能够回答这个同题。结果,苏西对他问的这个问题回答得很不错。老师望着她满意地笑了!	5) 对情境的理解进行检核。老师不仅在知觉事件的基础上建构理论,而且还用批判的问句来询问这个理论。分析的批判部分与建设性部分是紧密相连的。在这个例子里对理论的检验是通过内在问句"她是假装的吗",通过自己的观察(而这个观察一开始似乎与当时的解释是相互矛盾的)"她又没有记什么笔记",通过一个明确的行动(问一个问题)而完成的。

资料来源:陈向明.什么是行动研究[J].教育研究与实验,1999(2):66.

(四) 拟订行动计划

研究解决问题的可能策略,需要教师制订初步计划,明确问题的核心,确定重要因素和对象以及研究的关键人物,在这过程中还需要收集资料,并且通过思考以及与其他教师及专家的交流与合作,查阅相关文献和必要的理论学习,来不断修正计划,最后形成行动策略构想。形成行动策略的结果是以行动计划的形式体现出来的。行动计划为教师提供了比较翔实的研究步骤,确保整个行动研究过程的有序开展,同时为行动研究的过程和结果的评价提供了参考的框架,而且制订计划的过程也是对原来的分析和论证进行进一步的审视。一般来说,研究计划包括以下几个方面的内容与要求。

1. 研究的问题是什么?问题应该是幼儿教师工作中要解决的问题,也是研究中要解决的问题。行动研究所针对的问题应该比较集中,题目不宜过大、过泛。

2. 行动研究的总体设想和目标或目的是什么?预期的成果及其表现形式有哪些?

明确研究或行动的目标十分重要，它既是研究的方向和目的，又是评估和衡量研究成效的重要依据和标准。

3. 实现研究目标或目的的方式、方法、策略、手段有哪些？需要创造哪些新的条件开展行动研究？有哪些理论可以为本项研究提供依据？国内外同行在同类问题的解决过程中有哪些好的方法可以借鉴？后两项工作需要教师查阅一定的文献资料和进行相应的理论学习或培训。

4. 采取何种形式开展研究？是个体研究，还是和同事组成研究小组，或者邀请专家与自己开展合作研究？如果是采取与同事或专家合作的方式进行研究，在计划中要拟订合作的规则、行动如何协调等事项。行动的进度及时间的安排如何？行动研究的进程表应该要相对灵活些。

5. 成果如何表达、应用？是以研究报告还是以论文或口头报告等方式来表达自己的研究成果？行动研究的目的就是为了解决实践中的问题，那么研究成果如何能够更好地服务于自己的教育教学工作，改善教育情境，也是研究者需要在研究计划中加以考虑的。

(五) 实施行动，检验方案

拟订行动计划中的行动策略仅是一种理论假设，它是否符合实际，是否具有预期效果需要我们将其应用于教育教学实践中并对其效果进行检验。在实施方案的环节中要随时检视方案实施效果，亦即随时反省思考，以修正计划和行动方案。如果有合作人员，要与协同研究者随时沟通，以获取支持和指导。在行动研究的过程中，要熟悉计划，做好各种准备工作，如确定行动步骤、核实资料、检查资源设备、培训研究人员，确保人财物就位。在行动过程中，要注意了解相关背景和行动本身的消息，同时要密切关注实际情况的变化，根据实际情况做出判断。

在检视行动策略的效果时，需要我们设定成功的标准。何时我们可以宣称某个行动策略是成功的？一般说来，应符合以下几点：按照执行的方案，得到了“改善情境”的结果；执行的结果并未产生损害正向效果的副作用；造成“改善”的效果可以在较长时间内维持下去等。

如果执行行动策略以后没有出现想要的结果，就需要对原因进行分析，可能是执行方法出现了问题，也可能是行动策略构想出现了问题，或者是资料收集和处理上出现了问题，还可能是希望研究的问题本身发生了变化。在对失败进行分析的基础上，教师可以重新考虑自己的研究起点与路径，搜集资料，分析问题，修订原有的行动计划或者建立新的行动计划，在实践中实行，并重新加以检验。

案例 10-2

高高地举起你的左手

在一次公开课时我发现有一位平时从不举手的学生 M 举手了，我有些奇怪，但还是让他起来发言。但M站起来后一脸的羞愧和慌张,根本不知道问题的答案。

我让他坐下,没有批评这位学生,但心里有些纳闷:这位学生为什么这次举手了呢?举手为什么不知道答案呢?学生站起来后的羞愧和慌张是否对这位学生的心理造成了伤害呢?(发现问题)下课后我把M叫到办公室,我安慰学生说:“今天你举手了,这很好,这说明你在思考老师提出的问题。你能不能告诉老师,你当时究竟是怎么考虑那个问题的呢?”

想不到M说:“其实我根本不知道答案。我不希望被同学们看不起,所以我举手了,希望能够侥幸地蒙混过去。可是老师偏偏点我回答。”(澄清并明确问题)

我当时听了很感动,犹豫了一阵子,我对那位学生说:“这样吧,我们做一个约定,以后每次上课你都积极举手,如果不知道答案,你就举起你的右手;如果知道答案,你就举起左手。你一旦举左手,我就点你起来回答问题。”(采取行动策略)

在接下来的几天里,学生M果然开始每节课都举手.同学们最初都觉得有些奇怪,但时间长了,同学们开始渐渐相信M是学习高手了。

有一段时间我做过统计,M举手的次数是25次,举右手的次数为10次。但自从我找他谈话。把我统计的他举左右手的次数告诉他之后,他举右手的次数越来越少了。

M在日记中写道:“后来考上大学,老师来送我,他只对我说别让自卑打倒你的自信。换只手高举你的自信。我终于明白了老师的良苦用心:他让我举左手并且少举右手只是为了让我超越自己,换只手高举自己的自信,赢自己一把啊!在人生的道路上免不了遇到对手和困难,但如果不能举左手,那么我们做的第一件事就是‘举起自己的右手’……”(结果与成效)

资料来源:马困福.换只手高举你的自信[J].做人与处世,2001(7)转引自徐学俊.心理与教育研究方法及操作[M].北京:人民出版社,2013:114-115.

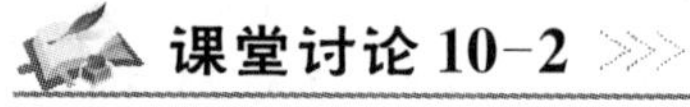

课堂讨论10-2

根据上面的案例,思考下面的问题:

1. 教师在进行行动研究过程中如何发现问题?
2. 教育行动研究的一般思路是什么?
3. 在教育行动研究中,教师要遵循什么样的伦理要求?

二、教育行动研究成果公开发表的意义和途径

教育行动研究结束后,教师不能将研究成果束之高阁,而是应该以多种途径将研究成果公之于众,公开发表研究成果有利于促进教育知识的传播与共享,有利于教师的教学反思质量的提高,有利于促进教师的专业发展,提高教师的专业地位。

(一)行动研究成果公开发表的意义

1. 有利于教育知识的传播和共享。大部分一线教师对自己的知识和经验认同度不

高,自我效能感不强。而行动研究的目的就是要矫正这个现象,矫正的方式就是为教师提供实际的方法,让他们参与研究,并从自己的教学实践中总结出知识经验,并与这个专业领域中的人分享,通过公开发表,教师可以将深藏于脑海中的经验与人分享,并且让其他人有途径取得这些信息,从而促进教育知识的传播和分享。

2. 有利于教师教学质量的提高。教师在准备和整理行动研究的经验与结果的过程中需要进行进一步反思和分析。通过发表观点,也可以获得他人的意见,从而进一步带动教师深入思考自己的教育教学实践,这促进了教师教学质量的提高。

3. 有利于促进教师的专业发展,提高教师的专业地位。研究报告的发表有利于同伴间合作问题的改善。埃里奥特(Elliott, 1985)的研究结果表明,个别教师发展出来的研究成果能够建立一个集体的知识基础,而让其他教师参考以产生联系。通过发表研究成果,教师还可以提升专业地位,因为通过建立教育问题上专业知识的主体性,并参与公开的讨论,教师可以提高其专业地位。

(二) 行动研究成果公开发表的途径

在决定公开的方式之前,教师必须问自己三个有关的问题:首先,推广什么:需要包含哪些数据(研究方法、研究发现的分析、行动策略等等)? 其次,对象是谁:观众是谁? 最后,如何做:想运用怎样的报告方式?

根据陈向明的研究,公开的方式有:口头报告、书面报告、图表、影视媒体手段、计算机网络、展览和开始行动等。

1. 口头报告。它是沟通经验最常用的方式,但是这类方式不见得有启发性,甚至是没有效果的。

2. 书面报告。它是推广行动研究的方法,它可能不是最有用的,但仍是最普遍且常见的方法。甄晓兰(2001)提到许多实践工作者在撰写报告方面常出现两种极端,一种是规规矩矩遵照传统论文格式书写,详细地叙述了流程、方法、结果与建议,却未能深刻地解析信念转变的过程,使得整个论述极其缺乏辩证批判的观点;另一种则是颠覆传统论述形式,而是用叙事体例来披露个人的反省与成长,但却未能提供客观的数据来支持个人的批判观点,使得出自个人感受的判断淹没对实际行动成效的厘清。这正是我们在撰写报告时所需特别注意的事项。

3. 图表。如果将自己开创性的想法与做法以图表的形式呈现,较容易引起注意。

4. 影视媒体手段。这对学生及家长是一个很有效的报告方式,比较好的方式是呈现录像带的片断,辅以教师的说明,再开放讨论。

5. 计算机网络。此方法开始成为推广研究的重要方式,不受距离或时间的限定。

6. 展览。在以展览的方式呈现教学前,教师必须考虑清楚并分析自己的经验,了解可能的观众群,才去计划所要沟通的内容。

7. 开始行动。把研究的经验与成果转变成实际的行动。行动可以是在教学中执行某些变革的教学方法，也可以是转化研究成果成为策略性或改制性的行动。

三、行动研究计划及开展的评价

在行动研究的过程中，离不开评价，评价可以总结和诊断现有的工作，为研究的开展把好质量关。在研究过程中，要经常性地进行评价，评价与研究是密不可分的。下面主要讨论行动研究计划及开展的评价。

（一）研究计划的评价

台湾学者吴明清教授提出了一个行动研究计划的评核项目和标准如下表所示：

表 10-2　行动研究计划的评核项目与标准①

评核项目	评核标准	说明
研究题目	1. 文字清楚 2. 意义明确 3. 适度表达改善问题的意图或主要的行动构想	有副标题亦可
研究动机	1. 充分表达问题改善的必要性 2. 显示本研究的意义与价值	强调研究理由的说服力
研究目的	明确说明本研究的行动目的	采列举方式说明 虽以行动目的为主亦可兼含了解
问题分析 问题性质 问题成因	1. 具体描述现况中的不理想而有待改善的问题 2. 合理推论各项问题的成因或相关因素 3. 根据相关理论或研究结果推论问题成因 4. 问题分析能启发改善的行动构想	问题的描述须具体并能接受检验；必要时可借助于问卷、访谈及观察和测量
改善行动 基本构想 行动设计	1. 行动构想合理有创意，有教育价值且可行 2. 充分说明每一项改善措施的具体内容与做法 3. 能显示各项改善措施的关联性与整体性 4. 能预想各项改善行动可能遭遇的困难及对策	有创意的改善构想并非标新立异；从研究者的行动角色与职务来思考各项改善措施的可行性
实施程序	1. 有合理可行的实施期望与进度 2. 有清楚的实施步骤与程序 能说明行动过程中的检讨与修正机制 3. 能说明必要的配合措施	研究进度可采用甘梯图表示；实施程序要特别注意人力与资源的整合与运用；行动研究的进行须融入学校教育及班级教学活动
预期成效	1. 说明研究完成后的效果以显示研究的价值 2. 说明成效评量的方法与工具	可列举可能成效；至其评量亦可在行动设计部分说明

① 吴明清. 学校教育的行动研究：概念、方法与应用[Z]. “延平国小”行动研究之演讲稿，2002.

（续表 10-2）

评核项目	评核标准	说明
文献应用	能在问题分析及行动构想中引述相关文献	有专章讨论文献更佳
参考书目	有丰富的参考书目	照 APA 格式①
附录	有清楚的细节内容	实际应用时可修正

评核符号：○优良　　△尚可　　×待改进

（二）各阶段的评价

根据 Mcniff，lomax & Whitehead(1996)的研究指出判断行动研究各阶段的评价标准如下，见表 10-3～10-8②：

表 10-3　阶段一：研究目的与问题的起始

意　图	理论基础	判断准则
行动研究乃是关注实务工作中所需要的改变。 其主要的研究问题形式是："我如何改善我的实务工作？" 如同寻找这问题的答案，我将努力去探索问题本身的意义。	解释为什么你的关注与你的专业相关且是重要的，足以促使你参与和投入你的工作中。 你所持的理论基础，将揭露你个人的、专业的价值观，包括教育政策上的模糊和矛盾。	所解释的研究脉络。 所揭露的研究问题。 所提供的理论基础。

表 10-4　阶段二：计划

计　划	策　略	判断准则
将最初的意图转换为可管理的计划，从小处着手。 你必须在你的行动和为行动而发展的策略之间，建立一个清楚的联结。 你必须学习从你的实务工作中退出来，以行动研究者的观点来审视。	你应该从拟定一个明确的行动计划开始，包括"想象的解决方法"。 随着研究的进行，你应该准备好去修正这个计划。这个使意图更为厘清的过程应该被记录和彰显出来。 你应该去确认你的实务工作中有哪些与你所持的价值观相矛盾。	在省思和行动之间建立的联结。 使研究的过程透明公开。 在实务工作中表现出个人所持之价值观。

① APA 格式指的是美国心理学会（American Psychological Association）出版的《美国心理协会刊物准则》，目前已出版至第六版。

② Mcniff J，lomax P，Whitehead J. 行动研究：生活实践家的研究锦囊[M]. 吴美枝，何礼恩，译. 嘉义：涛石文化事业有限公司，2001. 188-193.

表 10-5 阶段三:协同合作

合作的意图	你自己的角色	判断准则
让同事参与成为协同研究者,而不是研究的对象。	保持开放。行动研究的尊严取决于避免去操弄他人。	使用研究角色透明公开。
鼓励同事分享其作为行动研究者的教育经验。	你需要准备好去"冒险",并可能也会让别人去冒险。	实现合作的意图。
使你的同事成为你的批判性朋友,并请求批判性的回馈。	你需考虑别人所扮演的角色,以及建立明确的伦理守则,来掌握你的研究。	发展和应用的研究伦理。
当同事已准备好主导行动时,你需准备放弃行动的主导权。		

表 10-6 阶段四:行动

行　动	分　析	判断准则
你应该清楚地描述所采取的行动,包括事件间的关系和事件本身。	为了鉴识行动,你需要细究这些数据并确认数据的组型和主题。	所搜集的综合性资料。
持续地监督行动过程。搜集多样化的资料。你需要撷取对同一事件的许多观点,以获得一个较综合的描述。	这些组型和主题是从你所描述之事件中发展出理论的"绿色嫩芽"。	不同资料来源的对照。 组型和主题相互矛盾的鉴定。
你需要数据以作进一步的省思,需要证据以鉴定研究的真确性。	你需要解释你如何将数据分类,以及还有哪些可分类数据的方式。	可受公评的分析。 可考虑的选替方式,使研究角色透明公开。

表 10-7 阶段五:评鉴问题

评　鉴	检证宣称	判断准则
结果是否显著?为了谁和为什么?你喜欢此结果吗?	对于你宣称知道的事,你发现了其假定和矛盾吗?	宣称的重要性。
已获致实务上的改变吗?可以被确证为教育的改变吗?	支持你的分析和解释的证据是否充分且适当?	解释的说服力和真确性。
你是否已促进个人的专业发展?	对你的同事们而言,你的宣称是否"真实可靠"?	与重要专业讨论有关的个人发现。
作为实务工作者的行动研究,是否严守研究伦理?	你是否能在一个重要的专业辩论中提出你的发现?	所产生的进一步问题。

表 10-8　阶段六:报告

报　告	公开彰显	判断准则
谁将阅读你的报告？你是否了解用来判断报告的标准？	你是否已澄清你报告的目的？你的身份以及你的研究是关于什么？	报告有清楚的参考架构,组织良好且使用最少的专有名词。
你是否遵循呈现报告的指导原则？	你的论述是否达到阶段 1～5 所列示的高标准？	报告呈现一个简洁但面面俱到的论述,说明了研究的优点和限制。
你的论述简洁且面面俱到吗？	你是否已做出结论,并就结论和其他来源进行批判式的对话？	能详加说明研究意含,并与其他信息来源进行批判性的评鉴。
依时间顺序的论述是有用的,但“将情境带入生活”也是重要的。	你是否已给予读者足够的信息,去遵循引导并检核你的信息？	报告能为读者提供充足的信息,使读者能继续探究有兴趣的问题。
报告的风格和语言对读者是否适当？		

此外,陈向明教授认为行动研究的质量衡量标准可以从如下几个方面进行考虑:(1)研究是否有利于发展和改善目前的社会现实,是否解决了实际的问题或者提供了解决问题的思路;(2)研究是否达到了解放实践者的目的,使他们不再受到传统科学研究权威的压迫,提高了他们自己从事研究的自信和自尊;(3)研究设计和资料收集的方法与实践的要求是否相容(如时间、经济条件、专业文化等);(4)研究是否发展了实践者(如教师、社会工作者、护理人员)的专业知识,加深了他们对实践的了解,改进了他们的工作质量和社会地位,使他们的专业受到社会更大的重视;(5)研究是否符合伦理道德方面的要求,是否与具体情境下的行动目标以及民主的价值观念相容。①

第三节　行动研究法在学前教育科学研究中的开展

教育行动研究具有合作性、系统性、参与性以及反思性,有利于教师的专业发展以及教学情境的改善。但是由于多方面原因导致很多一线的幼儿园教师难以开展行动研究,或者研究的质量不高。

一、教师开展行动研究存在的问题

(一) 教师研究意识淡薄

长期以来,受传统的教育研究者和教育实践者相脱离的研究模式的影响,广大一线

① 陈向明. 什么是行动研究[J]. 教育研究与实验,1999(2):67.

幼儿教师研究意识淡薄，认为研究是专家学者们的事情，和自己没有关系，教师只要做好日常的教学和班级管理工作就可以了。这种错误的观念导致一线教师对教育科学研究缺乏兴趣和参与热情，同时也使他们对研究望而生畏或者心生惧念，缺乏参与研究的信心和勇气。此外，有些幼儿教师过度地依赖专家学者，专家学者来幼儿园参观、访谈、调研，就希望加入专家学者的课题组研究专家们所擅长的领域以节省时间精力，教师的研究主动性、独立性丧失殆尽。

（二）教师教育理论素养和研究能力较低

长期以来，我国教师教育类课程结构单一、内容陈旧，专业类课程过多，而教育科学知识较少，教育科学研究方法课程尤其少。周钧对内地 2007—2008 学年的 192 个本科层次的教师教育专业的研究发现，只有 90 个专业设置了有关研究方法类的课程，其中 29 个专业将其设置为必修课，61 个专业将其设置为选修课，学时数为 17～36 学时。① 这就导致很多教师教育教学理论先天不足，教师缺乏自己动手研究的能力。

（三）教师研究存在功利主义倾向

行动研究的目的是改善和解决实践中的问题，但许多幼儿园教师在开展行动研究时，对于问题解决的长期性和复杂性估计不足。有些教师在参与课题研究时，在认识和行为上存在着偏差。从某种意义上讲，他们开展课题研究并不是为了解决自己的教育教学问题，更不是为了教学的可持续发展，而是为了完成学校的“硬”性任务，或者是为了评定职称和竞聘上岗而进行的功利性研究。还有些人把参与课题研究当成一种负担，甚至四处找关系发表论文，甚至有些教师不是实事求是地做学问，而是为了求得理想的研究效果而随意编造数据，或是在资料的收集过程中采取选择性的态度，从而使研究过程受到扭曲。对于这些现象，个别幼儿园为了提高自身的知名度，扩大自己的影响力，不仅不对教师的这些行为予以制止，甚至还愿意支付大量的费用鼓励教师去获得某些科研机构的奖励，这种现象严重影响了学校科研成果的质量，也违背了教育研究的伦理原则。

（四）缺乏研究时间与研究氛围

幼儿教师的工作十分琐碎，不但要进行日常的幼儿保育工作、备课、和家长沟通，而且要参加各种园内外培训和各种教育科研活动。这些因素都制约着教师的研究热情，也限制了教师进行行动研究的时间，无法保证研究的连续性。

良好的研究氛围是行动研究的重要推动力量。行动研究耗时较长，在研究过程中会遇到很多问题，研究过程也较为复杂。除了一些发达城市和地区的幼儿园能和专家学者进行合作，且教育科研活动是实实在在地在开展之外，很多幼儿园缺乏来自专家和学者的支持，教育科学研究活动也是走过场的阶段，缺乏良好的研究氛围。

---

① 周钧，唐义燕，龚爱芋. 我国本科层次教师教育课程设置研究[J]. 教师教育研究，2011(4)：44-50.

(五) 缺乏研究资源

由于教育投入不足,很多幼儿园没有自己的图书馆,也无法向教师提供方便、快捷的网络资源,如中国知网、维普、万方、读秀等,这样就导致教师无法获得相关的参考资料,也无法了解所要研究领域的相关理论和研究现状,从而使得行动研究的各个环节的开展都受阻。此外,由于一线教师的教育理论素养和研究水平低,个人独立进行行动研究非常困难,需要进行合作性研究。教师行动研究的合作性一方面是指与理论工作者的对话与合作,教师在与理论工作者对话与合作的过程中获得新的教育理论、教学策略和方法,丰富自己的教育思想,提升自己的理论素质,反思自己的教学行为,从而获得课题研究所必要的专业引领与理论支持。另一方面是指教师要学会和同事之间进行对话与合作,形成一种"经验分享、彼此支持、共同成长"的研究团体。但是很多幼儿园由于资金、办学水平或者地理位置、师资力量等条件的限制,无法为教师提供和专家学者进行合作的机会和平台;有的幼儿园虽然有专家和教师合作,但是在实际的研究过程中,许多教师与校外专家的合作经常是基于表面现象,或只是一般性的交流,具有较强科研性质的交流却很少,更谈不上深层次的合作与交流。有的教师甚至在业务上是处在一种"自我封闭"的状态,他们的思想仅仅是封闭在自己个人的狭小圈子内,不愿意听从同事和他人的意见,更不愿意与校外专家合作。但如果没有同行或专家的合作与交流,教师行动研究就不能摆脱个人经验的狭隘性。

二、促进幼儿教师成为教育行动研究者的策略

(一) 树立科研意识,激发科研动机

意识是行动的先导。要想做好教育行动研究,首先要从思想上对行动研究予以重视。要认识到好的研究不是在浪费个人的时间和精力,而是在促使自己专业素养和研究能力的提升。对教育教学实践中遇到的问题进行的行动研究一开始可能比较复杂,但是如果教师研究思路正确,进入研究状态中时,那么,他(她)会寻找到有效的解决问题的思路和方法,并取得一定的成效,从而起到提高教学效率和质量、促进个人和学生共同成长的作用。所以,应该让幼儿教师树立"教师即研究者"的观念,让行动研究成为教师自发、自主的行为。此外,激发教师的研究动机以及保持他们的兴趣是行动研究的一个关键因素。心理学路线的激励理论提出,得到认可、因工作而产生的成就感、在工作中承担更多的责任、个人发展与升迁等因素,能够提升个体对工作的满意度和对工作的热情。[①] 在我们激励教师内在动机的同时,不能忽略外在动机,即行动研究能为教师带来哪些利益,如职称、职务升迁等。行动研究的效果往往不能立竿见影,不能立刻为教师带来外部利益,因此,如何持续地激励教师、帮助教师自我激励,使他们能够不断地反思、研究教学问题,

① 周钧. OECD关于发达国家的教师政策分析[J]. 外国教育研究,2010(9):93-96.

是具有挑战性的难题。①

(二) 优化师资培训,加强对教师的理论和方法的指导

优秀的教师不仅需要有渊博的知识、过硬的教学技能,还需要有追求新知、探寻真理的意识以及从事教育科学研究的能力。提高教师的教育科学研究水平,是教师成功开展教育行动研究的基本前提之一。首先,要从职前教育阶段抓起,改革大学教师教育专业的课程设置,重视研究方法课程,以改变教师在研究方法上"天生不足"的状况。加强学前教育专业师范生的教育科学理论尤其是教育科学研究方法的学习,培养他们收集整理文献、处理数据、统计分析等多种能力。教育科学研究方法的学习最好和大学生的科研立项结合起来进行,通过让学生自己做课题的方式来学习教育科学研究方法。这样可以使他们教育理论的学习和教育科研的实践齐头并进,从而在毕业时不但能够掌握教育教学技巧,也能够具备一定的科研素养。对于刚入职的新手教师,要对其进行教育科学理论和教育科研方法方面的培训,鼓励教师参与到其他教师的课题组中,为以后能够"独当一面"进行研究做准备。而对于已经能够进行研究的教师,可以指导教师根据自己的优势、面临的教育情境和客观情况选好课题,引导教师开展行动研究。

阅读资料 10-2

深圳市后海小学对教师开展行动研究的理论指导方式

面对教师缺乏理论指导的问题,后海小学采取了两种应对方式。其一是建"博士协作工作站"。与当前国内、国际普遍采用的大学—中小学合作伙伴模式所不同的是,后海小学的"博士协作工作站"是邀请 3 所大学的 3 名不同学科专业的在读博士生到学校指导,同时在读博士生也在后海小学收集数据做学位论文。这种合作的特点是,在读博士生能在学校长期辅导教师,与教师有更多的交流,同时通过参与学校的活动来理解学校文化。其二是校长的理论引领。袁校长谈到,中国内地师范教育的"教育学"课程内容与中小学校教育实践相脱节。袁校长特别的工作经历(教师教育者、教研员、教师培训管理者、语文教师和校长)使得她将教学实践与教学理论很好地结合在一起,成为其他教师的理论引领者。更重要的是,她的理论引领关注教师的教和学生的学,即与教师的实践紧密结合。

资料来源:周钧.教师从事行动研究面临的困难及解决建议——基于三个行动研究案例的分析[J].当代教师教育,2013(1):52.题目为编者所加

(三) 克服教师行动研究的功利性思想

要想克服教师行动研究中的"功利性"观念,首先要提高教师开展行动研究的能力。

① 周钧.教师从事行动研究面临的困难及解决建议——基于三个行动研究案例的分析[J].当代教师教育,2013(1):53.

行动研究只是学术研究的一种形式,但绝不是全部。如果只是为了研究而“研究”,为了评职称或竞聘上岗而做研究,那么就失去了探索真理、追求新知的做研究的本真意义。教师在进行研究时,应该提高行动研究的“含金量”,要通过对困扰自己教学和管理的问题进行研究,应按照科研程序进行深入研究,让理论研究在实践的有力支撑下更加充实。其次教师要走出撰写论文的误区,不能让发论文、评职称和竞聘上岗等牵着自己的鼻子走,而应大胆地提出自己独特的想法和见解,通过写论文、参加学术会议、在线交流、发表文章,把自己的想法和见解表达出来。

(四) 改善科研环境,营造科研氛围

教师进行行动研究除了自己要有问题意识,要利用好业余时间积极开展研究外,也需要有良好的外部条件作为支撑。幼儿园应该尽其所能地减轻教师的负担,把教师从繁琐的简单劳动中解放出来,以便有更多的时间和精力来从事教学和研究工作。幼儿园应该能够帮助教师解决在行动研究中所遇到的困难,促使教师能够把行动研究深入下去。在教师评价上,要将形成性评价和终结性评价结合起来,既重视结果,也要重视教师专业发展过程;评价指标要多元化,既要考核教师的职业道德、教学的有效性等方面,也要考查教师对幼儿的关注程度和效果以及促进自身发展和幼儿发展的程度和效果。幼儿园园长本身要树立“科研兴园”的理念,鼓励教师进行教育科学研究,并将教师的科研能力、科研成果等作为人事制度考核和职称评审的一项重要指标。

(五) 提供研究资源,搭建合作平台

幼儿园应该加大资金投入,尽其所能为教师研究提供必要的资金、资源。如购买相关的书籍、期刊等资料,为教师提供查阅网络数据库资料和参加科研培训的机会。只有提供了教师研究所需要的资源,才能为教师参与科学研究提供条件。

行动研究是基于分享与合作的研究,幼儿园应该为教师之间、教师与专家学者之间的合作搭建平台,建立良好的合作机制。在园内举行公开课、研讨会、学术沙龙等,使教师能够分享自己的专业技能和经验,增加教师之间的合作机会。幼儿园要争取大学、研究机构的支持,邀请学前领域的专家、学者到园讲学、实地诊断或者开展长期的合作研究,让一线教师有更多的机会和专家交流,发挥专家学者的专业引领和咨询作用,提高教师的专业素养和幼儿园的学术水平,为教师的行动研究营造良好的学术氛围。

本章小结

1. 厘定了教育行动研究的含义,介绍了教育行动研究的发展历史,总结了教育行动研究的基本特征。

2. 阐述了教育行动研究开展的一般过程,即:选择题目、收集资料、分析资料、拟订行动计划、实施行动、检验方案。介绍了教育行动研究成果公开发表的意义和途径。公开的方式有：口头报告或书面报告、影视媒体手段、图表、计算机网络、展览、开始行动。

3. 分析了教师开展行动研究存在的问题并探讨了促进教师成为教育行动研究者的策略。

拓展阅读

1. 陈桂生，胡惠闵，黄向阳，等.“教育研究自愿者组合”的建构——“合作的教育行动研究”的尝试[J]. 华东师范大学学报(教育科学版)，1999(4)：14-25.

2. 卢立涛，井祥贵. 教育行动研究在中国：审视与反思[J]. 教育学报，2012(1)：49-53.

3. 赵明仁，王嘉毅. 教育行动研究的类型分析[J]. 高等教育研究，2009(2)：49-54.

4. 鲍道宏. 在“行动研究”中达成对话——教育行动研究旨趣探究[J]. 教育学报，2009(4)：58-63.

5. 周耀威. 教育行动研究与教师专业发展[J]. 全球教育展望，2002(4)：53-55，58.

6. 梁靖云. 教育行动研究——中小学教育科研的主要方式[J]. 教育理论与实践，2002(7)：56-58.

思考与探索

1. 什么是教育行动研究？它的特点是什么？
2. 请对某个教育行动研究报告进行分析和评价。
3. 到一所幼儿园对该园教师进行调查，分析教师在进行行动研究中存在的问题。

开采一克镭，需要终年劳动。你想把一个字安排妥当，就需要几千吨语言的矿藏。

——马雅可夫斯基(Владимир В Маяковский)

第十一章 学前教育科学研究的成果表述和评价

学习目标

- 了解学前教育研究成果的表述类型，清楚其基本要求
- 理解并能按要求进行研究成果的表述
- 知道教育研究报告和学术论文的表述方式，掌握写作技巧，能够就具体的格式和要求进行研究成果的撰写
- 了解教育研究成果评价的内容、要求和方式，能应用其原理进行成果评价

核心概念

学前教育研究成果，研究成果的表述，学前教育研究报告，学前教育研究论文，学前教育研究成果评价

本章导读

本章主要界定学前教育科学研究成果表述的意义及类型；阐述了学前教育科学研究成果表述的基本要求；探讨了学前教育科学研究成果表述的步骤；介绍了学前教育研究成果表述的不同形式；介绍了学前教育科学研究成果评价的内容、要求和方式。

引导案例

皮亚杰是著名的儿童心理学家、教育家，日内瓦学派的代表人物。皮亚杰强调观察、实验等方法，早期的研究主要以自己三个孩子为被试。如，观察7个月大的女儿杰奎琳伸手够玩具的事实，思考并提出儿童认知发展四阶段理论；根据儿童对规则的理解和使用，应用两难故事法，对过失和说谎的认识和对公正的认识的考察和研究，把儿童道德认知发展划分为三个有序的阶段等。在不断的研究探索中，皮亚杰将这些对儿童的观察和

实验的思考和结论，以著作或论文的形式表述并出版，成果颇丰，并有许多至今仍被称道的经典之作，如《儿童道德判断》《儿童判断和推理》《儿童智慧的起源》《发生认识论导论》等等。

进行任何研究，不论是实验还是其他方式的研究，最终都需要对研究的结果进行分析和提升，用适当的方式表述出来，也需要得到一定的评价和认可，否则就不会产生社会效益。因此可以说，研究不仅是做出来的，也是写出来的。

第一节　学前教育科学研究成果表述的意义与类型

进行研究成果的表述是学前教育研究工作中的重要环节。可以说之前的文献检索、研究设计等都是为此而服务的。因此在完成了具体领域的教育研究后，要对整个研究过程和研究的结果进行分析和总结，并且根据具体的研究目的、方式及操作过程等特点，选择一定的表现形式，将研究成果撰写表述出来，并将之推广。这既是最终研究成果的体现，也能考察研究者的教育研究能力和教育专业写作能力，有利于提升其专业素养。

一、学前教育科学研究成果及其表述

(一) 学前教育科学研究成果

1. 学前教育科学研究成果的含义

学前教育科学研究成果是教育研究成果的组成部分，指的是研究者以学前教育研究活动为基础，针对学前教育现象或问题进行研究，结合自身已有的知识、经验，经过文字加工和理论分析而产生出来的具有一定的学术价值和社会价值的教育观点、教育思想或新的教育理论，是一种增值知识。所谓的知识“增值”，指的是经过研究者所进行的学前教育研究过程，获得的成果在一定程度上能突破和超出该领域已有的知识水平或范围，具有一定的创新性，能产生新的教育效益和社会效益。

2. 学前教育科学研究成果的特点

学前教育科学研究成果的基本含义也体现了其基本特点，我们可以从以下方面来进行理解。

(1) 学前教育科学研究成果体现了学前教育研究活动的基础性

教育研究都具有一定的基础，因而教育研究成果不是空穴来风、凭空杜撰出来的。任何学前教育研究成果都需要研究者采取一定的研究方法，经过研究探索的过程而获得，研究者要经过严格的课题选择和确定、文献资料检索、研究方法选择和研究过程的展开，每一步骤都要体现学前教育科学研究的特点，遵循学前教育研究的基本规律。

(2) 学前教育科学研究成果体现了研究者的再创造

学前教育研究成果由研究者进行表达和撰写，并具有一定的创造性，不能完全重复别人的相关研究，因此体现了研究者的加工和创造能力，反映着研究者的教育理论基础和教育科研水平。对于研究中获得的文字资料或数据资料，研究者要进行细致的整理和分析工作，并在此基础上，进行理论或事实的分析，通过文字加工，对所有的研究资料进行再加工，最后用一定的形式将其呈现出来。

(3) 学前教育科学研究成果体现了一定的理论价值

教育研究成果要有一定的理论价值和现实意义。进行学前教育研究，研究者需要具备一定的科学创造能力，研究项目要有教育价值和意义。教育研究不是简单地重复别人做过的研究，也不是对学前教育事实的简单描述，必须有明确的结论，要有一定的理论提升或创新。提出新的观点、思想，或提出新的教育方法以及教育措施等，这也是其“增值”的具体体现。反之，仅仅是经验的简单总结。

(4) 学前教育科学研究成果体现一定的表现形式

研究成果需要推而广之，需要得到认可和推广，引起一定社会范围内的认同或讨论甚至学术批判等学术研究活动。因此成果就必须有一定的被人们认可的表现形式，用一定的载体将研究成果表达出来。常见的学前教育研究成果形式有学术论文、研究报告、学前教育专著等等。

(二) 学前教育科学研究成果的表述

1. 什么是学前教育科学研究成果的表述

学前教育研究成果的表述指的是研究者对学前教育研究进行全面总结，运用一定的形式对研究成果进行加工，对研究的目的、研究过程、研究方法和研究结论等用文字的形式表达出来。研究成果的表述有多种形式。

2. 学前教育科学研究成果表述的意义

进行教育研究获得的结论，需要经由一定的形式而表达出来才能得到认可和推广，并在此基础上进行学术交流。也正因此，成果的表达才具有意义。

(1) 促进学前教育研究的发展

学前教育研究成果的表述是将学前教育研究的过程和结果用一定的形式表达、展示出来，利用书面的形式来说明研究了什么、怎么研究的，以及有什么研究的结果，通过这种成果表述，可以将相关研究的价值体现出来，向社会提供教育科学研究的信息，取得一定的社会认可和评价，从而在理论上或实践上促进学前教育研究工作的发展。

(2) 促进学前教育学术交流

对具体的学前教育问题的研究而取得的相关成果表述为其他研究者和研究工作提供了实际研究资料，同时社会对表述出来的研究结果的评价分析，会促进相关的教育学术交流与合作，也可能会将研究成果运用于更广的教育范围内，使得研究成果得到更多人的关注和思考。同时，研究成果的表述可以促进相关知识和理论的深化、传承，丰富学术文献，为其他理论研究者和实践工作者提供有价值的研究基础和研究资料。

(3) 促进研究者研究能力的提升

进行学前教育研究工作本身是研究者利用已有的学前教育知识和经验进行的创造性的研究活动，而研究成果的表述也是一个具有严密思维的过程，不仅需要研究者具备较强的分析、综合及概括的能力，还需要研究者具有准确运用语言文字进行表达的能力。因此，研究者在表述研究成果的过程中，自身的逻辑思维能力和语言表述能力等都能得到提高。

二、学前教育科学研究成果表述的类型

教育研究成果有多种多样的表现形式，根据不同研究所采用的研究方法和所研究的具体内容的不同有不同的分类。同理，这种分类可应用于学前教育研究成果的表述。

(一) 事实型的研究成果

事实型研究成果指的是以事实材料为依据进行论证的研究，如采用教育观察法进行研究获取一定的事实材料而撰写的成果，或运用调查研究的方式去调研、分析的成果，也包括采用实验研究方法进行学前教育实验而展开的研究取得的成果，等等。因此，这一类的学前教育研究成果具体形式有教育观察报告、教育调查报告、教育实验报告、教学案例、教学经验总结等。

这类研究成果的特点在于，一是都以对学前教育事实直接研究所得的第一手材料为基础而撰写，事实材料本身也是成果的主要内容；二是研究成果必须要包括对具体研究方法和研究过程的说明。如实验研究就要说明怎么控制或处理变量，研究变量之间什么关系等。

案例 11-1

学前领域的实验研究成果示例

该研究的基本假设为，3 岁儿童能进行类比推理；根据该年龄段儿童认知发展的特点而设计的，具有可操作性或提供了必要知识准备的类比推理作业能使儿童表现出的类比推理成绩优于在简单书面呈现的类比推理作业中的成绩。在具体实验研究中，该研究者采用四套四项比例模式的类比推理作业作为实验材料，在两个实验组进行实验，并在试验后和对照组进行比较分析。

资料来源：李鹏. 3 岁、5 岁儿童类比推理能力的实验研究[D]. 昆明：云南师范大学，2000.

(二) 理论型的研究成果

理论型的研究成果是以深刻的理论分析和严密的逻辑论证来表述的，这类学前教育研究成果的最大特点在于它的理论思辨性。它以阐述对某一学前教育问题的理论性认识为主要内容，要求能提出较新的观点或理论体系，阐述新旧理论观点间的关系，要求论

点鲜明，论据确凿，论述严密，成果表述的逻辑要清晰。

这类研究成果包括用文献法、比较法、历史研究法等获取研究材料而撰写的学前教育研究成果，如讨论某问题的教育论文，对某研究领域进行的研究综述。

案例 11-2

学前教育基本理论研究示例

教育公平是社会公平的重要基础，也是世界各国和地区教育改革与发展的主要目标。为切实实现学前教育公平，世界主要国家和地区以政府为主导实施多种政策并取得了显著效果，其主要特点表现在以下方面：明确政府推进学前教育公平的主导地位；明确将发展经济落后地区学前教育作为政府主导推进学前教育公平的着力点；建立以公平为导向、弱势为重点的学前教育财政投入体制；以公立学前教育机构为主体促进学前教育公平；以弱势儿童为重点实行免费学前教育；加强学前教育监管与质量评估，促进学前教育质量公平。国际政策对我国学前教育公平政策和学前教育改革发展具有重要的启示和参考价值。

资料来源：庞丽娟，孙美红，夏靖. 世界主要国家和地区政府主导推进学前教育公平的政策及启示[J]. 学前教育研究，2014(1)：53-59.

（三）综合型的研究成果

很多学前教育研究成果具有前两类成果的特点，既有事实材料，又有理论分析和阐释，因此属于综合型的研究成果。根据具体的研究方式和研究过程的不同，这类研究成果的侧重点不一样。如某一学前教育方向的专门著作，可能既有一系列的教育实验结果和教育情况调查，又有研究者的理论观点，并构建了一定的理论体系。再如进行教育观察基础上的研究成果，一般不仅仅是描述事实，往往在丰富的教育案例事实等材料基础上，会有严谨的逻辑推理和理论概括。

案例 11-3

学前教育发展研究示例

当前，我国农村的学前教育如何发展？政府在农村学前教育扮演何种角色？政府与市场的关系如何处理？这些问题都需要认真反思。本文通过对陕西农村学前教育发展状况的深入调查，在充分肯定近年来我国农村学前教育发展取得成绩的基础上，分析了当前农村学前教育发展面临的突出矛盾和问题，提出政府主导是解决这一问题的关键所在，并围绕为什么要政府主导、政府主导什么、政府如何主导等展开论述，在借鉴国外政府干预学前教育基本经验的基础上，对我国各级政府如何主导学前教育发展提出了若干建议。

资料来源：李少梅. 政府主导下的我国农村学前教育发展研究[D]. 西安：陕西师范大学，2013.

三、学前教育科学研究成果表述的基本要求

进行学前教育研究是为了探究学前教育领域内的教育问题或现象，获得理论和实践上的认知提升和问题解决。研究成果的表述有不同的表现形式和类型，但不管什么形式都要有高质量的表达，因为其直接影响着研究本身的质量和研究目的的实现。因此，研究者在进行学前教育科学研究成果的表述时一定要遵循一些基本要求，其概括起来有如下几方面：

（一）要有科学性

科学性是任何科学研究的基本要求。学前教育研究成果表述的内容要有科学性。科学性表现在：表达成果时所界定的学术概念要符合科学的阐释，阐述观点时要正确、完整，论证所用的理论学说和事实要有依据、材料可靠，论证过程要有合乎逻辑的推理，有理有据。另外，研究成果的表述形式也要具有科学性，偏正结构要有合理的安排，语言文字的表述简明、精炼而又不失准确，成果表述的整体形式结构要严谨。

（二）要有客观性

所谓客观性就是实事求是，指的是在研究成果表述过程中研究者要尊重学前教育研究的客观事实，以研究的本来面目为依据进行阐释，而不主观臆造或随意“造出”一些结果。研究者要严格依据学前教育研究进程和研究方法，对于研究中所获得的数据或文字资料要客观呈现，实事求是地对研究材料进行分析和处理，分析其所反映出来的可能结果，在全面考察和分析、概括、总结后进行成果表述，不能主观地“人为”靠向理想的研究成果而进行歪曲事实的表述。

（三）要有创新性

教育科学研究的创新性是其本质特点之一，学前教育研究成果的表述也要追求创新性，注重将研究成果的价值和意义体现出来，而不是重复他人已经做过的工作。在学前教育研究成果的内容上，要将自己的新观点、新发现表述出来，或者在他人已有的研究基础上，将自己进一步的验证、补充或完善想法提出来，或者是对他人研究的本土化研究和应用，创新研究成果也可能是在学前教育实验和调查中所获得的新的数据等。

（四）要有规范性

规范性是进行研究学前教育研究成果的表述的前提和基本要求，也是研究者严谨的研究态度的体现。首先要注重研究成果内容表述的规范性，不管是学术论文还是研究报告等，观点与材料要一致，论证要有严密的逻辑结构和科学的论证方法，观点要明确。其次还要注意语言的规范使用，使用学前教育的规范术语进行表达，需要简明、确切。另外，还要注意成果表述形式的规范性，研究成果的写作结构和布局要清楚、合理，所运用的图标要形象直观且有适宜合理的表现形式，文献的标注格式等要按照规范要求排版。

第二节 学前教育科学研究成果表述的步骤

撰写教育研究成果是进行学前教育研究必不可少的一个环节。不管是用什么方式将学前教育研究成果表述出来,其全过程都大致包括以下这些步骤,即确定主题、编写提纲、撰写初稿、反复修改和定稿几个环节。

一、确定主题

进行任何一项教育研究之前,经过文件的检索和整理、分析,都要明确研究的具体主题是什么。在此,确定主题指的是在研究的具体主题方向的基础上,进一步确定成果表达的题目。

经过前期的研究过程,研究者对于学前教育研究成果的表述内容应胸有成竹,所要表达的中心问题应该是比较明确的,这就是研究成果的主题。进行一项学前教育具体课题的研究,可能最终会获得很多的资料和收获,但不是所有的东西都一起体现出来,而是要确定将研究中最有价值的部分用语言文字呈现出来。具体来说,就是要进一步拟定好题目。研究成果最终用文章的形式表述出来,题目就是成果表述主题的具体体现。拟定的题目要用简要的语言文字表达,同时要准确、具体。

研究成果的题目表达是研究成果内容的高度概括,在确定题目时要注意的事项有:(1)要以恰当的、准确的语言反映研究成果中最重要的特定内容,使得其他人看到了题目就立即了解该研究成果的主要内容是什么;(2)题目一定要简明,力求语言表述的简括、高度浓缩,除非必要,一般情况下文章的题目不要超过 20 个字,若有需要可以加一个副标题。

阅读资料 11-1

题名的格式

1. 题名是以最恰当、最简明的词语反映报告、论文中最重要的特定内容的逻辑组合。题名所用每一词语必须考虑到有助于选定关键词和编制题录、索引等二次文献可以提供检索的特定实用信息。

(1) 题名应该避免使用不常见的缩略词、首字母缩写字、字符、代号和公式等。

(2) 题名一般不宜超过 20 字。

(3) 报告、论文用作国际交流,应有外文(多用英文)题名。外文题名一般不宜超过 10 个实词。

2. 下列情况可以有副题名：

(1) 题名语意未尽，用副题名补充说明报告论文中的特定内容。

(2) 报告、论文分册出版，或足一系列工作分几篇报道，或是分阶段的研究结果，各用不同副题名区别其特定内容。

(3) 其他有必要用副题名作为引申或说明者。

资料来源：国家标准局. 中华人民共和国国家标准 GB 7713—87：科学技术报告、学位论文和学术论文的编写格式[S]. 北京：中国标准出版社，1987.

二、编写提纲

正如写作文前要打草稿，在正式撰写成果前，也应该在写作主题确定的基础上编写一个写作的提纲，对学前教育研究成果的具体内容撰述做一个合理的安排。写作提纲是对写作成果的设计，研究者要先理清自己的思路，全面考虑怎么组织好写作研究成果的各种素材，如何安排好文章主体的框架结构，各层次的逻辑关系如何体现等。提纲可以使得写作的文章结构和布局更加清晰，也有利于梳理前后不同层次关系。

(一) 提纲的作用

在研究成果写作的程序上，提纲是研究者行文前的必要准备；从提纲本身看，它是研究者构思谋篇进行布局的体现。

1. 编写提纲有助于把握写作思路

提纲本身就是成果结构的"蓝图"，是有一定的逻辑性和总括性的，是研究者具体表达成果的设计图，可以帮助其完成全篇的结构，而且层次清楚，简明扼要，重点明确。

2. 编写提纲有助于提高效率

研究成果的提纲可以帮助研究者及时调整思路，将各种庞杂的研究资料和创新性的材料编排起来，让写作者在活跃的思维运作中保持清醒，甚至能根据已有的思路和框架，产生新的研究观点或者有关联想。这些随时在研究和写作中的创作灵感在和已有提纲性框架结合起来，能够有助于成果表述过程的顺畅，而不至于在没有任何设想的情况下产生思维混乱、情绪波动，甚至重新返工的状况。

3. 编写提纲有助于成果表述的严谨

提纲可以帮助研究者在写作中树立起全局性的观念，有助于从整体出发，思考并谋求研究的每个部分、成果的每个层面、观点的每个角度在总体文本中的地位和作用，也有助于形成相互之间的逻辑关系，保持成果各个要素内容的严谨性、相称性，使得研究成果的表述是一个有机联系的整体，内容表达顺畅、连贯。

(二) 提纲的类型

1. 从内容形式上可分为：标题式提纲、简介式提纲

标题式提纲又称骨架结构法，是将写作的研究成果的各级大小标题按照一定层次排

列，概括地列出文章的大致结构。一般文章的写作提纲可以排列到三级，即大小标题的层次可以有三级，必要时可以到四级标题，对具体内容如何展开论述不必涉及。注意：研究成果的标题和题目的语句表达要准确、简练。

简介式提纲顾名思义要简单介绍写作的研究成果的内容要点，即在标题式提纲的基础上，在每一个标题下列出要阐述的内容要点。简介式提纲类似于文章的摘要，把写作的主题内容都简要地表述出来了。

需要注意的是，编写提纲是给科研成果写作搭建骨架的过程，如果准备得比较充分和细致、层次清晰，写作起来就比较得心应手。常用的提纲有标题式和简介式两种，研究者可以依据自己的写作习惯和研究需要进行选择。初学者可以多采用简介式提纲的方式，而且尽量将提纲列得详细些，以便写作时更为顺手。

2. 从内容间关系可分为：总分式、递进式、并列式、综合式

总分式结构能使整篇文章的层次呈现出总—分的状态，即总论点统领各个不同部分的分论点，或者各个层次不同的论点由总论点进行总括。

递进式提纲表现为由浅入深的方式，在成果构思中层层深入、递进，最后根据不断深入的逻辑关系推论出符合中心论题的结论或观点。

并列式结构表现为成果的各个不同层次之间的平行关系，往往没有明显的主次之分，要么是同向并列，要么是反向并列。

综合式的结构在提纲中较为常见。因为一篇成型的文章往往要涉及很多方面，内容比较复杂，因此很难用某种单一的结构来统领和安排。

三、撰写初稿

在准备好充分的材料，拟定好成果表述提纲的基础上，研究者可以按论文格式和写作要求撰写初稿。初稿是对写作提纲的内容的充实，要将具体要表达的观点等落实在书面上，写作时基本上是按照写作提纲的顺序和逻辑层次进行撰写，但也可以灵活掌握，分段完成，因此初稿有不同的撰写方式。

（一）撰写初稿的方式

1. 按照提纲，逐步推进

成熟的写作提纲可以为研究者的初稿撰写提供便利，按照提纲的结构顺序和逻辑层次进行写作比较符合研究者思考的自然顺序，从头到尾，思路比较顺畅，也符合一般的写作习惯。

这种撰写初稿的方式比较符合研究成果篇幅不大的情况，作者各方面准备都比较充分，写作的思路也比较清晰，只需要对写作框架的相应部分进行充实，因此，要安排好时间，最好能在较短时间内完成，以便全文贯通，减少因停顿带来的干扰。

2. 灵活写作，分段完成

学前教育研究具体课题方向不同，研究方法和过程也不同，因此在成果表述中有的

研究会存在一些难点，特别是比较复杂的研究，写作篇幅较长、内容有一定难度，因此可以先写较为容易写作的部分，按照先易后难的原则进行分段写作。如文章的前沿、问题提出部分较容易，可以先写，而研究问题的分析、数据的统计、结果的分析讨论等是比较难的内容，可以后写。这样可以将撰写中的难点分散，集中精力应对。当然，不同的人写作方式不同，也可以将较难阐释的部分内容提到写作日程的前面，先行写作，然后再把容易的部分补全。总之，灵活运用分段写作的方式，可保证初稿撰写的质量。

（二）撰写初稿的注意事项

初稿虽然还不是定稿，尚需修改，但在写作中还是要注意一些具体问题。

1. 突出主题

研究成果的初稿一定要突出研究的主题，将最有价值的研究成果体现出来，所有运用到的材料都要集中于要表达的主题，使得主题更鲜明，文题要密切对应。对初学者来说，最容易产生的问题就是文不对题或离题太远。

2. 行文严谨

初稿的写作要注意行文的严谨性和科学性，文章的层次要清晰，逻辑要分明，文字表达要具有流畅性，内容应简明。即使是初稿，也不能表达随意，切忌繁琐冗长，东扯西拉。在语言表达中，不要出现模棱两可的词语，如“也许”“可能”等。总之，要通过严谨的逻辑推理引出研究的结论和观点。

3. 即事论理

学前教育研究成果是教育科学研究过程的结晶，因此写作中要有理论的提升，即使是事实性的研究成果，最终也不能停留于描述教育事实或现象，要着力提升理论层次，即描述要忠于议论，从理论高度阐明自己的论点，不能采取比喻、抒情等方式来表达，而是要严肃客观、严谨地对资料进行分析，得出结论。

4. 新颖创新

任何学前教育研究都要有研究者自己的独特见解，有价值的研究不是完全重复别人的研究，看问题的角度、研究切入的视角、研究方法的运用、研究对象的择取、逻辑推理的方式等等，每一个方面都可以创新，这就决定了初稿的撰写要有一定创新性，这也是研究创新的体现。

需要注意的是，初学者进行初稿写作要注意按照写作提纲的框架结构展开，进行学前教育概念界定时要用教育科学的术语和规范表达，在行文中使用的教育术语要前后一致，不能随意更换，内容要具有严谨性，前后层次清晰，逻辑分明。写完初稿后，可以从头到尾审视阅读，看文章是否是有机整体，各部分有没有杂糅和重复。

四、修改和定稿

好文章是改出来的。在初稿的基础上，对写成的文章进行各个方面的修改，对论点呈现、文章结构、材料引用、文字表达甚至标点符号等各个方面存在的不足进行认真的审视，或删减，或增补，或修改，或润色，在多次斟酌和修改之后定稿。

（一）修改和定稿的方式

修改文稿要遵循一定的规律，一是可以从总体处着手——谋篇审意，二是从细微处推敲——斟酌字句。不管从总体着手还是从细微着手，具体的修改方式都要灵活运用，目的在于进一步完善文稿质量。具体的修改方式有：

1. 自我诵读修改

初稿完成后，自己多诵读几遍，一些诸如语句不通、衔接不紧密等语言表达方面的问题就会被发现，诵读多遍也可以发现前后层次间的逻辑问题和连接性问题，并进行修改。

2. 请教他人修改

完成初稿后，要大方求教，请别人如自己的老师或者同行再看看，请他们提出修改意见。如果和他人有不同的见解时，可以进行讨论，表明彼此的看法，将有益的意见吸收进来。

3. 及时修改

初稿刚写成后，在写作者头脑中研究思路清晰、印象鲜明时应立即进行修改，以免遗忘。另外，写作者还处于研究成果撰写的兴奋状态，有的想法会接续先前的研究和写作，有利于完善文稿。

4. 搁置修改

在完成初稿后，将其放置一段时间然后再进行修改，就是搁置修改，这是一种冷处理策略。这种修改方法可以使研究者在一段时间后重新审视之前的成果表述，一些以前没发现的问题就会凸现出来，一些之前没有的新想法也会补充进来。

总之，修改初稿的方法较为多样，具体要因人而异，因文而异，可以将各种方法结合起来，以保证文稿的质量。

（二）注意事项

1. 提高主动性

对初学者来说，向专家或教师讨教是修改稿子的最好途径。请教师对自己研究成果的表述内容、层次等各个方面提出修改的意见，并积极和教师就其中具体的内容表达进行讨论、切磋，这个过程本身就是学习的过程，千万不要过于矜持或被动，等着教师找自己。

2. 注重细节

初稿完成后要反复检查、修改，不要急于定稿。“文章不厌百回改”，要注意文稿的细节，认真检查有无科学性错误、题目是否贴切、材料与主题是否统一、结构是否严谨、论点是否明确、论据是否充分、词语是否准确、行文是否规范等等。

3. 规范行文

在行文中要注意规范，如：(1)结构格式规范；(2)文字表达规范；(3)标号标题规范；(4)留空转行规范；(5)符号图表规范；(6)标点使用规范。这些规范的具体要求可以参阅课本或有影响的教育期刊，其格式都有明确规定，这也是学术规范的主要内容。

第三节　学前教育研究成果表述的形式

根据《国家标准 GB 7713—87：科学技术报告、学位论文和学术论文的编写格式》，学术论文指的是某一学术课题在实验性、理论性或观测性上具有新的科学研究成果或创新见解和知识的科学记录；或是某种已知原理应用于实际中取得新进展的科学总结，用以提供学术会议上宣读、交流或讨论，或在学术刊物上发表，或作其他用途的书面文件。

学前教育研究的研究成果表述的主要形式是教育研究学术论文，由于教育研究内容的广泛性和研究方法的多样性，学前教育研究成果的表现形式多种多样，但是各种研究成果在格式上没有严格的要求和区分。在此，主要对教育研究报告和其他一般性论文的表述进行介绍。

一、学前教育研究报告

学前教育研究报告指的是对进行的学前教育研究的目的、过程和成果进行概括和总结，报告情况、建议、新发现和成果的文献。研究报告通常运用实证性研究方法进行研究，如教育实验研究、教育调查研究等，并就取得的研究成果进行阐释而形成的。

就内容而言，不同类型的研究报告的撰写格式不尽相同，但一般而言，研究报告要在表述中体现出这些特点：(1)规范性。研究报告的写作格式以及各个组成部分的写作都有一定的具体规定。(2)客观性。研究报告中的内容必须真实、客观，研究过程和结论要有可信的事实性材料或数据资料的支持，进行讨论分析也要有比较严谨的逻辑性。

(一) 学前教育研究报告的基本格式

研究报告的写作有一定的格式。根据国家标准 GB 7713—87 的明确规定，研究报告的基本格式包括如下部分：

前置部分：题名、摘要、关键词。

主体部分：引言、正文(研究方法、研究结果、分析与讨论、研究结论)。

结尾部分：注释、参考文献、致谢(必要时)。

附录部分：如不便编入正文的重要资料，重要的数据、图表等。

这些项目是研究报告所包含的基本内容，在具体的教育研究报告呈现中，某些细节的内容可以根据实际情况进行灵活处理。如附录部分和致谢部分可以不要。另外，在前置部分要有主要责任人的署名，是一个人单独撰写的，两人合作的，还是研究小组等团队共同完成的，要标志清楚。

学前教育研究报告的基本框架格式如图 11-1 所示：

研究报告题目

作者署名

摘要

关键词

一、引言(前言、导言、绪论)

二、研究方法

三、研究结果

四、分析与讨论

五、研究结论

注释

参考文献

附录

图 11-1 研究报告的基本框架

(二) 学前教育研究报告的撰写

1. 题目

题目即题名、标题。一篇文章的题目是该文的眼睛,是具体内容的集中简练的体现,起到点明题意的作用。

研究报告的题目要简洁、明确,语句的表述要与研究的主题内容相吻合,使人一看就能够了解该研究到底研究了什么内容。对于初学者来说,题目的表述要注意以下问题:

(1) 题目不能定得太大。题目定得太大可能有两种情况,一是写作者将研究范围扩大了,没有准确限定。如研究某一地的学前教育情况,却不适当地将题目定为“我国×××研究”等。因此,可以通过加限定词语的方式将其准确表达出来。二是写作者没有将核心概念界定好,即自己也不清楚应用的不同术语表达有何区别,如幼儿游戏和幼儿游戏心理是不同的,在题目中将研究幼儿游戏心理写成幼儿游戏,这就造成范围过大。

(2) 研究报告的题目要体现出是对谁进行的研究,进行了什么研究,最好还要体现出研究方法。如果存在不同的变量,题目的表述要能够表达出来不同变量之间的关系。

案例 11-4

学前教育研究报告题目示例和分析

文献信息 1:陆俊杰,李芳芳.学前儿童眼部不适与其家庭电子产品使用之间的关系及干预[J].学前教育研究,2016(3):50-56.

分析:从题目可以看出该研究的相应信息,即其研究对象是学前期的幼儿;研究内容是儿童眼部的不适与家庭电子产品使用的关系。其变量关系是家庭电子产品的使用和儿童眼部的不适之间的影响关系;另可判断出,该研究采用的是实际调查类的研究方法。

文献信息 2:王妮妮,赵微.影响学前儿童图画书自主阅读的因素——来自眼动的证据[J].学前教育研究,2015(12):22-27.

分析:该研究的研究对象是5～6岁的学前幼儿;研究通过对学前儿童在自主阅读中的文字注释情况探究其阅读能力的发展;研究的变量关系为儿童眼动和自主阅读之间的关系。从题目中可以看出其研究方法采用的是记录阅读时眼动的实验方式来展开。

2. 摘要和关键词

摘要也称内容提要,用大约两三百字对研究加以描述,将本研究的具体内容用简要介绍的文字呈现出来,包括研究的问题、研究对象、研究的程序以及研究的结论。任何教育研究都需要有摘要,其目的是在读正文前,先让读者大致了解本研究成果的内容。因此,一个好的摘要一定要有可读性,能提供文章最主要的、有价值的信息,一般人们的阅读习惯都是从阅读摘要开始。进行国际交流的文章还要有英文的摘要。

关键词是研究报告和其他学术论文的主题词,是从报告、论文中选取出来用以表示全文主题内容信息的术语。因此,关键词是对研究报告内容的主要的、关键术语的呈现。因此,关键词必须是专业术语,不要自己随意组词作为关键词。

摘要和关键词的写作要求有以下几点:

(1) 摘要应具有独立性和自含性,即不阅读全文,就能获得必要的信息。摘要中有数据,有结论,是一篇完整的短文,可以独立使用,可以引用。摘要的内容应包含与报告、论文同等量的主要信息,供读者确定有无必要阅读全文,也供文摘等作二次文献采用。

(2) 摘要一般应说明研究工作目的、实验方法、结果和最终结论等,而重点是结果和结论。

(3) 中文摘要一般不宜超过200～300字;外文摘要不宜超过250个实词。如遇特殊需要字数可以略多。

(4) 除了实在无变通办法可用以外,摘要中不用图、表、化学结构式、非公知公用的符号和术语。

(5) 每篇文章可选取3～8个词作为关键词,以显著的字符另起一行,排在摘要的下方。如有可能,尽量用《汉语主题词表》等词表提供的规范词。

(6) 关键词尽量使用名词性术语。为了国际交流,应标注与中文对应的英文关键词。

3. 引言(前言、导言、绪论)

引言简要说明研究工作的目的、范围、相关领域的前人工作和知识空白、理论基础和分析、研究设想、研究方法和实验设计、预期结果和意义等。在学前教育研究报告中,引言是正文的开始部分,有时也直接说是问题的提出等,叫法不一,但作用相同。

学前教育研究报告的引言实际上就是要回答这些问题:为什么要进行这个研究?要研究什么?研究的相关背景怎样?怎么进行研究?因此,其具体的内容包括:本研究提出的缘由、研究的目的和意义,以及研究方法的简介。详细的引言还需进行研究综述,简要介绍相关的研究。引言的作用在于提出问题,引导读者阅读和理解全文,让人了解该研究的价值。

引言撰写的基本要求有:

(1) 引出研究的问题要直截了当。引言用概括性的语言将研究的中心问题交代清楚,直截了当,不做过多的详细的文字描述。

(2) 简要介绍研究目的和方法。引言对研究背景和相关研究状况的介绍相对来说较为详细,但是对于研究目的则做简短的说明,研究方法只需要一两句话介绍大致框架即可,因在后面的正文部分有专门的研究方法的详细说明。

(3) 相关研究的综述应概括简洁。在本部分要概括地介绍与本研究有关的文献资料,使读者能了解该研究的背景和现状。但是在引言里的文献综述和单独成篇的文献综述在内容容量上是不可同觑的,介绍的是最主要的相关研究成果等,最后对相关研究进行简要综述。

需要注意的问题:引言的写作总体上看需要概括、简洁:(1)引言字数不宜过多,篇幅一般控制在全文的五分之一以内,容量控制在两三个自然段内,比较短的文章只用一小段的文字就可以。(2)引言只是起到引出问题的作用,因此不要有插图、列表等等。(3)引言应言简意赅,不要与摘要雷同,不要成为摘要的注释。一般教科书中有的知识,在引言中不必赘述。

4. *研究方法*

正文部分的研究方法撰写,主要是系统地对研究的工具、研究的对象范围、具体的研究方法及其操作程序、研究数据等资料的整理进行说明,体现的是研究的过程。这一部分的介绍要客观,让读者能够了解该研究活动的科学性,知道研究结果是通过可靠的途径和方式而获得的,因此是研究报告中重要环节之一。

这一部分的写作要注意以下要求:

(1) 研究对象与范围要说明。要准确地描述研究对象的情况和具体的范围。

(2) 介绍研究工具及其使用情况。研究报告对所应用的研究工具要进行详细介绍,如调查量表的设计和改进,观察表的由来和构成等。量表和问卷等研究工具的设计和内容结构、标准化情况,是否进行过验证,信度和效度情况等。

(3) 说明研究方法及其操作程序。如果是实验研究,要说明实验的条件、实验的步骤等,如果是调查研究,要说明调查的具体过程和步骤,如果是观察研究,要说明观察的具体实施过程。注意,研究方法要具体,具有可操作性。

(4) 简要说明研究的数据等资料的整理分析过程。用较为简洁的文字说清楚用了什么统计方法进行数据的整理和统计分析。

对于研究所获得的数据资料可通常运用 EXCEL 或 SPSS 统计分析软件包进行统计和分析。

需要注意的是,研究方法部分的写作要交代清楚具体的研究方法,这是研究报告中不能忽视的部分，是研究科学性的体现。要说明研究方法是什么，怎么应用的，操作的程序是什么样的，如果是选取样本的调查，那么样本是怎么选取的，研究工具是自编的，还是借鉴了成熟的研究工具，还是自己进行了一定的修改，最后所获得的资料是如何处理的。初学者切记，本部分的介绍要客观、清晰。

5. 研究结果

研究结果是研究报告的核心内容，是用客观的数据和事实材料呈现研究的完成情况。这一部分要展示出研究所获得的每一项研究结果，并进行说明、阐述，有的还需要有详细的、准确的数据和图表，但是不需要对结果的具体含义进行讨论。用语言文字和数据、图标来呈现研究结果，目的在于说明结果获得的必然性，而非偶然性。

研究结果的写作要求如下：

(1) 研究结果的叙述应该全面完整。无论是描述统计的结果，还是推论统计的结果，都应当提供全面的统计结果。

(2) 研究结果的叙述要简明。研究结果的叙述是客观的介绍，目的是为下一部分的讨论做准备的，因此，在这一部分不需要进行具体的讨论。

(3) 研究的数据必须经过处理后呈现。研究的原始数据不必一一罗列出来，因为原始数据中的某些数据只具有参考价值，有的可作为背景性的数据，因此，研究者要根据具体的研究目的和内容，对研究数据进行处理后，再采用各种形式将其呈现出来。

(4) 恰当使用不同的表现形式。研究报告的研究结果有两种基本呈现形式，即语言文字描述和图标呈现。研究成果的撰写主要是应用语言文字，有时文字的阐述需要有数据说明，这时可以采用列表的形式，或者利用更为形象的图来辅助表现。注意，不同的图表有不同的适用性，要恰当使用。如数据已绘成图，可不再列表。

需要注意的是，研究所获得的数据等实证性材料，必须要经过研究者的处理，不能将所有的数据都按原样呈现，要选择有价值的资料，用文字、图或表的不同形式表述出来。

文字、图和表是相应的，相互构成研究成果阐述的整体。文字能说清楚的，不必列表，用图表达清楚的，也不必列表。

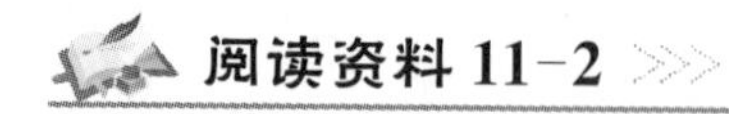

阅读资料 11-2

研究结果的撰写中图表的应用

(1) 表的应用

表的编排，一般是内容和测试项目由左至右横读，数据依序竖排。

表应编排序号。每一表应有简短确切的题名，连同表号置于表上。必要时应将表中的符号、标记、代码，以及需要说明事项，以最简练的文字，横排于表题下，作为表注，也可以附注于表下。

表的各栏均应标明"量或测试项目、标准规定符号、单位"。

表内同一栏的数字必须上下对齐。表内不宜用"同上""同左""，"和类似词，一律填入具体数字或文字。表内"空白"代表未测或无此项，"—"或"…"代表未发现，"0"代表实测结果确为零。

(2) 图的应用

图包括曲线图、构造图、示意图、图解、框图、流程图、记录图、布置图、地图、照片等。

图应具有"自明性"，即只看图、图题和图例，不阅读正文，就可理解图意。

每一图都应有简短确切的题名，连同图号置于图下。必要时，应将图上的符号、标记、代码以及实验条件等，用最简练的文字，横排于图题下方，作为图例说明。

曲线图的纵横坐标必须标注"量、标准规定符号、单位"。此三者只有在不必要标明的情况下方可省略。坐标上标注的量的符号和缩略词必须与正文一致。照片图要求主题和主要显示部分轮廓鲜明，便于制版。如用放大缩小的复制品，必须清晰，反差适中。照片上应该有表示目的物尺寸的标度。

资料来源：国家标准局. 中华人民共和国国家标准 GB/T 15416—2014：科学技术报告、学位论文和学术论文的编写格式[S]. 北京：中国标准出版社，2014.

6. 分析与讨论

这一部分是对研究结果所进行的深入的分析、评价和论证。研究者依据学前教育的相关教育理论，对研究过程所获得的结果进行思考和客观的认识、分析，并提出自己的观点。相比较而言，上一部分的研究结果呈现有客观的依据，有数据或事实材料支持，只需要客观陈述即可，而这一部分的分析和讨论则需要研究者有自己的认识和思考，是研究报告中最难写的一部分，写作的内容要有一定的见解，并具备独特性、创新性，是对研究者学术水平的考验。

分析与讨论部分的写作内容包括：对前言中提出的要研究和解决的问题进行回应，对最初提出的研究假设给予明确回答。然后，对研究所取得的结果进行理性的、客观的分析，将问题存在的原因、根源等解释出来。最后，还要进行理论层面的提升，并将研究结果引向理论认识和实践应用，以体现研究的价值。

撰写分析与讨论部分要求达到以下几点：

(1) 对研究结果进行深入分析和探讨。前面的研究结果呈现部分已经说明过的内容，在这个环节就不能重复出现，而是要对结果进行理论层次的探讨和分析。研究结果和研究假设符合或不符合，都要深入地进行分析，将可能的原因等揭示出来。

(2) 分析论证要严谨。要根据相关的教育理论，用科学的教育科学概念、严谨的逻辑和清晰的思维，对相关问题进行论证。研究者要遵循教育研究的规律和科学规范性，不能为了得到所谓理想的结果就随意做出主观判断和解释。

(3) 对研究结果要全面分析和讨论。任何学前教育问题都不可能存在唯一的原因或解决途径。因此，在论证过程中，研究者要广开思路，从不同的角度和方面对研究结果进行深入分析，全面客观地呈现对结果的认识和探讨，以免看问题的片面性。

需要注意的是，在讨论和分析中要遵循最重要也是最基本的原则，就是教育实验或教育调查的结果的客观性，在此基础上展开分析，展示自己的主观性认识。这一部分写得如何，和研究者自身的理论素养和学识有密切关系，因此，对于初学者来说是最难的。

不管是学前教育研究试验还是调查研究，都会涉及这样一些问题：如何对结果进行科学的全面的解释和分析？现有的结果是按照研究假设的思路出现的吗？究竟是哪些因素促成了或影响了这样的结果？这些影响因素在多大程度上产生了影响？本研究还存在着什么方面的局限？在应用研究结论时有没有先决条件？可以推广的范围有多大？等等。对于这些问题的说明与分析要求研究者必须对研究过程有严谨、客观的涉入和感受，也能够从学前教育理论的角度来展开讨论，避免仅仅从个人的主观感受出发，对研究结果进行想当然的处理和分析，使得研究结果在一定程度上失真。

7. 研究结论

研究报告的结论是最终的、总体的结论，是用简洁的文字对研究的主要成果进行高度概括和呈现。结论是研究者对研究成果的最终推论，在研究报告中起到画龙点睛的作用。

研究结论不是研究成果的再次表达，而是对研究成果的高层次的概括，表述的是研究结果说明了什么，提示了什么，应该怎么办，还需做什么等。因此，研究结论透过了事实性材料表面现象，揭示的是内在规律。

研究结论的写作注意事项有以下几点：

(1) 在客观事实基础上得出结论。研究结论是以研究结果为依据的，是对研究结果的客观真实的反映，因此结论必须要有可靠性。

(2) 明确结论的使用范围。研究的范围和研究结论之间存在直接的关系，研究结论有的使用范围一定要与此相应，不能随意扩大结论的使用范围。

(3) 结论应该准确、完整、明确、精练，具有逻辑性。

(4) 可以在结论或讨论中提出建议、研究设想、改进意见、尚待解决的问题等。

需要注意的是，研究结论不是正文中各段的小结的简单重复。结论应该是更高层次的概括，因此要表述准确和简练。如果不可能导出应有的结论，也可以没有结论而进行必要的讨论。在写作中也可以把对问题解决的策略或建议放在结论部分进行阐述。

对初学者来说，研究报告的讨论部分和结论部分，是对自身教育学术水平的验证，需要研究者持严谨、认真，全心投入的态度对待之。

8. 注释和参考文献

学前教育研究大都参考了前人的研究结果，或是总结了前人的研究经验，或是吸收了他人的学术思想，或是由别人的研究而受到了启发，等等。因此，在研究成果的撰写中一定要将引用的他人的研究资料以一定的方式表现出来，注释和参考文献的说明是对他人研究成果和付出的劳动的尊重，同时也可以为其他的研究者提供研究信息，以供检索查阅。

(1) 注释

注释是对文中出现的某些词语、内容的解释说明，是对文章引用的别人的话语、观点等的进一步解释说明，或是对某一特定内容所做的进一步说明。注释的方法不一，大致有以下几种：

① 夹注。夹注也称文内注，就是在行文过程中，在需要进行解释说明某些词语、观点等内容的后面直接加一个括号，里面写明引用资料的作者、文献年份、页码等信息，而文献资料的全称等信息则统一列入文末的参考文献中。这类注释比较直观。

② 脚注。脚注也称页末注，在需要解释说明的词语、观点等内容的右上角标注序号，在本页的页脚按照序号分别对需要解释的内容进行说明。著作的注释内容一般采用脚注的方式。

③ 尾注。尾注即篇尾注，在文中需要进行解释说明的词语、观点等内容的右上角标注序号，但是具体的注释内容放在文章的末尾，按顺序写明。期刊论文和著作都经常采用尾注的方式。

注意：不管是脚注还是尾注，注释的序号都必须使用圆圈数字序号，以和参考文献的序号相区别，即用①、②、③……表示

 **案例 11-5**

注释的著录格式示例

一般期刊论文的注释采用尾注的方式，将注释的内容放在文末。如某文有 3 条注释，分别对文中出现的美国"新数"运动、得宝(Duplos)玩具、美国高中生进入大学的 SAT 和 ACT 考试进行了进一步的解释说明。其文末的注释内容为：

注释：

① "新数"运动可以被定位为一个通用的术语，指的是在美国 20 世纪 50 年代到 60 年代之间在教育界兴起的以改革、修复、提高数学教育效果为目的的一系列改革。

② 得宝玩具是乐高积木的一种，由著名的丹麦玩具公司乐高公司(LEGO Group)生产。得宝积木的体积是传统乐高积木的 8 倍大(长、宽和高都是从前的两倍)，因此更容易让幼儿操作。尽管大小发生变化，这些积木仍然能兼容传统的乐高积木。

③ SAT 和 ACT 不是全国统考，而由美国两个考试中心具体实施。

资料来源：刘彦华，林存敬，陶翠萍. 美国婴幼儿数学教育研究的趋向和特点[J]. 学前教育研究，2013(8)：50-55.

(2) 参考文献

对于研究成果表述中涉及的所有的参考资料都进行标注，这不仅是对其他研究者的尊重，也是教育研究的基本规范。参考文献要按照在文中出现的先后顺序，进行统一编

号,然后按照这个顺序,将所有的文献资料主要信息都列在正文后面。

参考文献的主要信息包括以下内容:

① 文献的责任者姓名。如果有三位以上的多位作者,可以在第一作者或第三作者姓名后用“等”来表示。

② 文献的题名。著作名,或者论文、研究报告、会议论文、学位论文等的标题。

③ 文献的来源。著作的出版社及其所在地、期刊文章的期刊名称、会议论文的会议名称、学位论文的所在学校、报纸文章的所在报名等。

④ 文献的时间。著作的出版时间、期刊论文的出版期次、会议论文的会议时间、学位论文的发布时间、报纸文章的出版时间等。

文献的具体位置:引用的具体内容在整个文献中的具体位置,即起始页码要标注清楚。所在著作的页码要标示清楚,而期刊论文的页码这一项可选注。

参考文献的类型不同,在进行标注时其标识也不一样。根据 GB 3469 的规定,不同文献类型以字母形式来进行标注,常用的几种文献类型如下所示:

普通图书:M

期刊:J

报纸:N

学位论文:D

会议录:C

专著或论文集中的析出文献:A

报告:R

标准:S

数据库:DB

电子公告:EB

联机网络:OL

光盘:CD

案例 11-6

常见的几种参考文献著录格式示例

[1] 薛烨,朱家雄. 生态学视野下的学前教育[M]. 上海:华东师范大学出版社,2007:246.

[2] 陆俊杰,李芳芳. 学前儿童眼部不适与其家庭电子产品使用之间的关系及干预[J]. 学前教育研究,2016(3):50-56.

[3] 朱孝菊. 如何提高幼儿教师的职业吸引力——一份对基层幼儿教师生存状态的调查[N]. 中国教育报,2014-09-14(2).

[4] 闫伟鹏.农村幼儿教师生存状态的叙事研究[D].重庆:西南大学,2010.

[5] Machin S. Childhood Disadvantage and Intergenerational Links[C]//Atkinson A B, J Hills. Exclusion, Employment and Opportunity. London: London School of Economics, 1998:34-39.

[6] 北京教育科学研究院民办教育研究所课题组.北京市某区小区配套民办幼儿园办学状况调研报告(内部资料)[R].2011-03-21.

[7] 教育部《3~6岁儿童学习与发展指南(试行)》[EB/OL]. http://www.moe.gov.cn/publicfiles/business/htmlfiles/moe/s3327/201210/xxgk_143254.html, 2012-10-15.

需要注意的是,对于初学者来说,要搞清楚注释和参考文献的区别。它们的共同特点都是对引用的其他研究文献进行说明,但二者区别也很明显,主要表现为:

(1) 内容不同。参考文献是对于所查阅和参考过的文献的目录进行著录,文献的作者、来源以及出版时间等信息项要列全;而注释则是对引用的观点及说法等进行的进一步解释或补充说明。

(2) 标注位置不同。注释可以用文中的夹注、页码末的脚注、文末的尾注等形式,参考文献一般是集中列在文章末尾。

(3) 标注的序号形式不同。二者都需要按顺序进行编号,注释用圆圈数字形式,参考文献用方括号数字形式。

9. 附录

把进行研究所用的调查工具或部分原始材料附在研究报告的后面,以免占用正文的篇幅,使得正文内容集中,同时也可以为读者提供了解和分析研究状况的资料,可以从中分析搜集调查材料的方法或实验方法是否科学,所用工具是否可靠,材料是否可信。

附录的内容一般包括:所用的调查工具、与研究的结论有密切相关的原始数据,以及研究的一些记录等。

选用附录需要注意以下几点:(1)附录是补充项目,并不是必需的。(2)附录的写作是为了正文的完整,对于那些不适合编入正文的材料,可以放入附录。(3)附录的内容不要过多,研究产生的原始材料不必一一都列在后面,选择与研究结论关系密切的即可。

二、学前教育研究论文

学前教育研究论文在这里指的是除了实证性的研究报告以外的理论性论文,或者称为学术论文,反映学前教育研究成果。

学前教育研究学术论文的特点是要有理论性。具体表现在:一是有严谨的逻辑性,基本观点要有学前教育理论依据,思辨性强,理论性突出,内容表现出较强的逻辑性。二是有创新性,即对于所研究的课题在理论上有创新,或方法上有所改进,或者在事实上有新的发现。总之对于学前教育问题能提出新的认识。

学术论文的写作风格和类型是多种多样的。根据研究目的,可以将其分为理论探讨型、综合论述型、预测型论文;根据写作的内容和方法,可以分为论证型论文、考证型论文、诠释型论文。不管哪一种论文,其写作的基本格式和要求都要按照学术论文的一般格式进行撰写。

(一) 学前教育研究论文的基本格式

一篇完整的学前教育学术论文一定要包括要研究的中心论题、理论分析和结论。具体的写作结构与学前教育研究报告一样有明确格式,根据国家标准 GB 7713—87 的明确规定,学术研究论文的基本格式包括如下部分:

前置部分:题名、作者、摘要、关键词。

主体部分:绪论、本论、结论。

结尾部分:注释、参考文献、致谢(必要时)。

附录部分:必要时列明。

需要注意的是,论文的写作比较灵活,写作中可以按照需要灵活处理。如无必要时不要附录;绪论如何开始,正文如何展开论证等,不必遵循一定的固定格式。

学前教育研究论文的基本框架结构图如图 11-2 所示:

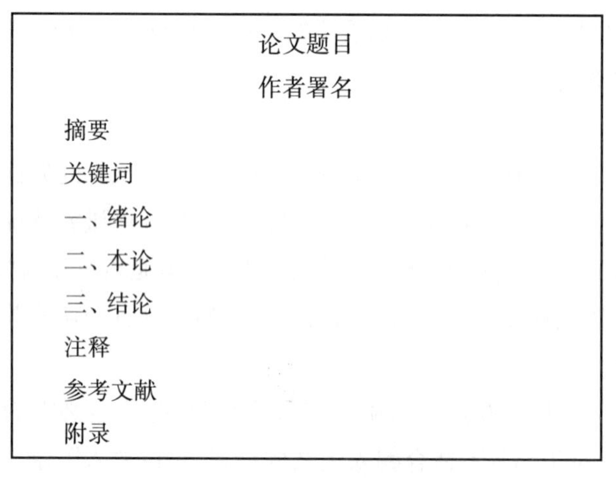

图 11-2 论文的基本框架结构

(二) 学前教育研究论文的撰写

学前教育研究论文的撰写具体格式和内容与研究报告不同,但究其表述方式而言,还是有着相对一致的顺序和规律的,都是依据一定的逻辑思路进行的。

研究论文中的前置部分,如文章的题目、摘要和关键词的撰写要求和规范与研究报告有相似之处,注释与参考文献的著录、附录部分的写作也都有一致性。因此,本部分仅对论文写作的主体部分进行说明,其他的不再赘述。

1. 绪论

绪论就是文章的开始部分,又可称为前言、序言、引言、导言等,有人直接称为问题的提出。不管叫什么，其作用是一致的，就是论文的引子，目的在于引导读者了解论文要写什么，引出正文的本论部分。

就具体内容而言，论文的绪论通常包括以下内容：研究要解决什么问题，本文的中心论点是什么，本研究的背景，评述前人的研究成果，概述本研究的目的和价值、意义，界定本研究涉及的主要教育概念或术语，等等。这些内容在写作过程中不必面面俱到，可以根据具体情况进行选择，目的就是把要研究的问题方方面面交代清楚，引出下文的本论内容。

就写作方式而言，论文的绪论部分写法多样：可以开门见山地直接提出研究的问题；可以通过对写作背景的说明提出研究的问题；也可以用质疑的方法，或者用揭示矛盾、说明闲置现象的方式提出问题，等等。研究者可以根据实际情况，或自己的写作风格，灵活掌握。

论文绪论写作中应注意以下一些问题：

（1）提出研究的问题要明晰

不管用哪种方式提出问题，一定要表述清晰。表述要能给人留下清晰的、深刻的印象；同时，问题的表述最好能够引起读者的思考，使得交代的问题与读者已有的相关知识建立起必要的联系，这样能够促进对于论文主旨内容的理解。

（2）介绍研究背景和相关研究时要客观

对研究问题的表述如果涉及前人的研究成果或当前他人的研究，介绍说明时要客观、公正、准确，对有关研究成果的评价要实事求是，不能为了突出自己的研究的价值和意义，就毫无根据地否定其他人的相关研究。另外，介绍和说明时不要太啰唆，力求语言精练简洁。

（3）对研究价值的说明要实事求是

对论文自身的研究价值与意义的介绍是绪论中的重要内容，但是也要力求实事求是，不要过多渲染，语言的表达要朴实具体，不要有夸大的说法，或者空洞的言辞，也应该避免主观拔高自己的研究的价值。

（4）绪论写作要精炼

一篇论文的绪论部分主要是引出正文，因此篇幅不宜过长，否则会让人觉得头重脚轻，喧宾夺主。有的人介绍相关研究背景和文献非常详细，其实大可不必，因为对文献的梳理和分析可以做成一篇独立的文献综述，而在论文的绪论中只需对重要的文献进行提及，并进行评介。

2. 本论

本论是论文的主体部分，是作者证明论点、分析现象、表达结果的部分。本论部分反映论文质量的主要指标，也能集中体现研究者的学前教育科研水平和论文写作水平。

本论部分极其重要。论文中的本论相当于研究报告中的研究结果和分析与讨论部分，一定要有严谨的论证过程，也要呈现作者自己的教育观点。从篇幅上看，论文的本论部分要占到整个论文的三分之二以上。

论文的本论部分，关键点就是进行论证。研究者要提出中心论题，用一定的理由和材料作为论据进行论证，论点要明确，论据要充足，论证要符合逻辑。本论写作的注意事项有以下几点：

（1）研究主题要突出

研究主题就是进行论证的论点，是论文的灵魂所在。因此，在写作中，研究者要用准确的表达、明晰的文字提出中心论题，用科学的概念、术语进行解释，突出整篇论文的主旨，防止模糊化。也就是说，研究主题的写作要有较高的清晰度，提出方式要能够统领全文。

（2）区分相关论点

论文主要是研究者通过文字证明自己的观点，任何学前教育研究都要有一定的研究基础，因此必然会涉及如何对待他人的观点的问题。需要注意的是，相关研究的论点可以引用，可以批驳，但无论如何写作者都需要确定一件事情：自己的研究论点和其他研究的论点之间的关系，特别是研究之间相似度较大时，一定要判断好，以站稳脚跟。这可以表现为不同情况：一是自己的观点和他人的观点一致或接近，可以接受并通过他人的观点来证明自己的观点，但是引用时要准确。二是他人的观点和自己要论证的论点存在部分的吻合，写作者就需要对他人的观点进行提炼，谨慎应用，切不可断章取义。三是有的研究和自己的研究观点相左或完全相反，而其中一些研究还比较权威，这就需要研究者在确认自己研究的基础上，以科学的方式提出理论探索或挑战，客观地进行辨析和论证，特别是将彼此研究的背景、条件等表现清楚。

（3）论据材料要充分

论文本论主要是进行科学严谨的论证，论据一定要充分。各种研究资料的丰富、充足与否，决定着论证的质量。因此，研究者要尽量占有足够的研究资料，并在详细解读和分析的基础上进行运用。

在选择事实性研究资料时，要选准事实，即这些事实必须能恰当充分地证明论点，同时还是学会运用事实。因此，事实性材料贵在精和准，而不在于数量多少。在选择理论性研究资料时，要保证有关学前教育理论运用的准确性，不能割裂原有理论的背景和运用条件。

（4）论证过程要严谨

论证是用论据来证明论点的过程，解释论点和论据之间的必然关系。在论文写作中，论证过程要严谨，用语的表述要精当，文字的准确性和语句的逻辑性、前后内容的层次性等都需要写作者进行精心的安排和布置。

 **阅读资料 11-3**

学术论文的正文形式

（1）平列分论式。围绕中心论点设立若干分论点，这些分论点与中心论点是垂直关系，分别论证中心论点；各分论点之间是平列关系，对中心论点的论证，构成不同角度不同侧面的格局。

(2) 层递推论式。把论点分为若干层次，论证时层层展开，步步深入，指导最后得出结论，文章中各层次之间呈递进关系。

(3) 平列层递结合式。在对实际教育问题的论述中，常常把两种方式结合起来综合使用，从纵横两个方面论证和阐述，特别是对一些复杂的问题，应不断变换角度，对问题的各个方面分别予以论证。

资料来源：裴娣娜. 教育科学研究方法[M]. 沈阳：辽宁大学出版社，1999：290.

3. 结论

学术论文的结论是围绕本论部分所做的结语，应从理论上说明研究结果的意义，并总结全文，深化主题，对研究成果进行更高层次的精确概括。结论是论题被充分证明后的结果，写作的措辞需要严谨，逻辑也要严密。

论文的结论部分包括的具体内容有：对本研究的整体性的判断，总结性的观点；提出切实可行的解决问题的策略；说明本研究的局限性，有哪些问题尚未得到解决；提出进一步研究的途径等。

结论的写作也可以有多种方式，写作者可以根据写作习惯和需要进行选择，如概括总结式的写法、评价式的写作、提出问题式写法、提出建议式写法，等等。写作时要注意：

(1) 结论的内容要简洁

结论是对要研究的问题的综合、概括，是全文的总结，因此写作时要注意内容要简洁，表达也要明确，不可有过多内容。

(2) 结论的表达要严谨

论文的结论是对论证过程的总结，因此措辞表达要严谨，逻辑要严密，不用华丽的辞藻来进行描述，而是要准确表达，语言朴实。

 **案例 11-7**

论文的结论部分写作示例

建立新的学前教育质量保障和监控体系即将被提上议事日程，认真探索此项工作中的科学研究方法，显得非常迫切。我国在这个领域中的科学研究虽然起步较晚，但也具有“后发优势”，可以借鉴国际上已经取得的成果，吸取其教训，保证我国学前教育质量评估改革能够始终在科学的道路上。本文对相关技术型问题进行了介绍与分析，希望起到抛砖引玉的作用，引发更多学者的关注和研究。

文献来源：刘昊. 学前教育质量评估研究中统计分析方法的新发展[J]. 学前教育研究，2013(2).

第四节 学前教育研究成果的评价

学前教育研究是一个不断探索的过程,对于已进行的研究来讲,取得的研究成果价值如何,需要进行一定的鉴定和判断。学前教育研究成果的评价是进行研究的最后一个重要环节,它决定着学前教育研究成果能否得到学术界和社会的承认。

对学前教育研究成果进行评价,对于进行教育研究起着导向、激励、调节和促进等作用,不仅可以鉴定研究成果本身的价值,还可以促进相关研究的改进和研究水平的提高。对于研究者来说,合理评价学前教育研究成果,可以调动研究人员的积极性,也有助于对相关研究进行调节和控制,调整方向,修正研究内容,以提高研究的总体质量。

一、学前教育研究成果评价的内容

对学前教育研究成果进行评价,评价的内容应指向研究的各个方面。但是教育本身的长期性和复杂性,使得教育研究成果所产生的社会作用和影响并不是立竿见影的,而是长期的、渗透性的。因此,我们不可能对学前教育研究成果的所有方面和价值进行评价,只能从主要的方面着手,即对研究成果所反映出来的学前教育研究的目标、研究过程、研究结果这三个方面进行评价。

(一) 学前教育研究的目标评价

研究目标是进行学前教育研究开始的时候确立的整体思路,明确要解决什么问题,是研究的起点。对学前教育研究目标的评价应涉及两个方面:一方面,学前教育研究课题的创新价值;另一方面,学前教育研究课题所构建的理论体系和概念体系的科学性和可靠性。通过对研究目标进行评价,一是可以鉴定研究的价值,二是可以促使研究者对目标的设定更加合理、科学。

(二) 学前教育研究的过程评价

过程评价指的是在研究结束后,对整个研究过程进行全面分析,包括从研究的准备、研究的实施到研究的总结阶段。其具体包括了以下工作:研究的设计、文献的检索和整理、研究方法的选用、结果的得出,等等,包括所有的研究工作环节,主要是评价研究过程的规范性、可行性以及科学性。

(三) 学前教育研究的结果评价

结果评价主要是对学前教育研究的价值判断。不同类型的研究成果对社会发展和教育发展的影响和效益不同,这就体现出价值的不同。学前教育研究的结果评价主要从学术理论价值和社会应用价值两个方面来进行。

理论型的学前教育研究成果更多表现为学术价值，主要指的是某项研究在学术上有对学前教育科学知识的贡献，具体表现为理论观点上的创新、研究方法上的突破、学术领域空白的填补，等等。

应用型研究的社会价值比学术价值更为明显，主要指的是某项研究对解决学前教育发展和实际问题方面有现实的作用，如对教育行政部门的决策提供理论观点，提出具体的问题解决的建议、方案等，总之具有一定的实用价值和推广价值。

二、学前教育研究成果评价的要求

要进行研究成果的评价，就必须有一定的标准。但是，学前教育问题和现象、研究对象本身的复杂性特点，决定了进行评价时制定明确的标准是有一定困难的。要确立一套准确的有广泛适用性的评价指标体系不太可能。虽然如此，我们依然可以通过对各类学前教育研究的特点的认识，抽取出一些共同性的因素，以作为进行学前教育研究成果评价的基本依据，在进行评价时，具体要灵活掌握。

（一）进行学前教育研究成果评价的基本要求

这些评价的基本要求大致包括以下几点：

1. 研究问题提出的合理性

任何一项学前教育研究所提出的问题都要有理论和实践的基础。理论上，是否有坚实的理论依据；实践上，是否有较强的针对性。

2. 研究方法使用的恰当性

研究方法使用的恰当性包括：研究所选择运用的研究方法是否能够解决研究的问题，是否是进行研究的最为合适的方法，多种方法的运用是否一致，研究方法的使用在同类研究中是否有所创新等。

3. 研究结果的可靠性

进行任何学前教育研究都会获得各自的研究结果，我们需要考虑：这些研究结果是否是真实可信的，是否是通过科学研究过程取得的；如果是教育实验或调查，有没有人为的因素进行了干扰；研究结果在什么范围内可以应用或推广等。

4. 研究结论的科学性

在研究的讨论和结论部分，最终提出的论点是否与研究结果相关，对研究结果的解释是否符合教育科学规律，是否准确合理。对研究中存在的问题是否有正确的分析，研究的局限有没有清楚的认识，所得出的研究结论概括程度如何。

（二）学前教育研究成果评价指标体系的建立

组织研究成果评价的部门或负责人在进行相关的准备工作后，应根据评价的目的、本单位或部门对于教育研究的基本要求、进行学前教育研究成果评价的基本要求等，建立一套评价的指标体系，形成评价方案。但要注意，评价体系并不是万能的，不适用于各种教育研究，对其他单位的评价指标体系仅是借鉴和参考，不能照搬。

1. 评价体系的建立

首先，分解学前教育研究成果评价的目标，即将其分解为多个组成要素。然后，涉及评价指标，将各个组成要素进行全面衡量和比较、分析，确定下来后，再赋予一定的权重或等级。在进行反复多次的讨论和修改的基础上，最终形成一套可操作的评价方案。

注意：各类学前教育研究性质不同，研究成果的倾向性也不一样，因此评价组织部门要考虑评价指标的针对性。如，对理论性学前教育研究的评价，其实践应用型的权重赋分就不能超过学术创造性。再如，研究成果表达的规范性要求，突出的是形式方面的要求，其权重也不能超过研究成果内容的创造性的赋分权重。

2. 建立评价指标的要求

进行学前教育评价的统一评价指标很难建立，具体的研究成果评价则可以由评价组织部门开发建立。建立评价指标时要遵循以下要求：

（1）一致性。评价的指标体系要和进行学前教育研究成果评价的总目标一致，具体的评价项目组成要在整体上体现评价工作的目标。

（2）可操作性。评价指标体系中的具体评价项目都必须是可以进行测量或观察的，各个指标项目之间要有比较严谨的逻辑关系，没有重复交叉或包容关系，指标要素的界定要清晰，便于操作。

（3）简洁性。评价指标体系不能太复杂，如果各分项评价要素太多，就不利于操作实施，因此要力求简洁、明晰，区分度要高，不好操作的、模糊的项目要剔除掉。

三、学前教育研究成果评价的方式

进行学前教育研究成果评价的方式方法有多种。从评价的主体看，可以分为研究者自评、同行专家评价、行政部门评审三种。从评价的具体方法看，可以分为定性评价、定量评价两种。从评价的组织形式看，可以分为通讯评价、会议评价两种。下面分别进行简要介绍。

（一）从研究成果评价的主体看评价方式

1. 研究者自评

自评是进行学前教育研究成果评价的基础，指的是研究者自己在研究结束后对照评价指标体系进行自我评价。自我评价可以从研究者看待自己成果的视角，去衡量成果的价值，总结经验教训，充分认识自我的研究，以促进研究的完善，如提出进一步研究的方向，或者尚需深入解决的问题等。同时，研究者自评也可以为他人进行评定提供参考。需注意的是，研究者自评一定要客观，评价要合理。

2. 同行专家评价

同行专家评价是进行学前教育研究成果评价的主要形式。同行专家的评价相对于研究者自我评价而言，对研究成果更具鉴定意义，可以对研究成果的价值有更为准确和清楚的认识。

进行具体评价工作的同行专家必须是研究成员以外的人员，具有较高的学术研究水平，具有科学、公正、求实的态度，能较为准确地判断出不同研究成果的价值。有的科研单位为了保证研究成果评价的客观性，还会要求本单位和外单位的不同的专家进行评价。

在评价方式上，不同的同行专家可以单独进行评价，最后汇总得出结论；也可以专家组进行小组会议，以讨论的方式集体商定，最后得出评价结论。

阅读资料 11-4

控制同行评价的局限或者缺点的方法

(1)“早发表、慢评价。”对教育科研的理论成果可在公开发表后一年以上才进行评价(例如评奖)，越有价值的成果，越经得起时间考验。(2)评价中应参考文章发表后的反响和被引用的次数，理论成果评价不能仅限于评议组内部，要扩大到整个理论界，国际通用做法，是以“被引用次数”为水平高低的重要参考。(3)大力采用书面通信方式进行同行评议。这有利于评议者独立思考，不必担心“得罪权威”“有碍人情”等。(4)减少非专业内行对评议的影响，尤其要避免行政干预。科学社会学家认为：“科学共同体的自主性是科学事业得到发展的基础。对科学理论成果的评价，既然采用同行评议，就要从各项条款上保证由专家独立地对理论成果进行评价，使之名符其实。”(5)“双盲评价法。”评议者与论文作者都采用匿名方式，以减少人情关系的干扰。(6)“跨地域评价法。”本地区的成果，聘请外地区专家评议。(7)对经常性的定期评议工作，应建立“评议专家库”，按随机原则挑选每届评议组成员。(8)评议组成员应以“小内行”和“大内行”的恰当比例构成，而且“大内行”不宜过多。(9)制定必要的惩罚措施。对评价中的“不轨行为”，不论是研究者、评议者或是其他人员，均要受到一定法规的约束和制裁。

资料来源：邢最智.谈教育科研成果的评价[J].教育理论与实践，2000(8)：19.(题目为编者所加)

3. 行政部门评审

这是由某一级的行政部门组织进行的研究成果评审，一般是由相关部门选择一定的科研专业人员，组成权威的评审委员会，具体实施研究成果的评价和审定工作。评审委员会的组成极其关键，要选择学前教育研究领域比较权威的专家作为参评人员，而不能由机关的行政人员代替，以保证对研究成果评审的严肃性和权威性。

(二) 研究成果评价的具体方法

1. 定性评价

定性评价主要是根据评价标准对学前教育研究成果做出评语式的鉴定。在评价者进行评价鉴定的过程中，需要对研究成果本身进行阅读和分析，也要对研究所应用的原始资料进行分析和认识，同时对于研究者的研究过程和方法也要进行了解，以全面认识和分析该研究成果。如果是对应用性的教育研究成果进行评价，还需要做进一步的深入了解。如，评价某一项学前教育实验研究，评价者就需要到该研究所在地进行考察，与相关参与人员进行接触了解，然后将这种考察与研究结果对应起来分析，以达到全面、客观分析和评鉴的目的。

定性评价的注意事项有：评价者要排除主观偏见和倾向性因素干扰，尽量做到客观、公正；评价的内容要力求准确、具体，条理分明；评价内容要有对研究成果的肯定，也要指出可能存在的不足，指明该研究进一步的研究方向。

2. 定量评价

定量评价是通过事先编制的评价指标，用数量化的方式来判定学前教育研究成果的质量和价值。但是，由于学前教育本身的复杂性，研究评价指标的完全、完善的量化体系很难建立，也很难用一个数字化的分数来衡量某一项研究的价值。因此，两种评价方法可以相互结合使用。

（三）研究成果评价的组织形式

1. 通讯评价

通讯评价指的是参与研究成果评价的专家并不面对面地对学前教育研究成果进行评审鉴定，而是由召集人通过邮寄的方式将研究成果寄给评价者，评价者在一定的时间范围内，根据评价标准对其进行认真的审读和评鉴，写出较为详细的评价意见，反馈给相关单位或个人。然后，评价召集人将各专家评价、专家意见汇总，得到评价的结果。

通讯评价的最大好处在于，能够隐去科研成果责任人的署名和单位等相关信息，进行匿名评审，保证评价结果的公正性。

2. 会议评价

会议评价指的是参与研究成果评价的专家召开评价会议，进行面对面的交流、讨论，对相关研究成果进行评审，最后得出评价的结论。

会议评论的好处在于，参与评价的专家之间能够有充分的沟通，可以当面澄清一些问题，随时交流看法，能在一定程度上保证评价结果的一致性。但是，这种评价很有可能会受到某些权威人物观点或人际关系的影响。

总之，两种评价的组织形式各有利弊，在具体的研究成果评价中可以根据具体情况应用不同方法，也可结合起来实施。

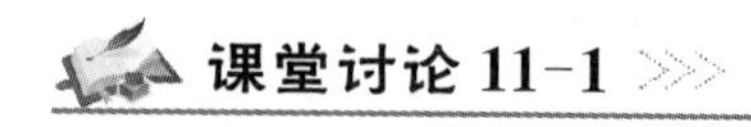

讨论话题：学前教育研究成果的形式和结构

讨论内容：从 2016 年的《学前教育研究》期刊中选取几篇学前教育研究报告和学术

论文，对其基本结构进行分析，并结合本章所讲内容，对其各构成部分进行解读。

讨论要求：

1. 对研究成果的每一有机组成部分进行详细分析，并思考其写作的基本要求。

2. 找几篇学前教育研究成果，对其"挑毛病"，看是否在结构、内容、语言表达等方面存在表述不当之处。

3. 按照小组的形式进行文献查找、文献解读的分工和合作，最终将小组讨论结果形成简单的意见总结，在班上发言。

本章小结

1. 在完成了具体的学前教育研究后，要将研究成果表述出来。成果表述类型有事实型、理论型、综合型等多种，要按照科学性、客观性、创新性和规范性进行表述。

2. 成果表述有一定步骤，先确定主题，然后编写提纲、撰写初稿，再反复修改直至定稿。

3. 常用的学前教育研究成果主要有研究报告、学术论文等形式。不论哪种形式，都要遵循一定的格式要求。

拓展阅读

1. 张平. 教育科研成果的表述[M]. 广州：暨南大学出版社，1999.

2. 饶乐三. 确立教育科学研究成果评价标准的理论探讨[J]. 教育研究与实验，1991(3):39-43.

3. 邢最智. 谈教育科研成果的评价[J]. 教育理论与实践，2000(8);15-19.

4. 杨育华. 试论社会科学研究成果的评价[J]. 宁夏社会科学，2002(5):125-128.

5. 刘贵华，孟照海. 教育科研课题成果质量的九个问题[J]. 教育研究，2005(9):24-33.

6. 韩国存. 结题报告成果表述的通病[J]. 教学与管理，2009(1):32-33.

7. 蒋建华. 解释与解决教育现实问题——教育科研成果表述的新的学术路径[J]. 中国教育学刊，2009(4):47-49.

思考与探索

1. 学前教育成果的表述类型有哪些？请结合具体文献示例进行分析。

2. 进行成果表述时需要注意哪些问题？

3. 说明成果表述的基本步骤，并分析每个步骤的注意事项。

4. 请查找几篇学前教育研究成果，分析其基本格式和各内容部分的表述特点，阐明写作的要求。

5. 进行学前教育研究成果评价的基本要求有哪些？请对以上查找的文献进行评价。

6. 从《学前教育研究》上找 3～5 篇学前教育研究报告，进行详细阅读和分析，回答以下问题：

（1）学前教育研究报告的题目有何特点？你可以从中获得什么信息？

（2）用一篇研究报告作为例子，分析其引言部分是如何提出问题的，表述了什么方面的内容。

（3）介绍其中一篇研究报告，说明该研究应用了什么研究方法、研究工具，其研究对象和范围如何。

（4）请选择一篇研究报告，仔细阅读，说说其研究结果、分析与讨论、研究结论之间有何不同。

参 考 文 献

一、著作

[1] Claire Golomb. 儿童绘画心理学[M]. 李甦，译. 北京：中国轻工业出版社，2008.

[2] Creswell J W. Educational Research：Planning，Conducting，and Evaluating Quantitative and Qualitative Research[M]. New Jersey Merrill：Prentice Hall，2002.

[3] D Jean Clandinin，F Michael Connelly. 叙事探究：质性研究中的经验与故事[M]. 台北：心理出版社股份有限公司，2003.

[4] Joanne M Arhar. 教师行动研究　教师发现之旅[M]. 黄宇，等，译. 北京：中国轻工业出版社，2002.

[5] Mills. 教师行动研究指南[M]. 3 版. 王本陆，潘新民，等，译. 重庆：重庆大学出版社，2010.

[6] 边霞. 幼儿园美术教育与活动设计[M]. 北京：高等教育出版社，2009.

[7] 蔡清田. 教育行动研究[M]. 南京：南京师范大学出版社，2005.

[8] 陈伙平. 教育科学研究方法与原理[M]. 福州：福建科学技术出版社，2005.

[9] 陈向明. 教师如何做质的研究[M]. 北京：教育科学出版社，2001.

[10] 陈向明. 教育研究方法[M]. 北京：教育科学出版社，2013.

[11] 陈向明. 质的研究方法与社会科学研究[M]. 北京：教育科学出版社，2000.

[12] 丁钢. 教育叙述何以可能？[M]. 北京：教育科学出版社，2002.

[13] 董奇. 心理与教育研究方法[M]. 广州：广州教育出版社，1992.

[14] 郭淑芬，王晨霞. 学前教育科学研究方法[M]. 南京：东南大学出版社，2015.

[15] 华国栋. 教育研究方法[M]. 南京：南京大学出版社，2005.

[16] 李秉德. 教育科学研究方法[M]. 北京：人民教育出版社，1986.

[17] 李秉德. 教育科学研究方法[M]. 北京：人民教育出版社，2001.

[18] 林琳，朱家雄. 学前儿童美术教育[M]. 上海：华东师范大学出版社，2006.

[19] 刘晶波. 学前教育研究方法[M]. 北京：人民教育出版社，2007.

[20] 卢家楣. 教育科学研究方法[M]. 上海：上海教育出版社，2012.

[21] 罗生全. 教师行动研究艺术[M]. 成都：西南交通大学出版社，2011.

[22] 马云鹏. 教育科学研究方法导论[M]. 长春：东北师范大学出版社，2002.

[23] 马云鹏. 教育研究方法[M]. 长春：东北师范大学出版社，2006.

[24] 玛拉・克瑞克维斯基. 多元智能理论与学前儿童能力评价[M]. 李季湄，方钧君，译. 北京：北京师范大学出版社，2002.

[25] 南纪稳，教育科学研究方法从理论到实践[M]. 西安：陕西师范大学出版总社有限公司，2010.

[26] 裴娣娜. 教育研究方法导论[M]. 合肥：安徽教育出版社，2000.

[27] 朴雪涛. 教育科学研究方法基础[M]. 北京:当代世界出版社,2001.
[28] 陶保平,钱琴珍. 学前教育科研方法[M]. 3版. 上海:华东师范大学出版社,2014.
[29] 王萍. 幼儿教师教研活动及写作指导[M]. 北京:中国轻工业出版社,2012.
[30] 温忠麟. 教育研究方法基础[M]. 北京:高等教育出版社,2015.
[31] 徐红. 教育科学研究方法[M]. 上海:华中科技大学出版社,2013.
[32] 徐俊华. 学前教育科学研究方法[M]. 合肥:安徽大学出版社,2014.
[33] 许红梅,宋远航. 教育科学研究方法原理与应用[M]. 哈尔滨:黑龙江教育出版社,2007.
[34] 杨景芝. 中国当代儿童绘画解析与教程[M]. 北京:科学普及出版社,1998.
[35] 杨世诚,等. 学前教育科研方法[M]. 北京:科学出版社,2011.
[36] 杨晓萍. 教育科学研究方法[M]. 重庆:西南师范大学出版社,2006.
[37] 姚伟. 幼儿园教育评价行动研究[M]. 南京:南京师范大学出版社,2012.
[38] 叶澜,白益民. 教师角色与教师发展新探[M]. 北京:教育科学出版社,2001.
[39] 由显斌,左彩云主编. 学前教育研究方法[M]. 北京高等教育出版社,2010.
[40] 袁方. 社会调查的原理与方法[M]. 北京:高等教育出版社,1990.
[41] 张宝臣,李兰芳. 学前教育科学研究方法[M]. 上海:复旦大学出版社,2012.
[42] 张宝臣,李志军. 学前教育科学研究方法[M]. 上海:复旦大学出版社,2007.
[43] 张念芸. 学前儿童美术教育[M]. 北京:北京师范大学出版社,2004.
[44] 张文华. 生物学教育科学研究方法[M]. 上海:华东师范大学出版社,2009.
[45] 张燕,邢利娅. 学前教育科学研究方法[M]. 2版. 北京:北京师范大学出版社,2014.
[46] 张燕,邢利娅. 学前教育科学研究方法[M]. 北京:北京师范大学出版社,2009.
[48] 郑金洲,陶保平,孔企平. 学校教育科研方法[M]. 北京:教育科学出版社,2003.
[48] 左瑞勇. 学前教育科学研究方法——理论·操作·应用[M]. 重庆:重庆出版社,2008.

二、期刊

[1] S凯米斯. 行动研究法(上)[J]. 张先怡,译. 教育科学研究,1994(4).
[2] 鲍道宏. 在“行动研究”中达成对话——教育行动研究旨趣探究[J]. 教育学报,2009(4).
[3] 陈桂生,胡惠闵,黄向阳,等. “教育研究自愿者组合”的建构——“合作的教育行动研究”的尝试[J]. 华东师范大学学报(教育科学版),1999(4).
[4] 陈向明. 什么是行动研究[J]. 教育研究与实验,1999(2).
[5] 陈向明. 行动研究对一线教师意味着什么[J]. 教育发展研究,2014(2).
[6] 丁钢. 教育经验的理论方式[J]. 教育研究,2003(2).
[7] 范诗武. 新世纪教师专业能力与教育行动研究[J]. 外国教育研究,2003(5).
[8] 傅敏,田慧生. 教育叙事研究:本质、特征与方法[J]. 教育研究,2008(5).
[9] 郭元祥. 教师的课程意识及其生成[J]. 教育研究,2003(6).
[10] 洪明. 西方教育研究的方法论和转向——行动研究探略[J]. 国外社会科学,1999(1).
[11] 焦鸿根. 论口述史研究在教育科学研究中的方法论意义[J]. 兰州商学院学报,1997(4).
[12] 康丹,吴菊蓉. 福建省幼儿教师职业倦怠现状的调查研究[J]. 教育与教学研究,2011,25(1).

[13] 康纳利·克莱丁宁,丁钢.叙事探究[J].全球教育展望,2003(4).

[14] 李明汉.教师校本科研与教育叙事研究[J].中国教育学刊,2003(12).

[15] 李艳春,刘军.论教育行动研究[J].教育评论,2013(6).

[16] 梁靖云.教育行动研究——中小学教育科研的主要方式[J].教育理论与实践,2002(7).

[17] 刘良华.教育行动研究——解释学的观点[J].教育理论与实践,2001(11).

[18] 刘良华.论教育"叙事研究"[J].现代教育论丛,2002(4).

[19] 刘秀江.教育行动研究:背景、理念与需要[J].教育探索,2003(1).

[20] 刘燕楠.教育研究与教育科学研究辨析[J].中国教育学刊,2014(9).

[21] 卢立涛,井祥贵.教育行动研究在中国:审视与反思[J].教育学报,2012(8).

[22] 齐学红,汤美娟.教育调查研究中的伦理问题[J].外国中小学教育,2009(6).

[23] 宋时春.教育叙事研究与教师专业发展[J].全球教育展望,2011(10).

[24] 汪明帅,胡惠闵.教育行动研究中的合作:为何与何为[J].教育发展研究,2008(2).

[25] 王凯.教育叙事:从教育研究方法到教师专业发展方式[J].比较教育研究,2005(6)2.

[26] 王玲凤.隔代教养幼儿的心理健康状况调查[J].中国心理卫生杂志,2007,21(10).

[27] 王枬.关于教师的叙事研究[J].全球教育展望,2003(4).

[28] 王枬.教育叙事研究的兴起、推广及争辩[J].教育研究,2006(10).

[29] 王彦峰,秦金亮.浙江省幼儿教师工作投入特点的调查分析[J].上海教育科研,2016(3).

[30] 杨林生.教育行动研究与高职教师专业化发展[J].教育评论,2008(2).

[31] 叶澜.新世纪教师专业素养初探[J].教育研究与实验,1998(1).

[32] 易凌云,庞丽娟.在"亲历"中成长——一位幼儿教师个人教育观念的叙事研究[J].学前教育研究,2005(2).

[33] 张文军,陶阳.新课改背景下教师专业认同图景与建构过程——基于对幼儿教师Y的叙事探究[J].教育发展研究,2014(10).

[34] 张莹,华爱华.游戏时长对幼儿积木游戏行为与作品的影响[J].学前教育研究,2009.

[35] 赵明仁,王嘉毅.教育行动研究的类型分析[J].高等教育研究,2009(2).

[36] 周耀威.教育行动研究与教师专业发展[J].全球教育展望,2002(4).